新商科"互联网+"电子商务专业精品教材
智慧电商创新型人才培养系列教材
广东财贸职业学院电子商务教学资源库精品课程转化成果
广东工商职业技术大学新媒体运营优质课程教学资源库转化成果

新媒体运营实务

冯 静　林禄苑　主　编
冯林林　王子飞　曾荣晖　陈京华　副主编

电子工业出版社
Publishing House of Electronics Industry
北京·BEIJING

内 容 简 介

本书以新媒体运营理论、实训、案例解析为主线，将全书划分为 3 大模块——基础篇、实战篇及实战高阶篇。从新媒体概念、新媒体运营基础开始，解剖新媒体运营要素，演示新媒体运营工具实操技能，精选新媒体运营案例进行讲解，最后总结新媒体运营的操作原则与规律。

本书内容涉及新媒体运营的历程、盈利模式、运营定位、各类媒体运营实操等方面，注重案例导入，操作流程图例化，以简化内容深度。本书可作为网络营销、电子商务及新闻传媒等专业学生的教学用书，也可作为电子商务、新媒体运营等领域新入职员工的指导用书。

未经许可，不得以任何方式复制或抄袭本书部分或全部内容。
版权所有，侵权必究。

图书在版编目（CIP）数据

新媒体运营实务 / 冯静，林禄苑主编. —北京：电子工业出版社，2023.6
ISBN 978-7-121-44944-4

Ⅰ. ①新… Ⅱ. ①冯… ②林… Ⅲ. ①传播媒介－运营管理－中等专业学校－教材 Ⅳ. ①G206.2

中国国家版本馆 CIP 数据核字（2023）第 015966 号

责任编辑：李　静　　　　　　特约编辑：田学清
印　　　刷：河北鑫兆源印刷有限公司
装　　　订：河北鑫兆源印刷有限公司
出版发行：电子工业出版社
　　　　　北京市海淀区万寿路 173 信箱　　　邮编：100036
开　　本：787×1092　1/16　　印张：16.5　　字数：391 千字
版　　次：2023 年 6 月第 1 版
印　　次：2023 年 12 月第 2 次印刷
定　　价：49.80 元

凡所购买电子工业出版社图书有缺损问题，请向购买书店调换。若书店售缺，请与本社发行部联系，联系及邮购电话：（010）88254888，88258888。
质量投诉请发邮件至 zlts@phei.com.cn，盗版侵权举报请发邮件至 dbqq@phei.com.cn。
本书咨询联系方式：（010）88254604，lijing@phei.com.cn。

前　　言

新是相对于旧而言的，因此，新媒体是一个相对概念。在互联网时代，新媒体是主要依托互联网或移动互联网等技术的媒体，包括网络媒体、手机媒体、数字电视等。新媒体运营是指在新媒体平台上进行产品宣传、产品推广和产品营销等运营活动。通过品牌策划等相关活动输出更加优质的和具有高度传播性的内容与线上活动，在锁定好目标群体后进行消息推送，借此提高品牌的知名度和用户的参与度。

本书的写作团队由来自广东财贸职业学院、广东工商职业技术大学、宁夏大学新华学院多年从事电子商务专业与新闻学专业课程教学任务的教师组成，根据教学反馈和学生的迫切需求，在对新媒体运营进行系统梳理的基础上，结合近年来的科研积累和实际教学经验编写了这本书。本书注重案例导入，对相关概念、理论进行了深入浅出的阐释，具有较强的实操性和指导性。

本书由广东财贸职业学院冯静和广东工商职业技术大学林禄苑共同起草策划，由冯静、林禄苑、王子飞（广东工商职业技术大学）、冯林林（宁夏大学新华学院）、曾荣晖（广东财贸职业学院）、陈京华（广东财贸职业学院）共同编写，其中冯静、林禄苑为主编，冯林林、王子飞、曾荣晖、陈京华为副主编。本书第1、7章由林禄苑编写，第2、5、9章由冯静、冯林林编写，第3章由曾荣晖编写，第4章由冯林林编写，第6章由陈京华编写，第8章由王子飞编写。

由于作者水平有限，书中难免存在一些疏漏和不足之处，希望广大同行专家和读者批评、指正。

目 录

模块一 基础篇

第一章 新媒体运营的基本知识 2

第一节 认识新媒体运营 2
第二节 新媒体运营的思维 6
第三节 新媒体运营的内容 10
第四节 新媒体运营的发展历程 15
第五节 新媒体的盈利模式 17
第六节 新媒体运营岗位技能 22
实训 新媒体个人品牌价值打造计划 23

第二章 新媒体运营的要素 25

第一节 内容定位 25
第二节 用户定位 31
第三节 新媒体文案 41
实训 公众号相关实训 56

第三章 新媒体运营的工具技能 57

第一节 选题工具 57
第二节 编辑工具 65
实训 利用图文设计工具与视频工具按要求进行实操 98

模块二 实战篇

第四章 微信运营 100

第一节 微信营销的模式 100
第二节 微信公众号运营 109
第三节 微信朋友圈运营 123
实训 微信营销 136

第五章　社群运营 138

第一节　社群概述 138
第二节　了解社群运营 144
第三节　社群运营案例与用户解构 152
实训　社群运营实训 170

第六章　短视频营销 172

第一节　认识短视频营销 172
第二节　短视频创作的流程及准备 177
第三节　短视频营销的手段 186
实训　利用抖音短视频平台推广产品 194

第七章　直播运营 196

第一节　了解直播 196
第二节　直播间的准备 203
第三节　直播脚本策划 209
第四节　直播粉丝运营 215
第五节　直播复盘与数据指标分析 218
实训　直播间运营 222

模块三　实战高阶篇

第八章　新媒体运营案例拆解 226

案例一　可口可乐 226
案例二　海底捞 228
案例三　松下马桶盖品牌的借势营销 229

第九章　新媒体运营的操作 231

第一节　确定目标，选择平台 231
第二节　组建团队，策划方案 235
第三节　品牌宣传，精准引流 244
第四节　运营数据，提升考核 251
实训　微信公众号数据分析 258

模块一
基础篇

第一章

新媒体运营的基本知识

第一节 认识新媒体运营

一、新媒体的概念与特征

扫一扫，看微课

相对于新媒体，一定就有旧媒体。旧媒体包括报纸、杂志、广播、电视等。

不过这些媒体也是在不断升级的。但是，当纸媒升级至无线媒体，广播升级至电视时，也没有将其称为"新媒体"。那么，什么是新媒体？所谓新媒体，是指在传统媒体的基础上产生本质上飞跃的媒体。

在媒体漫长的发展史中，随着技术的革新，媒体经历了多次变革，从报纸到无线电，从电视到互联网，每次媒体手段的进步都标志着人类社会的进步。每当有新的媒体传播手段出现时，我们都可以将其称为"新媒体"。比如，今日头条、公众号相对于报纸是新媒体，抖音、快手相对于电视是新媒体。

一）新媒体研究发展历程

新媒体在我国呈现出起步晚、发展快的特点，仅仅十年时间，它就拥有了报纸、广播、电视等传统媒体数十年都无法比拟的巨大的用户群，以及渗透到社会生活方方面面的影响力。在我国，新媒体发展大概经历了以下几个阶段。

1. 1986 年—1996 年——新媒体的史前阶段

最早的关于新媒体的一篇文献可以追溯到 1986 年发表在《外语电化教学》上的一篇译作——《视听教育在新媒体时代的地位》（冈村二郎著，方晓虹译），但那时的新媒体并非今天的新媒体。1994 年，我国与国际互联网的网络通信首次开通，第一条网线接入我国。自此，我国成为国际互联网大家庭中的一员。

2. 1997 年—2005 年——新媒体的起步阶段

真正的新媒体应该是基于互联网的，其研究应该在我国连接互联网之后。1997 年，人民日报主办的人民网正式上线，是我国开通的第一家中央重点新闻宣传网站。此后，新闻网站如破土春笋般出现了，与其相关的研究也相继发表。

从1998年开始，一些学者和传媒人开始对新媒体的发展进行观察和探索。闵大洪、孙坚华等成为我国新媒体研究的先行者。1998年，中国社会科学院新闻与传播研究所网络与数字传媒研究室主任闵大洪出版了专著《传播科技纵横》。1999年，浙江日报社的孙坚华创办了中国第一家新闻传播学专业学术网站"中国新闻传播学评论"，成为当时中国最重要的新媒体研究阵地。

2003年，博客在中国兴起，玩博客成为一种大规模的群体现象，并掀起了一股新闻与传媒领域的研究热潮。

2005年，与"新媒体"有关的文献数量首次超过100篇，被引用超过5次的文献数量约为20篇。此时，互联网进入Web 2.0时代，我国新媒体发展也掀起了一个小高潮。但是，我国新媒体研究的整体水平还比较低，主要的研究工作还是观察、描述、整理和思考，处于新媒体研究的起步阶段。

3. 2006年—2010年——新媒体的推进阶段

2006年—2010年，无论是学术界还是业界，都迅速地对互联网形成的新传播和悄然崛起的新媒体展开研究。从对网络媒体、手机媒体、新媒体等新概念的界定和辨析，到对Web 2.0、微内容等新技术或新形态的分析；从对全媒体、三网融合等新业务或新业态的现实观照，到对"关系""平台"等热词的关注，再到对移动互联网和物联网的前瞻性探讨。

2008年，网络媒体开始跻身于主流媒体。2009年8月，新浪推出了"新浪微博"内测版，成为我国第一家提供微博服务的门户网站。微博随之蓬勃发展，不仅各种网络热词迅速走红，而且微博也逐渐显示出强大的传播力。2010年被称为"媒介融合年"，我国的"三网融合"开始起步。如果说微博在改变媒体的传播形态，那么"三网融合"在改变传媒业态。

4. 2011年至今——智媒时代的来临阶段

从2010年以后，在人工智能、虚拟现实、5G、云计算、区块链等新技术的推动下，信息通信领域出现了智能化趋势，由此揭开了"智媒时代"的序幕。媒体智能化的主要表现为万物皆媒、人机共生。很明显，在这样一个形势下，"媒体"早已脱离了大众传播时代的定义，转向更宽泛、更丰富的"媒介"含义。在某种程度上来说，未来"媒介"的边界甚至超越了信息通信的范畴。

从2011年至今，关于新媒体研究的文献数量进一步增加，从每年的四五百篇，逐渐达到1000多篇。当传统媒体纷纷涉足新媒体并试水全媒体时，学术界开始反思媒介融合，并重新思考传统媒体的发展之路。

二）新媒体的定义

学术界关于新媒体的定义众说纷纭，至今没有准确的定义。例如，美国《连线》杂志把新媒体定义为"所有人对所有人的传播"，而中国的学者把新媒体定义为"互动式数字化复合媒体"。前者侧重强调新媒体的功能特性，而后者侧重强调新媒体的技术特征。尽管关于新媒体的定义存在着文化习惯和理解偏好的差异，但是在对象性认识和载体辨识上，新媒体与传统媒体之间实际上有着清晰的边界。

新媒体是指一种环境，是相对于旧媒体的一种媒体形态。

新媒体是在新的技术支撑体系下出现的媒体形态，涵盖了所有数字化的媒体形式，包括所有数字化的传统媒体、网络媒体、移动端媒体、数字电视、数字报纸/杂志等。

新媒体是一种相对的概念。相对于报刊、户外、广播、电视四大传统意义上的媒体，新媒体是新发展起来的媒体形态，被形象地称为"第五媒体"。

新媒体也是一个宽泛的概念，是利用数字技术、网络技术，通过互联网、宽带局域网、无线通信网、卫星等渠道，以及计算机、手机、数字电视机等终端，向用户提供信息和娱乐服务的传播形态。严格来说，新媒体应该被称为"数字化新媒体"。

三）新媒体的特征

1. 信息传播具有个性化

在新媒体时代，人人都可以通过自媒体平台分享自己想要传递的信息。互联网上的用户可以是信息的创造者，也可以是信息的接收者，利用新媒体可以自由、合理地发声。这样，信息媒体平台的原创信息才有利于传播和认同，并为新媒体信息传播的个性化创造了沃土。

随着互联网的发展与普及，新媒体发展如今已经进入了信息过载的时代。用户没有足够的能力和精力对海量的信息进行鉴别和过滤。个性新媒体发展至今，利用推荐技术能够根据用户的个性化偏好为其推荐感兴趣的信息。

2. 信息传播具有双向性

在传统媒体时代，信息传播的互动性几乎为零。比如，某月某电视台播出了一档综艺节目，其收视率达到了10万人以上，但是电视台根本不知道这10万多个用户都是谁，更不知道用户看完综艺节目之后对其内容质量做出了什么评价？用户更喜欢综艺节目中的哪一个环节？而在新媒体时代，信息从单向传播变成了双向互动性传播。一档网络电视节目播出之后，用户可以通过评论区与电视节目策划者进行互动，使其知道有多少用户在观看该节目？受众是哪些群体？用户看完该节目之后的反应是什么？该节目是否受欢迎？喜欢该节目的用户会给你留言，分享他们的看法，甚至会分享给朋友；不喜欢该节目的用户可能会直接在评论区留言差评。用户会对好的节目情节进行称赞表扬，对不好的节目情节进行批评指正，并提出自己的观点。

在如今的新媒体时代，这样的双向互动性传播让创作者与用户之间发生误解的可能性变得越来越小，让信息的传播更加高效透明、更加健康。

3. 传播内容丰富化

媒介技术的革新也丰富了传播内容。以计算机、手机、数字电视机为代表的新媒体传播介质，在与动漫结合后呈现出更加丰富的传播内容。由于新媒体的信息获取和传播大多来自网络，因此依靠网络这一媒介，新媒体可以迅速、便捷地获取丰富的资源和数据，并通过文字、图片、音频、视频等传播信息。信息内容可以涉及知识类、情感类、生活类等各个方面，并具有丰富化、个性化的特征，极大地满足了用户碎片化时间的信息筛选需求。

4. 信息具有共享性

在新媒体时代，万物皆媒体，网络用户可以通过多样化的媒介传播自己的信息，也可以非常便捷地从中找到自己所需要的信息，这全都依赖于新媒体时代信息的高度共享性。"分享传递"是新媒体时代一个核心的词汇。用户可以快速高效地传递信息，达到信息分享的目的。同时通过信息的传递分享，既能实现信息受众和信息传递者之间的良好互动，也能实现信息受众之间的互动。

5. 传播媒介具有多样化

信息技术的革命性发展为实现传播媒介的多样化提供了可能。新媒体传播媒介的多样化其实是利用新的技术支撑体系下出现的媒介进行传播的，如门户网站、搜索引擎、电子邮箱、虚拟社区、网络游戏、博客、播客、维客、手机短信、数字广播、网络杂志、网络视频、数字报纸、数字电视、移动电视等。

新媒体传播媒介的传播速度比旧媒体传播媒介的传播速度快，在事件发生的同时就能够进行传播活动，并且所使用的客户端非常多样，如计算机、手机等都可以进行信息发布。通过新媒体传播媒介，也实现了多种媒体功能的交融。比如，以互联网、通信网、广播电视网等多种网络融合为基础，使得一部手机在实现打电话、发短信等功能的同时，还能集听广播、听音乐、上网、看电视、读报纸等功能于一身。

二、新媒体运营与其他传统运营的区别

一）新媒体运营的定义

新媒体是区别于电视、广播及纸质的期刊或杂志等传统媒体的一种新的信息传播平台，也可以将其归为互联网平台和移动互联网平台。新媒体平台包括今日头条、抖音、微信、微博等。新媒体运营是指在新媒体平台上进行产品宣传、产品推广和产品营销等运营活动。通过品牌策划等相关活动向用户输出更加优质、更具传播性的内容与线上活动，在锁定好目标群体后对其进行消息推送，借此提高用户的参与度和品牌的知名度。

二）与其他传统运营的区别

1. 新媒体运营能实现粉丝经济

传统媒体（如纸媒）由专业编辑写稿、审稿、发稿，线下进行单点辐射式传播。比如，邮递员把报纸送到你家，如果家里有 5 个人，那么最多 5 个人看了这份报纸，看完之后也不会把报纸再传递给邻居，这实现的就是单点辐射式传播。早期的门户网站也不能实现信息分享，所以也属于单点辐射式传播。而新媒体运营利用的是新兴的且具有社交性质的媒体，用户也是信息的生产者，再加上 Web 3.0 的技术基础和分享功能，可以实现信息的多元交叉式传播。新媒体运营具有高效的特点，可以很好地利用粉丝进行二次营销。从经济学上看，新媒体运营也是"粉丝经济"的一种重要表现形式。

2. 新媒体运营更容易实现营销效果

传统营销传播主要依靠电视、广播和报纸等媒体，是一种单向的、面向非特定用户的广泛传播，其传播方式单调，而且传播效果难以准确评价。

新媒体使营销传播的手段更加多样化，也增强了与用户之间的互动性沟通，有利于获得更好的传播效果。在这个崇尚体验、参与和个性化的时代，新媒体营销迎合了现代营销观念的宗旨，与用户的沟通更加便捷，更加容易构建关系营销，使得精确营销和数据库营销成为可能，也使得用户的个性化需求更容易得到满足，从而获得更好的营销传播效果。

3. 新媒体运营更能实现全方位立体式营销

新媒体营销是在特定产品的概念诉求的基础上，对用户进行心理引导的一种营销推广方式。新媒体营销并不是通过单一渠道进行营销的，而是通过对多种渠道进行整合营销，甚至在营销资金充足的情况下，可以与传统媒体营销相结合，形成全方位立体式营销，是未来的主流营销手段。

4. 新媒体运营具有更多的优势

新媒体运营的优势包括：第一，新媒体运营成本要低于传统媒体运营成本。第二，传播方式更加灵活，更加注重传播的精准度，以及传播方式更具多样化。第三，注重与用户的互动，能够让用户获得更多的关注。新媒体受众广、流量大，一篇好的文章、一个好的软件或程序，都会引起很多人的共鸣与关注。第四，广告传递的信息更直观，更能引起用户的注意，传统媒体营销一般采用硬广告，而新媒体营销采用的是软广告。比如，使用新媒体推广牛奶，可能只制作一个温馨的短视频，没有一句夸赞牛奶多好的话，仍能达到很好的营销效果。第五，使用户对产品有一个更好的了解，新媒体上的广告产品，有大量的用户在下方评论，不了解产品的人群可以根据这些用户的评论来判断产品是否优质。第六，新媒体运营使用户的参与感更强。新媒体运营永远以用户需求和用户价值为主，和用户做朋友，培养用户的参与感是至关重要的。

第二节 新媒体运营的思维

扫一扫，看微课

新媒体运营要想取得成功，获得更好的效果，需要的是运营者的运营思维，而不是技能。技能是安身立命之本，只有学好了技能，思维才能做到畅通无阻，技能与思维相结合，才能形成真正的技能。新媒体运营的思维主要包括用户思维、粉丝思维、流量思维、数据思维。

一、用户思维

一）用户思维的概念

用户思维是指在价值链的各个环节中都要"以用户为中心"去考虑问题。企业应该站在用户的角度思考，通过语言表述用户关注的点，以帮助用户进行思考和判断，从而让用户能快速获取自己的所需。

二）培养用户思维的方法

1. 了解用户

培养用户思维，从了解用户开始。用户思维的关键点是要了解用户的需求，知道他们最关心什么？对产品和服务是什么看法？以及他们是怎么描述产品的？

2. 打动用户

打动用户，要从用户最关心的价值点入手。企业可以通过满足用户的利益点、多关怀用户、超额满足用户的期望等方式来打动用户。

三）用户思维的好处

移动互联网的出现，加大了对 PC 互联网流量的投入成本，拉新成本的不断增长形成了老用户维护的蓝海，从而形成了以用户体验为中心的用户思维。用户思维减少了新项目的前期投入，增加了项目运营的存活周期，让更多有创新力的创业者取得了成功。

二、粉丝思维

一）粉丝的定义

什么是粉丝？粉丝是指对品牌充满感情的铁杆用户，其消费行为基于对品牌的感情基础。这里有两个重点，一个是用户，另一个是对品牌充满感情。其实，很多企业的用户数量要多于粉丝数量，因为企业销售的只是产品的使用功能，而并没有与用户建立起情感连接。

二）建立粉丝关系

在移动互联网时代，用户的注意力是高度分散的。传统的商业模式和用户之间的关系称为"弱关系"。这种"弱关系"就导致了企业的不稳定性。只有将用户转化为粉丝，才能与用户建立起"强关系"，即"粉丝关系"。

三）粉丝思维的好处

品牌也需要粉丝，粉丝是最优质的目标消费者，一旦注入感情因素，即使产品有些缺陷，粉丝也会接受。粉丝对品牌、企业拥有高度的忠诚和热情，还会在他的社交圈传播品牌或企业的口碑，帮助企业获得非线性增长甚至爆炸性增长的业务。

粉丝思维能提升品牌的产品销量，使得品牌产品拥有固定的销售方向。粉丝思维会为品牌产品带来粉丝黏度，从而逐渐带动粉丝经济的发展。粉丝思维能为品牌带来正面的口碑传播，并在品牌出现负面评价甚至危机公关时，能在第一时间捍卫品牌。

四）如何建立粉丝思维

重新定义品牌的理念和价值主张，吸引粉丝；将品牌的消费部落打造成温暖的精神家园，激发粉丝的激情，提升粉丝的参与感。

需要与用户建立更多的情感联系，逐步将用户发展成自身的忠实顾客，再从忠实顾客进一步发展成品牌粉丝。

三、流量思维

一）流量的概念

流量不是一个新概念。流量是互联网时代的一个新称呼，以前称为"客流""人流"。流量并不只在线上，有人的地方就有流量。因为流量广泛分布于线下、网络、社群空间，所以寻找流量就要有流量思维，不能只从线上这种单一的渠道来寻找流量。

二）流量入口

在互联网电商时代，多媒体的经营要获得效益就要获得流量。流量有入口之分：线上入口、线下入口、社群入口、内容平台入口等，但是整体的流量状态都将是在线化的状态。流量思维不是购买流量，而是经营流量。在目前的环境下，流量主要集中于四大流量入口。

1. 线上入口

按传统角度划分，线上入口主要包括搜索入口、电商入口。在以往以搜索为主的信息获取时代，搜索是非常重要的流量入口。电商平台类似于一个购物中心，有一种聚合性的流量价值。

目前，大多数企业还是比较看重搜索入口、电商入口这两种流量入口的，并把流量的重点基本放在这两个方面。

在多入口时代，不能只关注搜索入口、电商入口这两大流量入口，因为这两大流量入口是一种付费性质的。

在新媒体时代，社交媒体占据了线上的大部分流量，因此一些电商平台也在想方设法从社交媒体中获得新的流量入口。

2. 线下入口

线下流量最主要的是要解决以往的失联状态。将失联状态变成一种链接状态，就会成为一种更有价值的流量资源。线下流量链接的主要方式是到店和产品。到店客流是一个巨大的流量资源，到店是重要的流量入口。把到店客流由失联状态变为链接状态是整合线下到店客流的关键。只要能把到店客流变成一种链接状态，这种到店客流就会成为一种高价值的流量。

目前，实现到店客流链接的方法有很多，如App、微信小程序、公众号等。产品是一种很普惠性的流量入口。理论上所有的产品最终都要触达用户，产品是连接品牌与用户之间的主要桥梁。因此，要把产品打造成一种主要的流量入口。把产品打造成流量入口的方法有很多，主要方法是扫码关注，包括导入公众号、导入会员体系、导入商城等。

3. 社群入口

随着以微信为代表的移动社交方式的发展，社群成为一个非常重要的流量入口。目前，社群流量入口的价值非常大。由于有社群社交做基础，所以它能产生更高的转化运营效率。

社群有很多种产生流量的方法，可以通过建群产生直接的流量，也可以通过微信小程序实现更深入的用户连接。

社群也可以产生更多的流量裂变。社群入口以其可以产生高效率、高质量的流量等优点受到了越来越多用户的重视。

4. 内容平台入口

随着内容传播方式的多平台、多形式发展，内容平台入口成为越来越重要的流量入口。

内容平台的入口逻辑是：利用内容实现拉新，利用内容推动转化。

目前，实现内容入口的平台有很多，如公众号、微博、今日头条、抖音、快手、小红书、知乎、豆瓣等。

当然大多数平台的商业价值需要结合企业的实际情况进行逐步挖掘。

从目前的发展趋势来看，内容平台将会成为一种非常重要的流量入口，并且依靠其持续的价值内容输出，可以产生很重的流量价值。在内容平台环境下，产生了一种一体化的营销模式。这种营销模式也将成为一种很重要的新营销模式。

目前，上述 4 种流量入口也在逐步打破边界，形成融合。未来也会逐步形成融合状态的入口。每一种入口都有不同的流量玩法，要结合实际，摸索出符合企业需求的玩法。

三）运营流量

运营流量的本质是运营用户，这是企业当前需要尽快构建的一种新的理念。流量不能只依靠购买，而是要通过运营获取。实现流量运营有以下 3 种形式：公域流量、商域流量、私域流量。

（1）公域流量可以理解为平台流量。

（2）商域流量可以理解为商家流量，包括零售商的流量、电商平台的流量。

（3）私域流量可以理解为是企业建立了用户连接，可以直接反复触达，反复影响的流量。

公域流量是一种公共资源型流量。商域流量理论上是一种付费流量。私域流量理论上是企业直接连接用户的一种资源，也是企业需要重点运营的流量。从企业流量运营和用户运营的角度来讲，在目前环境下，企业需要借助各种公域流量、商域流量来寻找目标用户，并通过一定的营销手段，把公域流量、商域流量转化为私域流量。未来，企业经营的主体是私域流量。

四、数据思维

对于现在的新媒体运营来说，大数据几乎无处不在。比如，文案调性是否符合用户的口味？哪种类型的文章更受用户喜欢？用户喜欢在什么时间、什么场景下打开文章？

新媒体是一种技术媒介不断更新的产物，作为融合数字技术和网络技术的"互动式数字化复合媒体"，具有互动性强、渠道广泛、覆盖率高、精准触达、成本低等优点，使得新媒体推广越来越受到企业的推崇和使用，从而积累了大量的用户和用户行为数据，这就为进行用户分析提供了大数据基础。

只有重视数据，善于利用数据进行分析，才能创作出更受欢迎的新媒体产品。

做好数据分析通常需要事前分析和事后分析。事前分析是指，在推送一篇文章之前，要根据过往大数据，分析这篇文章能否被用户喜欢、能否吸引用户购买产品等。事后分析是指，需要根据推送后实际产生的数据进行归纳总结，为下一次进行数据分析做准备。

第三节 新媒体运营的内容

一、内容运营

扫一扫，看微课

一）内容运营的概念

内容运营是指运营者通过新媒体这个渠道，用文字、图片、语音、视频等形式将品牌或企业信息友好地发送给用户，并邀请用户参与、分享及传播的完整的运营过程。内容运营是围绕内容的生产和消费来搭建一个让用户与平台产生互动的闭环，并提升与内容相关的数据——内容的数量、浏览量、评论量、转发量等。

内容包含内容形式、内容渠道、内容本身。

（1）内容形式：文字、图片、音频、视频四类是内容常用的传播形式。

（2）内容渠道：是指能传播信息的平台，如公众号、今日头条、新浪博客等。

（3）内容本身：是指要宣传的文案、广告及软文。内容本身要通过坚持形成一个基本的内容运营基调，形成一种风格或标签。

内容运营中的"运营"是指针对内容所做的工作，如选择主题规划活动、内容策划、形式上的创意、素材的搜集和整理，以及文字的编辑、优化与传播等。简单来说，内容运营是一项有体系的工作，也是一项完整的运营工作。

二）内容运营的效果

1. 提升产品知名度

通过内容运营可以达到提升品牌或产品知名度的效果。产品本身没有自述功能，完全靠新媒体运营者的内容来进行传达。用户在使用或体验产品之前，一定会自行查找相关产品介绍，如品牌介绍、用户反馈等信息，从而了解产品。因此，优质的内容、多平台的宣传推广可以让更多用户了解到产品信息，从而达到提升品牌或产品知名度的效果。

2. 提升营销质量及用户参与感

通过内容运营还可以助力企业提升营销质量及用户参与感。企业做新媒体的目的是吸引更多人了解企业品牌与产品，进而购买产品。想要达到这个效果需要通过很多工作来做铺垫，让用户购买这个步骤必须是建立在长期的运营工作之上的，没有积累就没有成果。

三）内容运营的技巧

（1）制作用户喜欢看的内容——用户的切片分析，针对该属性的用户投放适当的内容，如热点借势、明星人物影响传播、特定用户问题的专栏解答等。

（2）让内容提高用户的消费——通过内容标题来提高点击率、内容推送的时间和渠道、内容推送的频次。

（3）让内容更广泛地传播——制造话题、设置奖励机制、引导情绪，这都需要先对用户进行深层次的分析，了解他们的情感倾向和观点，再向用户传递他们想要的内容，无论是情感还是物质。

二、用户运营

一）用户运营的概念

用户运营是指以用户为中心搭建用户体系、开发需求产品、策划相关活动与内容，同时严格控制实施过程与结果，最终达到甚至超出用户预期，进而实现企业新媒体运营的目标。

在新媒体运营中，用户是核心。无论是开发产品、设计活动，还是策划内容，都需要围绕用户来展开。如果不重视用户运营，新媒体就会出现事倍功半的运营结果。比如，如果面向大量不精准的用户开展新媒体运营工作，就会造成资金与精力的浪费，最终降低了转化率、曝光量等数据。用户运营是围绕用户的体验、新增、活跃、传播、消费等建立一个闭环系统，持续提升正面的用户数据，如用户数量、登录频次、种子用户数量、购买量等。

二）用户运营的具体工作

用户运营工作主要围绕 4 个方面展开，包括拉新、促活、留存及转化。

1. 拉新

拉新即通过微博、微信、论坛、社群、线下等渠道进行推广，邀请新用户注册或试用，其目的是提升用户总体数量。

2. 促活

促活即通过友好的新用户教程、创意的用户活动等方式，让用户每天多次打开软件或登录自媒体账号，其目的是提升用户活跃度。

3. 留存

留存即通过后台分析用户数据，以策划活动、增加功能或发放福利等形式留住用户，其目的是提升用户留存率。

4. 转化

转化即拥有一定活跃用户后，尝试通过下载付费、会员充值等方式获取收入，目的是提升转化率。

围绕拉新、促活、留存及转化，用户运营可以展开大量的细节工作，其中核心的工作是以下几点：一是绘制用户画像，为用户运营工作选定方向。二是搭建用户体系，打牢用户运营的基础框架。三是寻找目标用户，提高用户获取质量。四是设计用户玩法，提升活跃度并减少用户流失。

三）用户运营的技巧

1. 吸引更多的用户

企业可以先通过微信、微博、知乎、豆瓣、人人网、线下地推、App Store、口碑宣传等渠道来获取用户，再通过活动、产品传播功能（如外卖的发红包）、BD 异业联合、付费广告（如百度 SEO、SEM）等方式向用户介绍品牌或企业的产品，从而吸引更多的用户。

2. 建立留存

企业要想与用户保持良好的关系，就要与用户进行私信互动、及时反馈服务、进行物质奖励、多关心用户的情绪（如情感、生活、工作）。对第一批用户一定要特别关心，这是口碑宣传的关键。

3. 对用户进行精细化分类

当用户数量增多后，企业要想更好地管理用户，就需要对用户进行精细化分类。针对不同的用户进行不同的平台对接，让不同的用户需求都能得到回应。例如，不同电商平台的栏目使用不同的对接流程和客服服务，让用户更安心。

三、活动运营

一）活动运营的定义

活动运营是指针对不同性质的活动进行运营，如活动策划、活动实施、嫁接相关产业并打造产业链。其实就是策划一个活动，场景有可能是 App、社区、论坛、微信公众号、线下展会等。

在新媒体运营中，企业是非常重视活动运营的，与其他的运营方式不同，活动运营可以在一个阶段快速提升运营效果。

二）活动运营准备阶段

1. 策划阶段

要想活动运营取得目标效果，就要做好活动策划工作。在策划阶段要做好 4 个方面的工作：阶段计划、目标分析、玩法设计、活动物资的准备。

具体来说，一是策划活动创意和内容。活动创意是活动营销成功的关键因素，并对用户买单产生直观影响。二是活动文案。重视文案的运营效果，斟酌每个标题和内容将会为活动带来的效果，特别是广告位入口和活动帖子的标题需要有一个吸引用户的亮点。三是活动节奏及效率提升方式预估。四是活动推广传播资源。五是活动优化及替代方案。

此外，还要学习同行和其他工作活动的推广方法。在策划方案中先通过活动流程反推活动布景和运营的关键节点，再通过方案指导活动运营的所有工作。

2. 明确活动目的

活动目的需要清晰、可衡量，而且活动目的只能有一个。如果有多个活动目的，那么可能会导致达不到活动的目的。因为多个活动目的可能会背道而驰。比如，希望用户更活跃就不如希望文章阅读率提升 30%更清晰、明确。如果没有活动目标，就以领导要求完成的指标作为运营的目标。但这个运营目标需要被拆解成其他小的运营目标，以便更好地实现这些活动目标，增加运营团队的信心和工作动力。

3. 梳理活动目标用户

当明确活动目的后，接下来就要梳理活动目标用户。没有一个活动能吸引所有人的关注，只有梳理好活动目标用户后，才能制定影响他们的策略。

三）活动执行阶段

活动执行阶段有几个方面需要关注：一是活动效果是否正常，是否达到预期效果。二是活动爆点挖掘，参与活动的部分网友是非常有才华的，参与的内容也很有爆点。运营需要随时关注网友的参与情况，将有可能具有传播价值的热点总结出来并加以主推，将话题进一步"炒热"，基本上所有的微博热点都是从豆瓣、天涯上"火"起来并将其延伸到其他平台的。三是监控活动流程，新媒体运营者需要不断对活动过程进行监控，对有一定争议性的话题可以保持关注，让更多的人参与讨论，有碰撞才会有新的思维火花，才能促进传播。四是活动颁奖。

四、产品运营

产品运营是新媒体运营的基础，主要面向的是产品。

一）产品运营的概念

产品运营是指从内容建设、用户维护、活动策划 3 个层面来连接用户和产品，并使其产生产品价值和商业价值。

产品运营要重点抓住产品、连接、价值这 3 个关键要素。

1. 产品

产品是新媒体运营的根基。新媒体运营的产品类型主要包括独立产品、平台产品和入驻产品，如图 1-1 所示。有了产品后，新媒体运营者才能开展用户、内容、活动这 3 个模块的运营工作。

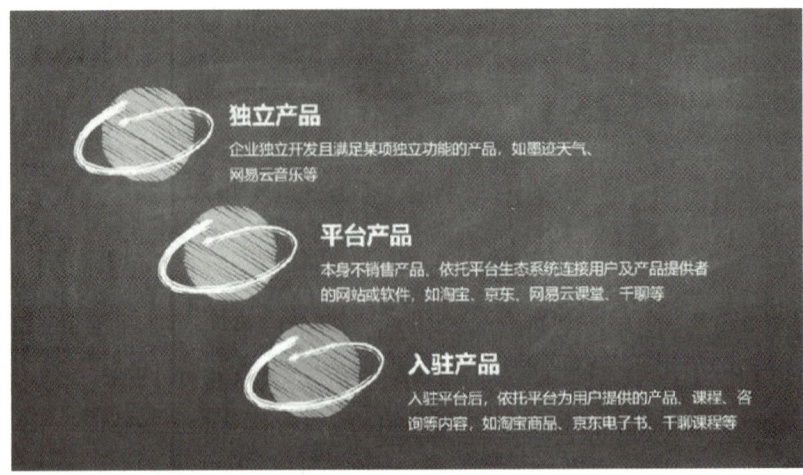

图 1-1 产品类型

2. 连接

新媒体运营者需要做好与用户、开发者、其他新媒体运营者的连接，挖掘用户需求、倾听用户反馈、进行产品测试、推送产品软文、策划产品活动等日常工作也要围绕这 3 类角色来展开。

3. 价值

产品运营是企业新媒体运营的价值体现。新媒体运营者不仅要关注人气、阅读量，还要考虑产品销售和产品宣传信息的同步传播，实现销售转化。

二）产品运营策略

1. 独立产品与平台产品的运营策略

独立产品的运营策略可以参照平台产品。这是因为：一方面独立产品和平台产品都是需要开发与升级的互联网产品，其运营有大量相似之处，如都需要设立用户规则、策划活动并引流等；另一方面平台产品的运营策略更加缜密，独立产品可以参照平台产品的策略进行运营。

平台的价值在于连接，而连接的基础是人气。只有持续获取新用户、吸引新用户入驻、鼓励入驻者发布新产品或内容，才能稳步提升平台人气。为了促进人气的提升，新媒体运营者可以采取规则引导、活动统筹、渠道搭建 3 种运营策略，如图 1-2 所示。

2. 入驻产品的运营策略

入驻产品可以细分为实体类、内容类、应用类。实体类入驻产品即通过淘宝、京东等平台销售的产品，如衣服、食品、电器、书籍等。内容类入驻产品即通过内容平台进行图文销售的产品，如"得到"的专栏、"知乎"的 Live、"云课堂"的课程等。应用类入驻产品即通过应用市场下载的产品，如 App Store 的软件、微信小程序等。入驻产品的运营策略是排名优化、口碑传播等。

第一章
新媒体运营的基本知识 015

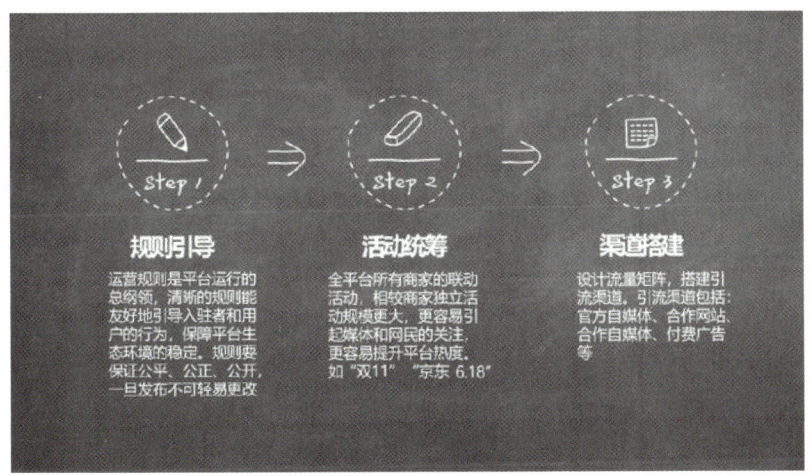

图 1-2　平台运营策略

3. 产品生命周期中运营重点的调整

互联网产品生命周期是指互联网产品的市场寿命，即互联网产品从进入市场开始，直到最终退出市场为止所经历的市场生命循环过程。互联网产品生命周期可以分为 5 个阶段，即验证、启动、增长、稳定、衰落。

产品生命周期的不同阶段需抓住不同的运营重点，如表 1-1 所示。

表 1-1　产品生命周期的不同阶段的运营重点

产品阶段	产品运营重点
验证	产品模型，内部验证
启动	产品优化，口碑传播
增长	事件策划，渠道发力
稳定	促进活跃，提高转化
衰落	产品转型，用户导流

第四节　新媒体运营的发展历程

扫一扫，看微课

新媒体运营是连接用户和互联网产品的桥梁，因此新媒体运营的发展，也是随着互联网的创新发展及用户的喜好而不断变化的。新媒体运营发展的不同阶段都会涉及内容、用户、产品及活动，但是每个阶段都有所不同。新媒体运营的发展历程分为 4 个时期。

一、用户运营主导期（2000 年以前）

第一时期：2000 年以前，我国互联网尚处于萌芽阶段。新创意层出不穷、新产品不断出现。哪家企业能够挖掘到用户需求、"抢"到用户，哪家企业就能更快成长，甚至成长为互联网的龙头企业。用户运营主导期的企业案例如表 1-2 所示。

表 1-2　用户运营主导期的企业案例

用户需求	产品	企业简称	推出时间
看新闻	新浪网站	新浪	1998 年
发邮件	网易邮箱	网易	1998 年
购买产品	淘宝	阿里巴巴	2003 年
聊天	QQ	腾讯	1999 年
搜索	百度搜索	百度	2000 年

2000 年以前为用户运营主导期，在这个时期，新媒体运营者要重点做到的是，与用户不断地沟通并保持联系，侧重点是用户运营。在用户运营主导期，许多企业的程序员经常充当运营者的角色，随时与用户沟通产品的使用体验并调整产品营销策略。

二、产品运营主导期（2000 年—2005 年）

2000 年—2005 年，互联网进入发展期。此阶段很少出现像 QQ、百度搜索这类具有划时代意义的产品，各大互联网公司的重点都是在原有产品基础之上"修炼内功"，进行产品优化与延展。

第二时期：在 2000 年—2005 年，新媒体处于产品运营阶段。在这个阶段中，新媒体运营者的主要工作是围绕产品展开的，如研发新产品、及时与用户沟通反馈、更新并优化现有的产品，只为向用户提供更好的产品和服务。这个阶段的侧重点在于产品运营。

三、活动运营主导期（2005 年—2012 年）

从 2005 年起，国内互联网公司逐渐进行了同质化的激烈竞争。在分类信息领域，2005 年 3 月赶集网上线，2005 年 12 月 58 同城上线；在票务预订领域，2005 年 5 月去哪儿网上线，2006 年 10 月途牛旅行网上线；在团购网站领域，美团网、拉手网、窝窝团都于 2010 年 3 月上线。

第三时期：在 2005 年—2012 年，新媒体处于活动运营阶段。在这个阶段中，新媒体运营者的主要工作是设计具有创意性的活动，并保证活动执行过程及效果，通过线上与线下的活动为企业网站带来流量。此时由于微信公众号还没有出现，因此流量入口主要以网站为主。

大量同领域竞争的网站功能类似、界面相仿。因此，许多网站必须通过形式多样的活动进行品牌推广及用户激活，与竞争对手拉开距离。以团购网站领域为例，这一时期国内团购网站的数量达到了上千个，为了更快地从"千团大战"中胜出，各个团购网站的运营团队分别进行不同形式、不同创意的线上与线下活动。在活动运营主导期，新媒体运营者的重点工作是设计创意活动、确保活动正常运行、监督活动效果，通过活动获取用户并激活网站流量。

四、内容运营主导期（2012 年—2018 年）

2010 年 6 月，苹果公司发布了 iPhone 4。随后两年内，越来越多的智能手机品牌进入大众视野。随着智能手机的逐步普及，人们开始进入移动互联网时代，如看今日头条和用微信聊天等成为人们日常必做的事情。由于浏览手机的时间有限，因此吸引用户注意力、促使用户持续停留成为新媒体运营者的头等大事。内容运营成为这一阶段新媒体运营的重点工作。

第四时期：2012 年—2018 年这个时期的新媒体处于内容运营阶段，在这个阶段中，新媒体运营者的主要工作是分析用户喜好、撰写具有吸引力的标题，"标题党"也随之产生。内容运营主要指设计有创意的文案内容、图片、短视频等。

比如，2018 年元旦，支付宝推出了"2017 支付宝年账单"功能，如图 1-3 所示。

将枯燥无味的账单数据转换为"每次出发，都是为了更好的回来"与"你，就是更好世界的希望"等走心的文字、全彩绘制的生活场景图，支付宝年度账单的内容呈现形式获得了用户的点赞与主动传播。

图 1-3　2017 支付宝年账单

第五节　新媒体的盈利模式

扫一扫，看微课

随着微博、微信等新媒体平台相继出现，各类社交媒体网站先后建立，使人们的社交活动变得越来越便利。用户可以免费使用新媒体，但新媒体与社会媒体要想生存就必须盈利，那么这些新媒体与社会媒体是如何盈利的呢？广告、会员付费就是新媒体主要的盈利方式。

一、盈利模式 1：粉丝变现

自媒体的广告盈利模式在应用方面有很大的局限，只有拥有一定规模粉丝的自媒体，才有可能通过这种模式使自媒体的商业价值变现，实现盈利。

那么，什么是自媒体呢？简单来说，自媒体就是由一个人或一个小团体创办的媒体，比较独立，具有鲜明的人格化特征。自媒体的形式非常多，有文字、图片、视频、音频。带有鲜明个人特征的自媒体，传递的信息内容完全超出了文字、图片、音频、视频等媒介承载的内容。通过这些内容，用户能真切地感受到活生生的"人"，而不是冰冷的"组织"。

一）粉丝运营管理的意义

现在，粉丝只是流量入口，虽然许多大 V 拥有大量的粉丝，但是没有实现很好的变现，这就是运营管理的问题。

所有通过粉丝变现的前提都是维护和引流。先了解粉丝需求，再针对需求提供一个互惠互利的变现通道。

积累粉丝并不是只要求纯粹的粉丝数量，对粉丝质量也是有一定要求的。粉丝属性一定要高度精准，如鲜花爱好者、茶文化爱好者或其他属性比较明确的用户群体。

二）粉丝运营变现技巧

1. 粉丝运营——账号定位，确定目标用户群体

在进行粉丝运营时，要与粉丝进行友好的互动，检查忠实粉丝是否每时每刻关注你的信息。

要踏踏实实做内容，运营领域要专一、细致，前期需要做好账号定位，先确定目标用户群体，再根据目标用户群体的属性确定内容方向。

2. 内容运营——持续性地输出高质量内容

在进行内容运营时，可以通过内容输出来吸引粉丝，且输出的内容是粉丝需要的内容。在内容方面，要坚持方向一致，以及持续性地输出高质量内容，只有这样，才能达到内容运营的成效。

3. 导流——内容衍生品的出现

想变现首先要制造爆品内容，足够吸引粉丝；然后开展和粉丝强烈的互动，最后进行导流。导流就是内容的延伸，如内容衍生品的出现就是变现产品。

4. 实现流量变现

在粉丝积累完成后，新媒体运营者可以通过电商变现、付费社群、知识变现等形式实现流量变现。

三）粉丝变现的方式

方式一：通过自媒体的粉丝来赚取平台的广告补贴。

方式二：推广自己的产品，在主题式场景中植入产品文案。

方式三：开通自己的付费专栏。

方式四：通过对接自己的店铺或小程序商城来实现粉丝变现。这是目前最有效的粉丝变现方式之一。

方式五：让粉丝进入自己的社群，设置会员制度，这也是一种比较好的粉丝变现方式。

二、盈利模式 2：品牌广告

无论是传统媒体还是新媒体，出售广告资源都是重要的利润来源。用户可以免费获

取内容，但需要观看内容产品中的广告。如果内容产品能够吸引较大的流量，那么带来的广告利润是相当可观的。门户网站、视频平台、搜索引擎、网络社区、直播平台、音频平台等都是先通过内容吸引用户，再向广告主出售广告位，从而获取利润的。由于内容免费已经在很多用户心中形成了固有认知，因此新媒体企业也更倾向于采用出售广告资源的盈利模式。

一）新媒体的广告形式

与传统媒体相比，由于技术的快速发展，新媒体的广告形式异常丰富。从不同的角度划分，新媒体广告可以分为多种形式。从广告形态角度划分，新媒体广告可以分为贴片广告、横幅广告、按钮广告、旗帜广告、植入式广告等。从内容角度划分，新媒体广告可以分为产品广告、品牌广告、观念广告、公益广告等。从传播媒介角度划分，新媒体广告可以分为视频广告、富媒体广告、社区营销广告、游戏内置广告等。

二）新媒体内容广告营销

随着新媒体的发展，其广告形式也在不断增加，由于它们更适合移动互联网时代移动化、碎片化的消费场景，因此在广告效果方面要优于传统媒体广告。

不过人们对广告也会存在一定的抵触心理。如今的新媒体广告营销要想取得良好的效果，新媒体运营者需要充分发挥创造力，将广告内容融入产品中，尽可能潜移默化地影响目标群体的消费决策，而不是像传统媒体一样硬性推广。部分广告主甚至推出了为产品及品牌推广制作的微电影，实现了"内容即广告，广告即内容"，在改善用户体验时，也确保了最终的营销效果。

二、盈利模式3：内容付费

增值服务在新媒体行业尚属初级发展阶段，虽然很多新媒体企业正在探索增值服务，但实际效果并不理想。从长期来看，随着人们消费需求的不断升级及购买力的不断提升，增值服务也将成为广大新媒体企业重要的利润来源之一。

以网文平台为例，目前的盈利模式主要包括内容付费、广告收入、版权销售等。内容付费的收费标准为 0.01～0.05 元/千字。网文平台为了不影响用户体验，对广告投放管理较为严格。在 IP 价格疯涨的背景下，很多网文平台凭借版权销售获得了较多的利润回报。网文平台的增值服务探索方向是为用户提供网文作品、主创团队的签名图书、网文衍生周边等，其中衍生周边在未来会有相当广阔的发展前景。

一）为付费用户提供优质内容

为付费用户提供优质内容是传统媒体的主要盈利方式之一，新媒体运营者也对其高度关注，并在实践中进行了大量探索。但新媒体诞生时采用的是互联网行业普遍采用的免费模式，先通过免费内容获取流量，再通过广告、电商等完成价值变现。因此，大部分新媒体企业在内容付费方面的探索未能取得成功，甚至部分业内人士认为，当前的市场环境与消费群体特性，决定了内容付费不具备落地基础。

二）新媒体内容付费的可行性

不过，一些行业领先者已经通过实践向我们证明了新媒体内容付费的可行性。能够提供优质独家内容的新媒体企业完全可以通过销售在线资源获得收入，如视频平台采用的有偿观看、网文平台采用的付费阅读、音乐平台采用的付费下载、网游公司向玩家推出的时间点卡等。为 VIP 付费会员提供差异化的优质内容，是当前新媒体企业在探索内容付费盈利模式时采用的主要方式，"罗辑思维""吴晓波频道"等均取得了相当不错的成果。

比如，网易云阅读为了更好地盈利推出了"捧场"功能，鼓励用户相互赠送"阅点"。该功能在与网易云阅读合作的自媒体发布的文章底部都能被看到。用户在阅读文章过程中，如果觉得某篇文章非常出彩，就可以点击文章底部的"我来捧场"按钮，选择捧场金额来赠送"阅点"，以鼓励作者创作更多的优质内容。

四、盈利模式 4：内容电商

目前，绝大部分新媒体采用的内容电商主要是电商引流。由于人力、资金、供应链管理等方面的限制，大部分新媒体企业无法进入产品生产、交易、物流配送等环节，只是充当中间商的角色，为供给方与需求方提供电商服务。新媒体企业提供的内容并不一定是自身生产的。比如，大众点评网中的很大一部分内容是由用户提供的，其切入的主要是线上与线下的消费场景，并将自身定位为互联网消费互动媒体。

很多垂直网络社区在逐渐发展壮大的过程中，也走向了内容电商之路。由于这类网络社区可以提供专业知识，再加上社交带来的较强的用户黏性，使其无论是销售代理商的产品，还是销售自己生产的产品，都有着较大的探索空间。比如，亲子社区宝宝树能够在"资本寒冬"中生存下来，很大程度上是因为通过"社区+电商"模式持续"造血"。

在信息过载的时代，人们的购物时间成本大幅增长，同质化产品导致人们很难快速买到自己想要的产品，而新媒体企业凭借自身的专业能力，可以帮助用户更加科学、高效地制定消费决策，降低购物时间成本。从这个角度上看，内容电商也具有广阔的发展空间。当然，这需要新媒体企业提高自身的专业能力，帮助用户高效且低成本地买到满足其个性化需求的产品。

五、盈利模式 5：社交变现

社交网站将用户及其亲朋好友、同事、同学联系在一起，构建了一张强大的关系网。在这个关系网中，各关系主体能相互沟通、交流。但随着其他沟通交流类应用的出现，一部分社交网站用户转移到了其他应用上。在这种情况下，社交网站不仅要应对竞争对手的挑战，还要面对替代应用的冲击，如微信等新兴的即时通信工具。为了更好地应对这些挑战与冲击，社交网站要不断地对内容进行优化、对盈利渠道进行拓展、对盈利模式进行创新。

一）广告仍是主要盈利模式

一个平台要想具备广告价值非常简单，只要不断地积累用户与流量即可，如 Twitter 就具备了足够的广告价值。广告收入在社交媒体网站的收入结构中占据重要位置。也就是说，社交媒体网站在拥有了一定规模的用户与流量之后，依然要增加广告收入。

从本质上来看，社交媒体鼓励用户与用户互动，而成功的商业模式可以鼓励用户与广告主、赞助商互动，这与社交媒体是相悖的。Facebook 对用户免费开放，广告是其主要的收入来源。目前，Facebook 有三大收入来源：一是学院或与学生有关的商家提供的网络广告，二是栏目广告，三是赞助商提供的资金。

现阶段，对国内外的社交媒体网站来说，广告是重要的盈利模式。

二）品牌的增值服务

社交网站的用户不仅有个体用户，还有企业用户。也就是说，个人或机构都能利用社交媒体网站打造、传播自己的品牌。社交媒体网站的互动性、整合性、强大的运营推广能力为品牌网络营销活动的开展提供了有效助力。

社交媒体网站从自身定位出发，为用户提供最好的服务以满足其需求。也就是说，对社交媒体网站来说，无论采用何种盈利模式、商务模式，用户需求都是最终的利润来源，大部分社交媒体网站具备这个特征。所以，社交媒体网站必须坚持以用户体验为核心原则，提供优质的服务，巩固用户基础。只有拥有稳定的用户基础，社交媒体网站才能从多样化的用户需求中找到盈利点。

简单来说，社交媒体网站要明确 4 项内容：一是网站定位，二是服务对象，三是服务内容，四是网站用户群。在一系列服务的作用下，社交媒体网站能实现品牌增值，其服务也能随之实现增值。

二）其他的盈利模式

在社交媒体迅速发展、网络广告市场规模迅速扩大的背景下，虽然一些新型的社交媒体盈利模式尚未被完全开发出来，如附属收入、数据销售、研究销售等，但是，Tumblr（轻博客网站）在盈利模式方面的探索为社交媒体提供了有益启示。Tumblr 提出了一个新功能（Highlighted Posts），借助这个新功能，博主能给自己的博文添加一个自定义标签，如"支付 1 美元观看文章"等。对于那些有价值的博文、照片，博主非常乐意为此支付 1 美元。

社交媒体广告的发展空间异常广阔。未来，无论是自媒体，还是社交媒体，都要以产品为核心，生产优质的产品。

第六节　新媒体运营岗位技能

一、新媒体运营必备的六大核心技能

扫一扫，看微课

一）文案创意

文案创意是新媒体不可或缺的重要部分。从场景来看，文案创意可以分为卖货图文、banner 文案、推送文案、社群文案和朋友圈文案等。从目的来看，文案创意可以分为销售文案和传播文案。这两种文案被广泛应用在新媒体行业中。

二）内容创作

内容创作是指通过创造、编辑、组织等方式呈现内容，从而提高互联网产品的内容价值。公众号推文、抖音短视频、小红书笔记、虎扑帖子等都属于内容。与传统写作相比，在互联网环境下的内容创作要尽量降低阅读的门槛，更多以转化或推广为目的。而捕捉热点、制造话题是内容创作的基本要求，也是重要手段。

三）活动运营

活动运营是指针对不同目的、不同性质的活动进行运营，包括策划、准备、实施和复盘。相比内容创作来说，活动运营更具引爆性，能够在较短的时间内提升目标数据。

四）用户运营

用户运营要求运营具有"用户思维"。用户思维是指运营者在思考具体的运营策略时，优先从用户的角度出发。在用户思维的影响下，用户运营是为实现某种运营目的而制定的可执行策略组合。用户运营的目的包括拉新、留存、促活和转化。

五）社群运营

社群运营是指将群体成员以一定的纽带联系起来，使成员之间有共同目标和持续的相互交往，有共同的群体意识和规范。

六）数据分析

数据分析可以帮助我们进一步了解产品、用户和渠道，进而优化运营策略。

二、新媒体运营岗位的职责

新媒体运营岗位的职责如表 1-3 所示。

表1-3 新媒体运营岗位的职责

岗位名称	岗位职责
新媒体文案	（1）负责产品文字、宣导素材、广告用语等文案素材的输出。 （2）负责产品文案，审核供应商提供的文案是否与广告法冲突。 （3）编辑产品详情文案，深入了解产品，提炼产品卖点。 （4）根据运营策划方案，提供与活动相关的图片、视频、海报、推文等文案素材。 （5）创作有吸引力的文案和图片，把控后期设计出品，提高产品曝光率等
内容创作	（1）负责App品类的内容规划。 （2）把控用户需求和时事热点，规划内容选题。 （3）监控App品类数据，通过分析不断更新内容策略和方向。 （4）配合运营计划，捕捉热点、制造话题等
活动运营	（1）负责市场拉新活动策划，针对各大节日和热点事件等策划新的活动。 （2）执行推进活动上线、活动资源的统筹协调，根据策划活动的数据分析，客观、合理地评估活动效果。 （3）负责策划用户活动，根据活动效果，执行活动改进及策略优化。 （4）收集行业竞品动态及信息，及时调整、优化活动运营方案，提高活动转化率等
用户运营	（1）结合商家生命周期的不同阶段，挖掘用户需求，搭建触达通道，整合各类资源并提升用户活跃度。 （2）负责用户管理体系的建立和完善，对用户转化、留存、促活、拉新负责。 （3）通过分析数据、构建用户画像、挖掘用户特征、建立用户分层机制，制定不同层级的用户维护策略和活动并跟进。 （4）不断探索商家和用户的融合方式，建立长期可持续发展的用户运营策略
社群运营	（1）负责搭建和运营用户社群，吸引精准用户加入，策划线上活动，孵化培养优质用户。 （2）管理线上核心用户社群，创建激励机制以提升用户留存率、复购率，增加用户黏性，维护核心用户。 （3）配合营销团队的用户运营工作，完成团队协作等
数据分析	（1）分析文章的阅读量、分享率等数据来了解内容质量，优化内容编辑。 （2）通过分析不同渠道广告的点击率和转化率来比较渠道质量。 （3）基于对业务需求的充分理解，设计数据分析和洞察方案，洞察数据分布规律、变化趋势、关联关系等，设计数据分析模型并输出数据分析和策略建议报告。 （4）负责监控行业走势，并对数据进行分析，剖析数据合理性，及时发现问题并反馈给相关人员

实训　新媒体个人品牌价值打造计划

实训目的

（1）掌握个人品牌的价值及打造步骤。
（2）撰写个人品牌的价值打造计划并实施行动。

实训内容

（1）在"人人都是自媒体"的新媒体时代，打造个人品牌已不是一件难事。每个人都可以尝试注册新媒体平台账号并发表观点，尝试获取粉丝。这里要求完成新媒体平台账号的注册（如抖音）。

（2）做好品牌价值打造的目标和定位，进行运营策划，形成一份可行的个人品牌价值打造计划。

（3）利用抖音、快手等短视频类自媒体平台有规律地发布领域专注度强的短视频、有创意内容的短视频，主题自拟，争取平均每周更新一个短视频。

实训作业

（1）撰写个人品牌的价值打造计划并实施行动。2个人一组，字数不少于1000字。

（2）每周1次或2次在新媒体平台账号发布短视频并发表观点，尝试获取粉丝。

第二章

新媒体运营的要素

第一节 内容定位

内容营销是现在主流的营销方式，可以将图片、文字、视频和音频等元素以内容的形式呈现出来，使其成为用户可以消费的信息，如淘宝头条和京东快报就是典型的内容营销方式，通过文章将需要营销的内容转化为有价值的服务，剖析和满足目标用户的需求，进而吸引用户点击、阅读，引起用户的购买兴趣。

传统的营销模式习惯于直接展示产品，并通过重复品牌的形式来吸引用户，而内容营销打破了传统营销的固有模式。企业首先需要了解用户想了解的信息，然后针对这类信息进行主动且专业的解答，通过帮助用户解决实际问题的方式培养用户对品牌的信任度，最后顺理成章地引导用户购买产品。

随着新媒体运营的崛起，越来越多的新媒体平台及运营模式相继出现。新媒体平台入驻门槛较低，运营起来却不容易。很多企业运营了微信公众号、微博，但点击量、阅读量总是不稳定。这很可能是企业没有很好地对运营的账号进行定位，不了解用户的需要，只是每天把自己认为好的内容推送给用户，这样的企业是没有内容定位的。内容定位即界定自己的内容边界，从而确定自己运营的内容标签，形成自己的风格，让用户一看到或接触到类似的事物与信息就能联想到你的内容与产品，这就是内容定位。企业应该如何做好新媒体运营的内容定位呢？这就需要了解新媒体运营的要素。

一、内容定位的关键要素

新媒体运营的核心是做好内容，做好内容的前提是做好内容定位。定位是指确定某事物在某种环境中的位置，还指确定方位、场所和界限。1972 年，艾·里斯与杰克·特劳特提出了定位理论，开创了一种新的营销思维和理念，被评为"有史以来对美国营销影响最大的观念"。该理论认为，企业必须要在潜在的用户心中创建一个"定位"，这个定位不仅要考虑企业自身的优点和缺点，还要考虑竞争对手的优点和缺点。首先明确新媒体运营的定位,然后厘清用户群体和产品对应的解决方法,最后才是动手去做。

在新媒体运营过程中,定位就像打地基,不要盲目去做运营,先做好定位。新媒体运营定位主要包括 4 个关键要素,即定位的关键要点、针对的用户群体、提供什么服务、选择哪些平台,这些关键要素将新媒体运营分为平台运营、内容运营、用户运营、产品运营和传播运营,如图 2-1 所示。

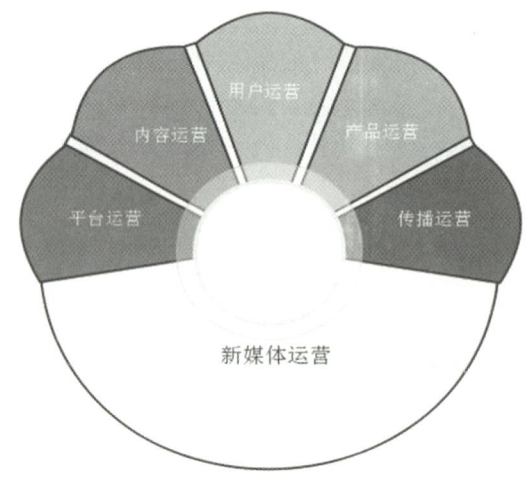

图 2-1　新媒体运营的类别

一)内容定位的关键点

用户群体、提供的服务、选择的平台都是由定位所决定的。很多企业在新媒体运营时风格多变,时而严肃,时而幽默,时而又表现得深沉且有内涵。视觉格式、内容风格、图片方向无一不给人混乱感,这就是新媒体运营没有定位的表现,运营自然不会成功。可见,定位的关键点很重要,我们可以将其分为两类。

第一类是针对自身方向的定位,要明确运营的目标是什么,有针对性地选择运营的内容。比如,微信公众号分为 3 类,新媒体运营者就需要根据自身的需求来选择合适的公众号。

第二类是针对运营方向的定位,新媒体运营者要清楚运营的具体目标定位。比如,某企业的微信公众号运营,要先明确微信公众号运营的具体目标,只有明确了目标,企业才能选择合适的态度去面对广大用户,与用户交流、互动。

二)内容的表现形式

在新媒体营销中,内容的表现形式、信息载体和传播方式包罗万象。新媒体运营者应该先掌握内容营销的概念,并做好内容的定位,才能使打造出的"内容性"产品真正迎合用户的需求和喜好。

1. 文字

文字是内容信息最直观的表达,可以准确传递内容的核心价值,不容易使用户产生错误的理解。同时,文字的表现手法多样,不同的文字写作方法可以带来不同的营销效果，能够快速吸引用户的注意并引起用户的共鸣。以文字形式表达内容时，要注意文字应描述准确，语言要简洁，还要注意每个段落的文字不要太长，要以方便用户阅读为宜。

2. 图片

新媒体营销中的图片内容展示可以全部是图片，也可以将文字作为图片的一部分融入图片中，使图片既能更鲜明地表达主题，又能快速提升用户的阅读体验。但要注意文字在图片中的比例或文字的字号，当用户查看图片时，文字内容能清晰展示且不遮挡图片为宜，如图 2-2 所示。

图 2-2　图片案例

3. 视频

与文字、图片等较"旧"的内容相比，视频是目前较为主流的新媒体内容表现形式，能够更加生动、形象地展现内容，具有很强的即视感和吸引力，能增加用户对营销内容的信任度。在使用视频作为新媒体内容的表现形式时，可以直接拍摄内容信息，也可以对视频进行编辑，但要保证视频内容的真实性，不能为了营销效果拼接虚假视频片段。

4. 音频

以音频方式进行新媒体营销时，要保证录音环境没有多余的噪声，吐词清晰，语速适当，用语简明，以让用户容易理解和接受为重点，如图 2-3 所示。

二、内容定位的原则

1. 内容要保持风格统一

保持内容风格统一，既会使新媒体运营的内容整齐，又会使页面整洁舒服。页面的视觉具有延续性，相同的视觉锚点选定统一的风格内容会让用户形成对品牌的记忆，也有助于用户对企业及品牌加深印象。

2. 内容要满足用户需求

在每个人都能变成自媒体平台的时代，随处充满了

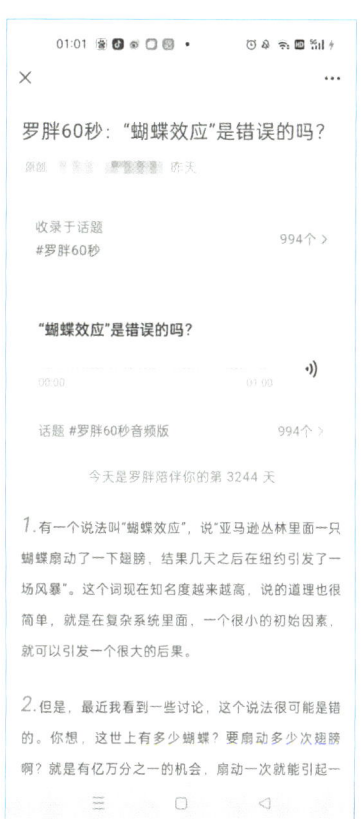

图 2-3　音频案例

艺术创意，每天都有新内容。用户无法整盘消化、吸收大量的信息内容，只能选择自身感兴趣的几种内容。如果内容对用户没有用，那么用户自然不会关注。这就需要精准对接用户需求，内容有独创性、情感真诚、不讲套话、有干货知识，只有内容有用处、有营养，才会真正打动用户。

3. 内容要高频率输出

新媒体的内容营销需要不断地输出高质量的内容来凝聚用户群，特别是对于刚从事新媒体的运营者来说，内容输出的频率应该保持每天持续输出。这对新媒体运营者的写作创意、素材组合有较高的要求。新媒体运营者要首先确定好选题，根据用户群，搜索相关资料并创作与账号风格相关的内容，然后进行文章排版，整体框架出来之后，设置标题和丰富文章内容，内容可以适度融入一些社会热点，提升文章的热度。受众人群分析包括用户的阅读趋势分析，喜好分析，用户性别、年龄、地域、热词和关联词分析，以及最近热度增长的原因分析，这是做好内容营销的基础性工作，只有了解用户的喜好心理，才能写出受欢迎的好文章。

4. 内容要贴合新媒体运营者的能力

新媒体运营者要提供高质量的内容，需要具备基本的运营能力。

比如思维能力，它是运营的基础能力，包括流程化思维的能力，将目标实现进行拆分，按顺序展开步骤要求，完善流程。还要有精细化思维的能力。精细化思维是把运营结果变成一个个具体的、可实现的任务与流程，即把目标精细到活动的每个人、每个场景、每个流程，达到精准运营的目的。还要有借力思维的能力。在自媒体时代，人们的眼睛被太多信息充斥了，新媒体运营者需要借助一些热点事件、场景、人物的力量来展示或提升品牌知名度，借力是低成本、高效率快速推广的方式。还要有复盘思维的能力，即通过总结、反思、归纳工作，最终内化为自己的体系和方法论。还要有对数据敏感的能力。数据可以充分反映企业产品及品牌的状态，新媒体运营者要具备一定的数据分析能力。

每个新媒体运营者的知识储备、思维能力都是不同的，所生产的内容自然也不同。他们应该充分调动自身的优势，并培养自己的运营思维，形成自身风格。

5. 内容要符合营销的目的

内容营销是以营销为目的的，也就是发生转化。纯粹以吸引眼球为目的的内容不是营销型内容，而是媒体型内容。在内容营销中做内容的思路要体现营销的欲望：无论是PC端的内容还是移动端的内容，每个页面的内容都应该为下一个页面的内容打广告。页面与页面之间互相打广告是有特定路径的，应该从浅层到深层，层层深入，一直打到用户下单的那个页面。做内容时还有一个基本原则，就是让每个页面的内容都发挥作用，让用户做出下一步行动。每个页面的内容都有一个目的，即把用户引向下一个购买页面。

企业做全网营销推广的目的是不同的，首先要确定营销目标，是追求流量，还是注册量，又或者是销售量。有的企业是为了推广产品或服务进而获客，有的企业是为了进行品牌宣传或实现网上交易等。比如，赶集网为用户提供招聘、求职等服务信息，而淘宝等电子商务网站则进行各式推广来为自身引流，促进网上交易的实现。企业明确了做全网营销推广的目的后，有利于新媒体运营推广方式和推广平台的选择。比如，企业想要在推广产品获客的同时提升企业品牌与形象，宜选择权威性比较高的平台和多种渠道来推广。

三、内容定位的流程

1. 圈定目标人群

圈定目标人群是指圈定具有重点价值的用户群。从原则上来说，一个产品的目标用户范围通常会比较广。比如，主要面向婴幼儿的无刺激产品，同时会受到很多女性的青睐。而在这个大范围的用户群体中，并不是每一个用户都能为产品创造价值。用户对产品的接受度、了解度都会影响最终的销售效果。企业不可能在每一位用户身上投入成本，因此需要圈定核心目标用户，尽可能缩小投入范围，解析核心目标用户的消费方式、消费习惯和消费心理，挖掘他们的痛点，针对核心目标用户制定营销策略，提高推广的精准性。

2. 找到合适的营销方式

掌握了用户的媒介接触习惯，明确了推广目的之后，就要选择相应的推广方式。总而言之，企业推广要符合企业特色，迎合目标用户的上网习惯，胡乱的网络推广不仅达不到推广目的，还会增加推广成本。

不同的产品和品牌、不同的营销目的、不同的营销途径，通常都会有各自适合的营销方式。比如，很多知识型自媒体喜欢通过出版书籍、发布热门文章的方式进行推广；一些知名的达人喜欢通过演讲、直播的方式进行宣传；很多网络红人喜欢通过拍摄视频的方式进行营销。营销方式的选择并没有固定的标准，只要该营销方式可以更恰当、更完整地对营销内容进行表达，或者该营销方式是自己比较擅长的领域，就可以针对所选择的营销方式进行专门的内容策划。

3. 寻找适合的媒介

新媒体为内容营销提供了非常广阔的平台，而每一个平台都有各自的特点和优势，新媒体运营者可以根据具体的营销策略选择适合自己的平台或全平台进行推广。此外，新媒体运营者还可以借助有影响力的人力因素进行推广，如自由撰稿人、合作伙伴、行业意见领袖、高人气达人、忠实优质的粉丝等。常见的新媒体运营媒介如图2-4所示。

今日头条又被称为"头条号"，是由今日头条推出的自媒体平台。企业、个人创业者及机构可以利用此平台扩大自身影响力，提升曝光关注度。今日头条可以说是目前较大的自媒体平台，数十万甚至百万级别的爆文都很常见。今日头条利用自身平台算法可在用户翻阅文章时，记录下每个人的阅读偏好，从而实现精准推送。

知乎是一个社会化问答社区类型的平台。用户可以利用此平台寻找问题的答案和分享知识。知乎有PC端、移动端两种客户端，月访问量达到上亿人次。该平台中高收入、高学历的用户较多，能够有效影响粉丝购买，而这类用户的长文接受度也较高，比较适合内容营销推广。

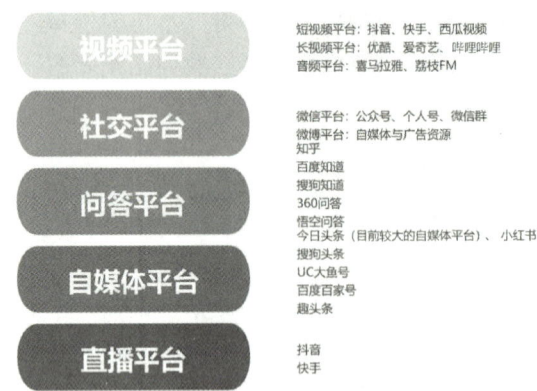

图 2-4　新媒体运营媒介

微信公众号是开发者在微信公众平台上申请的账号，通过公众号，企业可以在微信平台上实现和特定群体的文字、图片、语音、视频的全方位沟通和互动，形成一种主流的线上与线下微信互动营销方式。微信平台本身可提供信息与服务，是一个熟人网络，适合小众传播，营销与服务的定位更精准，也便于分享。

小红书是一个生活方式分享社区，同时设有社区电商平台，为用户提供文字、图片、视频等笔记的分享。

B站（bilibili，哔哩哔哩）现为中国年轻群体一代聚集的文化社区和视频平台，是年轻人的潮流文化娱乐社区平台，受众相对统一，有强大的圈层文化。

目前，喜马拉雅是我国发展较快、规模较大的在线移动音频平台，拥有丰富的节目内容，注重用户的参与感和互动性。

4. 策划、包装内容

选择好营销的媒介后，就要有针对性地策划内容、包装内容并进行营销。好的内容需要好的宣传，懂得适当地在不同时间段反复使用、包装内容，可以有效增加内容传播的宽度和广度，同时保持内容在核心目标用户中的曝光度。

5. 打造内容亮点

在进行内容营销的过程中，往往难以保证每一个内容推广的亮点，但依然要将亮点作为内容营销的重点。新媒体运营者可以通过优秀的文案打造内容的亮点，巧用词语、营造场景、图文视频强调卖点。

打造卖点是有法则的，提炼产品的需求或痛点是基础。只有找到用户的诉求点，才能够真正打动用户，引起用户传播的契机。对于这个契机的判断标准是，它是否具备一个独特属性、能否解决用户的某一个需求，或者能否切中用户的某一个痛点，这个点能否承载对用户进行足够的传播。新媒体运营的内容是碎片化的，无论是微博，还是短视频平台，传播所承载的信息和时间是有限的，用户与产品之间沟通的场景也是有限的。因此，要求传播信息要简单、垂直，营销要点不宜超过 3 个，一个或两个营销要点最合适。明确这个产品要解决什么问题，尽可能简单地呈现出来。

6. 设计转化入口

新媒体运营的目标是将目标群体转化为顾客。一般来说，当用户刚接收信息时是转化的最佳时刻，时间间隔越久，入口操作越复杂，用户的转化行为就越低。由于内容营销的发布渠道有很多，每个渠道都拥有不同的入口和功能，所以新媒体运营者可以选择合适的渠道进行内容营销和发布，也可以自己制作方便用户转化的二维码或导向链接。

7. 追踪效果与反馈

一般来说，衡量内容营销的质量和效果可以遵循内容制作效率、内容传播广度、内容传播次数、内容转化率等指标。新媒体运营者先根据各项指标的实际表现对内容营销的效果进行评价和判断，再对表现不佳的指标进行优化和改善，从而获取更大的营销价值。

第二节 用户定位

用户定位是新媒体营销与运营前必不可少的环节，只有了解自己的目标用户，知道用户需要哪些服务，新媒体运营者才能更好地进行营销计划的制订与实施，使营销的效果达到最佳。本节将对用户定位的相关知识进行介绍，包括用户心理、用户属性、用户行为、用户画像、确定用户营销平台和提供用户服务等内容。

一、用户心理

用户群体是用户定位最重要的一个前提，只有在运营中给予此类群体一些想要得到的消息，才会不断积累有效用户。所以，新媒体运营者需要清楚自己的目标用户是谁及这些用户的特征。企业在明确定位前，先要了解影响定位的因素。影响新媒体运营定位的因素主要有 5 类，如图 2-5 所示。

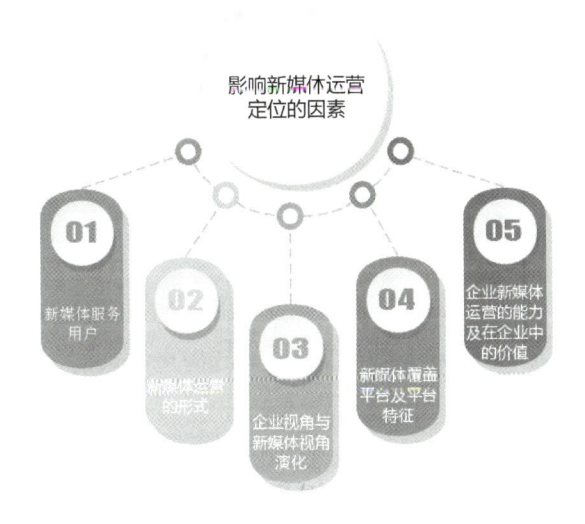

图 2-5　新媒体运营定位的影响因素

第一类影响因素是新媒体服务用户,即针对的用户群体。新媒体时期的一个本质特征是对用户人群的切分。营销的成功因素有很多,但最根本的还是赢得市场受众的支持,基于此,新媒体运营者需明白服务的对象是谁,以及他们的日常行为、消费偏好、上网习惯、具体需求等,以此确定服务的开发方向。这就要了解用户的心理特点。

新媒体用户常有的 11 种消费心理如下。

一）求实心理

新媒体用户虽然活跃在虚拟的网络空间,但是依然关注产品给他们带来的实用价值。没有人愿意购买一个毫无意义的产品。直播电商的流行在一定程度上迎合了用户的求实心理。

二）求美心理

随着人们生活水平的提高,新媒体用户在选购产品时更看重产品的质感、造型、色彩、制作工艺,甚至会购买那些实用性不强且价格不菲的精美产品。

三）求新心理

新媒体用户会被新鲜的事物吸引,热衷于使用最新流行的时髦产品。如果产品缺乏流行元素,他们就不会有兴趣了解产品的相关信息。这里的"新"产品可以是从来没有过的产品;也可以是在原有产品的基础上加了新的创新,变旧为新的产品。在运营中利用人们的求新心理,不失为一种好的营销策略。

案例

> 某生产男士汗衫的针织厂,起初经营得不错。但随着人们生活方式的转变,消费者对衣服的款式有了新的要求,该针织厂生产出来的老式汗衫就不再受欢迎。到后来,只有退休在家的老人才会购买。因此,人们将其称为"老头衫"。市场越来越不景气,工厂里的存货就越来越多,产品降价也销量不佳。面对这样的惨景,工厂里一名年轻的技术人员提出了一个建议,将积压的白汗衫在其后背和前胸印上一些美术字样的流行语,如"我爱中国""吃饭了吗?""你好,朋友"等。经过这些小小的改动,汗衫上的图案迎合了年轻人求新的心态,产品重新投入市场后备受年轻人的追捧,老头衫摇身一变成了时髦衫,还掀起了穿文化衫的热潮,常年积压的库存销售一空。

四）求利心理

大多数用户都喜欢物美价廉、性价比高的产品。假如产品的价格超出了承受范围,用户就会觉得不够划算,从而减少消费。新媒体运营者常用的低折扣就是利用了用户的求利心理。

五）求名心理

求名心理是指用户通过购买有名的产品让自己产生荣耀感。这种消费心理以"面子"

为导向，购买的不是实用价值、艺术价值与性价比，而是品牌的知名度。这类用户喜欢炫耀性消费，往往会不惜代价地抢购一些限量特供的名牌产品，用来彰显自己的社会地位。

六）从众心理

从众心理是指个体在社会群体的无形压力下，不知不觉或不由自主地与多数人保持一致的社会心理现象，这种心理又被称为"随大流"。拥有这种消费心理的用户并不清楚自己真正需要什么东西。但他们看到别人追捧某种产品时会跟风购买，也不在乎自己是否用得上这些产品。利用从众心理的典型做法之一就是，告诉用户这款产品的销量全国领先。"全国销量领先"是一记重磅炸弹，能击溃用户的抵御心理。

用户产生从众心理的原因主要有以下3种。

一是用户本人的性格。如果是一个意志薄弱型或顺从型性格的用户，那么他的从众心理会很强；二是用户对产品知识的缺乏导致的自信心不足，这类情况往往出现在单件花费较大的产品上；三是用户从利益角度分析，认为随着大多数人购买总会得到好处，不可能多数人都判断失误，即使上当，也是一起上当，以获得心理上的平衡。

七）偏好心理

某些用户受习惯爱好、学识修养、职业特点、生活环境等因素的影响，会对某类特殊商品产生稳定、持续的追求与偏爱。这类用户在购买产品时通常具有明确的方向，而且是经常性、持续性的消费，非常认可品牌。新媒体运营的目标就是要培养这部分用户的品牌黏性。

八）自尊心理

用户做购买决定时不仅要看产品的情况，销售员的服务态度也是一个重要的参考因素。如果销售员服务热情周到，哪怕产品的性价比不是特别高，那么用户也可能抱着奖励用心服务的销售员的心态做出购买决定。反之，如果销售员对用户爱答不理甚至态度恶劣，那么用户会觉得自己的尊严受到了伤害，产品再好再划算也不会购买。企业在新媒体运营过程中要时刻考虑用户的心情，对待用户要热情有礼，让用户觉得得到了充分的尊重与理解。

九）疑虑心理

所有的用户都不希望自己买错东西。因此，很多用户在购物的过程中会对产品的质量、性能、造型等反复挑剔，这是担心吃亏上当的疑虑心理在起作用。

十）安全心理

在电子商务时代，人们往往不能在购买前直接体验产品。因此，用户对产品的安全性更为关注。用户肯定不想购买一个存在安全隐患的产品。尤其像食品、药品、洗涤用品、卫生用品、电器用品和交通工具等，不能出现任何质量问题。因此，用户会十分注意食品是否过期、药品是否正规、洗涤用品是否有化学反应、电器用品是否漏电、交通工具是否安全等。在销售员解说、保证产品质量安全之后，用户才会放心购买。

十一）隐秘心理

具有隐秘心理的用户在购物时不愿意让其他人知道，通常会采取"秘密行动"。不会公开参与促销活动，但会私底下与商家联系。年轻人在购买私密性产品时经常会出现这种情况，而一些知名度很高的名人在购买奢侈品时也会出现类似的情况。

某些用户在购物时只有其中一种心理，也有些用户混杂了多种心理。新媒体运营者必须认真研究自己的目标用户，摸清他们最主要的几种消费心理，这样才能采取相应的措施。

第一步：先对目标用户进行信息采集，如问卷调查，再将收集到的信息进行整理。

第二步：根据整理的信息，将用户进行分类，按照属性、用户实际情况，在分好类别后进行备注标签，区分哪些是老用户，哪些是新用户，哪些是比较活跃的粉丝，哪些是忠实的粉丝等。

第三步：对分好类别的用户进行性别、年龄、爱好等区分。

二、用户属性

用户属性是指用户的自身分类属性，包括性别、年龄、身高、职业、住址等基本信息。因此，新媒体运营者要在开展营销计划前就做好用户属性的分析，找到符合产品和品牌定位的用户群体，这样才能针对这些用户群体更好地制订销售计划，刺激他们产生消费行为。

用户属性分析是实现用户行为精细化运营必备的分析方法之一。用户属性是多维度的。用户属性分析根据用户自身属性对用户进行分类与统计分析，如收集用户数量在注册时间的变化趋势、查看用户按地区分布的情况、用户的家庭收入、用户的婚姻状况、用户的性别、用户的教育程度等；也有与产品相关的属性，如用户等级、用户首次访问渠道等。

用户属性分析的价值体现为丰富用户画像的维度，让用户行为洞察粒度更细致。

定位到与企业调性相符的用户可以从两个方面入手：一方面企业可以通过对大规模消费人群的地理位置、消费水平、消费行为、年龄、收入等属性信息进行分析，将具有类似消费行为的群体筛选出来，并与企业的产品和目标进行匹配，得到最终的目标消费群体。另一方面企业可以通过调查问卷、有奖问答、实地探访等方式进行调查、研究分析，了解用户的实际想法，有针对性地根据用户的行为来调整产品定位。

三、用户行为

用户行为是指用户在产品上产生的行为，实际表现为相关的用户数据。新媒体运营者运用不同分析方法对不同数据进行分析，进而为新媒体运营提供方向。用户行为由用户意向左右。用户意向是指用户选择某种内容的主观倾向，表示用户愿意接受某种事物的可能性，是用户行为的一种潜在心理表现。下面举例说明用户行为。

小明的用户行为分析案例

小明 21:00 打开快手 App，浏览并发现某位喜欢的娱乐明星新闻，点击并查看该明星的信息。小明在查看时发现有向下的箭头，点击后查看该图集的其他图片；感觉非常喜欢，因此点了赞，并分享到了朋友圈。小明想查看更多该明星的照片，左滑进入作者的个人主页，浏览并点击查看；发现这个作者有很多明星的照片，并且有好几位都是自己喜欢的，所以关注了作者。不知不觉到了 22:00，闹钟提醒小明要睡觉了，小明恋恋不舍地退出了快手 App。

第二天 9:00，小明正在拥挤的地铁上打着瞌睡，昨天关注的作者发了新的视频，小明接收到了通知信息，点击信息打开了快手 App，直接查看了最新视频，这也是一条关于该明星的视频，看完之后元气满满，倦意全无。此时，地铁到站，小明立即锁屏，走出地铁。

请思考：

小明第二天为什么会收到通知呢？

因为小明关注作者的信息被记录了下来，当作者发布信息时，会通知所有关注他的人，而小明也是其中之一。因此，小明关注作者的信息记录是行为数据，而小明的行为数据有启动快手 App、浏览、查看图集、播放视频、点赞、关注作者等。

对用户行为进行分析，可以还原用户使用的真实过程。比如一个人，在什么样的环境中，（由于什么样的行为）在某个时间点，做了什么样的事情，怎样做的，结果如何。新媒体运营者只有详细清楚地了解用户的行为习惯、真实的使用路径，才能找出产品在使用、渠道推广等过程中存在的问题，提高用户/页面/业务过程中的转化率。

用户行为分析可以适用于以下情况。

（1）拉新：渠道分析、SEM 分析、用户质量分析。

（2）转化：新增用户注册转化过程、产品使用过程转化（搜索、推荐等）、push 推送调起过程、站外拉起过程。

（3）促活：用户停留时长、用户行为分布。

（4）留存：用户留存分析。

（5）商业化：根据用户历史行为展示广告。

下面介绍几种用户行为分析。

一）行为事件分析

行为事件分析方法主要用于深度研究某行为事件，以及对产品的影响与影响程度。针对某一个具体行为，新媒体运营者要进行全面的描述、对比，针对其异常表象，深度下钻分析各维度、确认导致该行为数据表现的原因。比如，快手中视频的播放量暴增，就可将行为事件进行如下分析。

（1）同期对比分析：确认历史上是否发生过，对比去年/上个季度/上月/上周/昨日的数据的相对表现。

（2）多事件对比分析：对比用户浏览量、点赞、评论、分享事件的数据是否存在暴增。通过对比多个事件，确认数据暴增现象发生的范围。

（3）维度下钻分析：在快手中哪个页面的视频播放量会增加呢？是"发现"页面、"关注"页面、还是"同城"页面？对应页面做了哪些调整？是否增加了引流？哪一部分用户群的视频播放量增加了？

（4）交叉分析：新媒体运营者对用户自然属性（平台、性别、年龄、地域、教育学历、机型、消费能力）、行为属性（新增、回流、常活跃用户、直播用户、短视频用户）、视频属性（视频类型、作者类型）进行交叉对比性分析。

二）留存分析

留存是衡量用户是否再次使用产品的指标，也是每一个平台（店铺、品牌）赖以生存的指标，能够反映任何一款产品的健康度，也是产品、运营、推荐效果的整体表现。如果没有留存用户，那么产品将无法运行下去。

新媒体运营者可以通过留存分析剖析用户仍坚持使用产品的原因，从而优化产品核心功能提升留存。

留存包含以下两种类型。

（1）用户留存：用户使用 App 后，经过一段时间仍在使用该 App。或者用户浏览某店铺后，经过一段时间仍在该店铺进行消费。

（2）功能留存：用户使用某项功能后，经过一段时间仍在使用该功能，且其他功能均有所变化。此时，该功能对用户留存有正向作用。

三）漏斗分析

漏斗分析是一套流程式数据分析模型，能够科学地反映用户的行为状态，以及从起点到终点各阶段用户转化率的情况。漏斗分析实质上是转化分析，它通过衡量每一个转化步骤的转化率的异常数据找出有问题的环节并解决，进而实现优化整个流程的完成率，如图 2-6 所示。比如，在一个产品服务平台直播中，用户从激活 App 到礼物花费的路径。一般的用户购物路径为激活 App、注册账号、进入直播间、互动行为、礼物花费五大阶段。漏斗能够展现出各个阶段的转化率，使新媒体运营者通过漏斗各环节相关数据的比较，直观地发现问题所在，从而找到优化方向。

（1）在产品初期（处于与市场适配的阶段）。

新媒体运营者通过漏斗分析找到用户触达的瓶颈，帮助用户触达产品核心价值，真实反映 MVP（最简可行化分析）与市场匹配程度。

（2）在产品中期（处于用户平稳增加的阶段）。

新媒体运营者通过漏斗分析优化渠道，找到目标用户群体。

新媒体运营者通过漏斗分析优化用户在各模块的体验（基础的登录模块；产品核心价值模块，如抖音的播放模块、淘宝的购买模块等）。

（3）在产品后期（处于用户价值产出的阶段）。

新媒体运营者可以通过漏斗分析改善用户生命周期（优化用户体验，提高用户生命周期，间接拉长用户群体价值产出的时间长度，减少高价值用户群体的流失）。

图 2-6　漏斗分析图

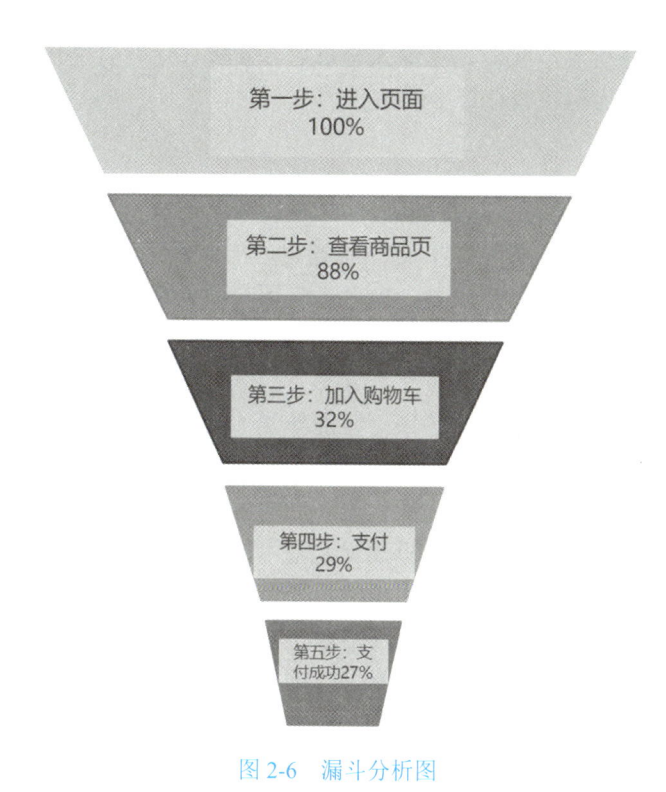

新媒体运营者可以通过漏斗分析优化商业化模块，提高生命周期中单位时间产生的价值。

新媒体运营者通过漏斗分析不仅可以发现流失问题，还能通过多维度组合发现实际原因所在。比如某电商平台，按"进入注册页—开始注册—提交验证码—注册成功"的路径设置了一个四步转化漏斗，当按浏览器细分分析用户注册转化率时，发现 Chrome 浏览器的用户注册数量比其他浏览器的用户注册数量少很多，对比每一步转化，发现第一步到第二步的转化率和其他并无明显差异，而第二步到第三步的转化率几乎为 0，大部分用户没有提交验证码，而是直接离开了页面，这个奇怪的转化漏点马上引起了新媒体运营者的重视，测试发现 Chrome 浏览器在获取验证码上确实存在 Bug，影响了用户注册。新媒体运营者针对此问题进行解决后，Chrome 浏览器下的注册转化率明显得到了提升。

四）路径分析

路径分析是指针对用户的每一个网络行为进行精细跟踪和记录，并在此基础上，通过分析挖掘得到用户的详细网络行为路径特点、每一步的转化特点、每一步的来源和去向等，帮助企业分析用户的网络行为，找出用户的主流路径，分析网络产品的用户使用路径，针对典型场景的用户转化数据来进一步制定和实施有针对性的策略，以提升转化率。

比如，用户从登录网站/App 到支付成功要经过首页浏览、搜索商品、加入购物车、提交订单、支付订单等过程。而用户真实的选购过程是一个交缠反复的过程。比如提交订单后，用户可能会返回首页继续搜索产品，也可能取消订单，每一个路径背后都有不同的动机。与其他分析模型配合进行深入分析后，新媒体运营者能快速找到用户动机，从而引领用户走向最优路径或期望中的路径。

四、用户画像

用户画像又被称为"用户角色"，是指根据用户社会属性、生活习惯和消费行为等信息而抽象出的一个标签化的用户模型，也就是将用户信息标签化。它是一种勾画目标用户、联系用户诉求与设计方向的有效工具。

用户画像是表现用户行为、动机和个人喜好的一种图形表示，能够将用户的各种数据信息以图形化的形式直观地展示出来，帮助新媒体运营者更好地进行用户定位。作为实际用户的虚拟代表，用户画像所形成的用户角色并不是脱离产品和市场之外构建出来的，形成的用户角色需要有代表性，能代表产品的主要受众和目标群体。新媒体运营者首先通过对用户属性与用户行为的分析建立起基本的用户画像模型，然后将收集和分析的数据按照相近性原则进行整理，将用户的重要特征提炼出来形成用户画像框架，并按照重要程度进行先后排序，最后进行信息完善，即可完成用户画像的构建。

用户画像最核心的组成部分是用户标签，即用户特征的一系列符号表示，每个用户标签可以理解成认识用户的一个角度。用户画像是用户标签的集合，而每个用户标签之间都有一定的联系。从整体上来看，各个维度的用户标签组合到一起形成了一个完整的用户画像。

可以用一个公式来描述用户标签：用户标签=固定属性+用户路径+用户场景。固定属性是用户的基本特征，短时间内不会发生变化，包括用户的年龄、性别、地址、学历等。用户路径是用户的特殊偏好，如常用的软件、网站、购物平台、出行方式、常出现的位置等。

用户画像的目标是通过分析用户的属性、路径、场景等，提炼关键词，最终为每个用户打上标签，以及该标签的权重。一个用户标签通常是人为规定的高度精练的特征标识。比如，年龄段标签，25~35岁；地域标签，北京。又如，韩梅梅，30岁，女，已婚，2岁孩子的妈妈，一线城市，高管。这些都是一个人的标签。企业可以根据这些标签了解用户偏好，挖掘用户需求，精准营销，进行个性化推荐，提高广告投放的转化率。对于新媒体运营者来说，用户画像的建立可以极大地提高运营效率，促进精细化运营。

构建用户画像需要所有与用户相关的数据，还要对用户相关数据进行分类。用户数据分类需采用封闭性的分类方式。比如，世界上分为两种人，一种是学英语的人，另一种是不学英语的人；用户分为3类，即高价值用户、中价值用户、低价值用户；产品生命周期分为4个阶段，即投入期、成长期、成熟期、衰退期。所有的子分类将构成类目空间的全部集合。这样的分类方式，有助于新媒体运营者后续不断枚举并迭代补充遗漏的信息维度，不必担心架构上对某层分类没有考虑完整，造成维度遗漏，留下扩展性隐患。

用户画像可以通过以下几个步骤来构建。

一）用户数据来源

收集数据，并对数据进行结构化和清洗，去除噪声和不规整的数据，为后续的建模做好准备。数据可以分为静态数据与动态数据。静态数据是用户相对稳定的信息，主要包括人口属性、商业属性等方面的数据。这类信息自成标签，如果新媒体运营者具有真实信息，则无须过多建模预测，更多需要做的是数据清洗工作。动态数据是指用户不断变化的行为信息，即用户的网络行为，搜索、浏览、注册、登录、签到、发布信息、收藏、评论、点赞、分享、加入购物车、购买、使用优惠券、使用积分等一系列的行为，均可看作互联网用户行为。用户数据分类如图 2-7 所示。

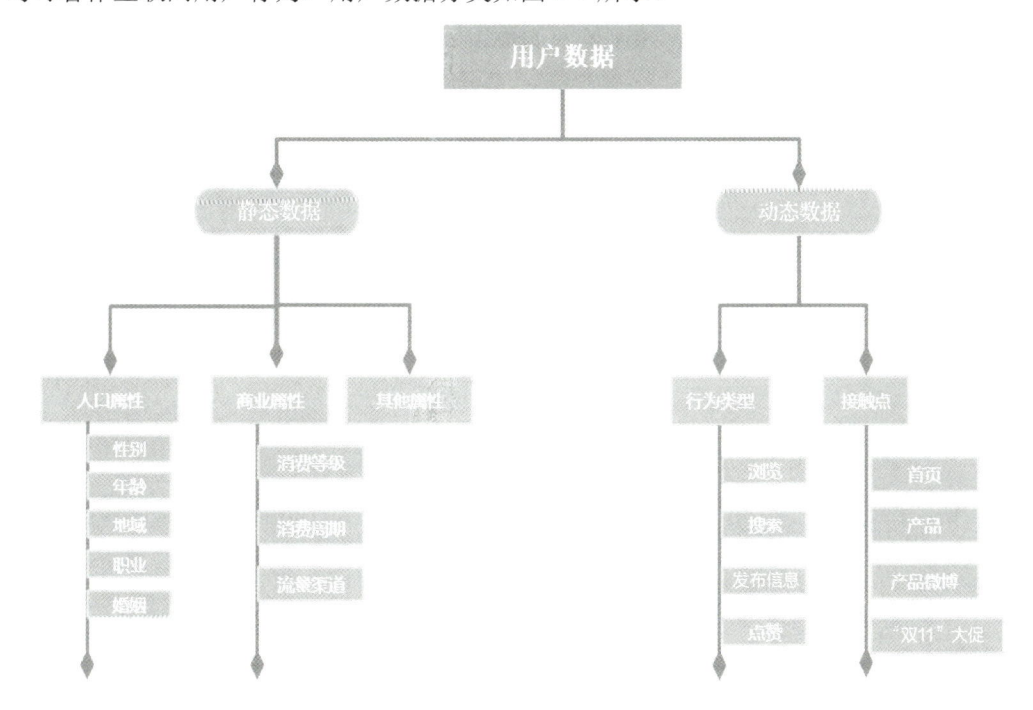

图 2-7　用户数据分类

二）用户数据分类

新媒体运营者对用户静态数据进行分析后，可对用户进行基本的分类。比如，根据性别，将用户分为男性、女性；根据常住城市，将用户分为一线城市、二线城市、三线城市等，另外，还可以根据年龄段、用户来源、收入水平和职业来对用户进行分类。

新媒体运营者获取静态数据后，需要对人群进行因子和聚类分析。不同的目的分类依据不同，如对于产品设计来说，按照使用动机或使用行为划分是最为常见的方式，而对于营销类媒体来说，按照消费形态来划分人群是最为直接的分类方式。

三）用户标签的定义与权重

有了静态数据和动态数据之后，我们就要为每个用户打上标签，以及该标签的权重。不同的营销人员针对权重的定义可能不同，可以由经验丰富的新媒体运营者来定义，他们对用户或行业情况比较了解，因此通过经验进行定义仍然具有较高的可信度。

权重会随着时间的推移而改变，当用户处在不同的生命周期时，他们的不同行为及时长的变化都会对这个权重产生影响。在模型中，权重需要在后期不断优化。

用户标签可以是对群体进行定义的一些特征值。特征值是指用一个特征很鲜明的词来描述一群人，如"时尚潮人""运动达人"等，有助于新媒体运营者一目了然地掌握该群体的特性。

（四）建立模型

新媒体运营者通过统计真实的用户行为，给用户打上不同的行为标签，建立模型标签，进一步建立预测标签，如人群属性、消费能力、流失概率、违约概率、近期需求、潜在需求等。

五、确定营销平台

（一）微信平台

微信营销建立在微信大量活跃用户的基础上，其特殊的点对点营销模式、灵活多样的营销形式和较强的用户联系性，为微信营销提供了更多可能。微信营销包括个人营销与企业营销。

（二）微博平台

微博随国外媒体平台推特的发展而兴起，是一个通过关注机制分享简短实时信息的广播式社交网络平台。网络上很多的最新动态都是通过微博分享出来的。

（三）问答平台

问答平台营销是一种以内容质量来获取粉丝的方式，其内容在搜索引擎中可以获得较高的权重，能够获得较好的排名，具有较为精准的营销效果。

（四）社区论坛

社区论坛中聚集了大量的潜在用户，在其中进行营销可以引流，聚集人气，是活动或品牌推广的不错选择，如百度贴吧、豆瓣网等论坛都是较为常用的社区论坛，如图2-8所示。

（五）视频平台

视频平台可以更直观地向用户传达产品或品牌信息，更好地进行内容的融合。视频平台中的弹幕还可以与用户进行互动，使新媒体运营者能方便地获得用户的反馈信息。腾讯视频、哔哩哔哩等都是目前较为典型的视频平台。

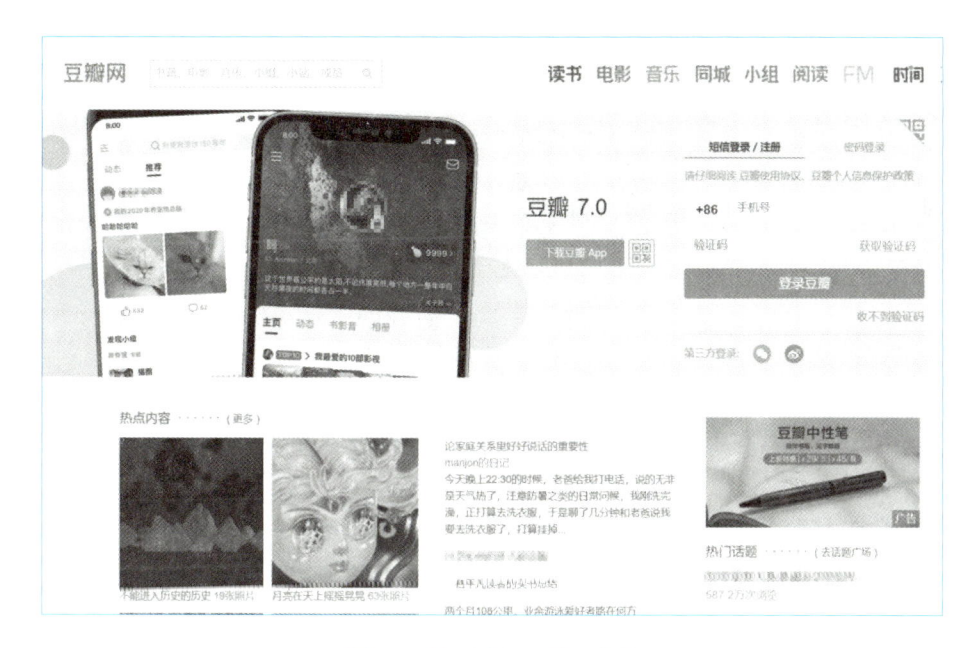

图2-8 社区论坛豆瓣网案例

六、提供用户服务

首先要先充分了解自己所在行业的情况，以及了解产品的特点。其次根据这些内容有针对性地进行用户的产品服务定位，将服务定位在目标用户更加偏好的那些方面，让目标用户感知到企业与他们的需求是相一致的，提高用户的认同感和忠诚感。再次要从目标用户需求的角度来体现服务的差异化，突出与竞争对手之间的差异，最后打造属于自身的特色服务，在用户心中形成独特的心理烙印。

第三节 新媒体文案

在新媒体营销中，内容的表现形式、信息载体和传播方式包罗万象，无论哪种表现形式，内容都是最重要、最核心的。新媒体运营者应该在做好内容的定位后，打造出"内容性"产品，才能真正迎合用户的需求和喜好。

新媒体文案是随着移动互联网和新媒体的发展，适应智能终端阅读需要而产生的。它并不是对传统文案的颠覆，而是创新发展。新媒体时代的文案更具"社交感"，不仅要引发阅读兴趣，而且要让人在读完之后产生分享给其他人、参与互动，以及再创作和二次传播的冲动。

好的新媒体文案可以直击人心，直达痛点，让用户产生购买的欲望。下面举例说明如何写好新媒体文案。

江小白文案欣赏

一、江小白+红茶

英式早茶里所用的红茶
除了味道好
与牛奶混合出美妙的颜色
它也责无旁贷
精致的生活确实需要一点颜色
心情也需要颜色
轻口味的高粱酒
有时候需要一点点红茶
在视觉与味觉上同时达到别样的美

二、江小白+橙汁

如果你累了
没有期待
就不必再假装给别人看
所谓美好
给自己一点空间
减去一点生活的活力"橙"
生活不就是这样
酸甜适中才好

三、江小白+绿茶

生活在钢筋混凝土的城市里
如何寻找生活的诗意
生活过得去
必须有点"绿"
薄荷叶的存在
更是一种double的体验
体验回归大自然的味道
有时未必需要走进森林
忙碌的你
只需要一杯轻口味高粱酒
配上一点点绿茶青柠

一、新媒体文案的特点

一）篇幅偏短

新媒体时代的用户多为年轻网民。他们生活节奏快，追求时尚、新鲜的事物，阅读时间有限，眼睛比较难长时间集中在某一个页面。同时长时间地在手机上阅读文章比较吃力，不断地下拉刷新，容易令人们半途离去，所以新媒体文案不宜太长。精短的新媒体文案能够快速吸引人们的注意力，并将核心的信息表达出来。

二）文风亲切

互联网文化的典型特点是平等。在电商时代，企业不能再以高高在上的态度对待消费者了。新媒体的特性决定了品牌要通过平实亲近的语言与目标人群进行有效的沟通。而且年轻网民也普遍喜欢平实、轻松、诙谐的内容，特别是能恰当地运用各种网络流行语、输送新概念、引发新潮流的文案更受他们的喜爱。

比如，美团高考季文案，饿坏的学霸答题"君问归期未有期，红烧茄子黄焖鸡""窗前明月光，鸭血粉丝汤"，全错。而吃饱的学霸的表现无懈可击，提醒大家一定吃好。

三）时尚多元

新媒体发展日渐成熟，因此新媒体文案逐渐突破传统的语言规范，在语法、句型、词汇等多个层面形成了不同于传统纸媒的变异特征。网络新词、流行语、缩略词、方言谐音等的使用，使得新媒体文案生动活泼、新鲜有趣。新媒体文案不仅可以使用文字，还可以使用数字、表情、图片、声音、视频等多种形式传递信息。语言风格更轻松、更自由、更开放。新媒体新闻报道往往表达强烈感情，口语化特点显著。

四）标题吸引

标题是用户对新媒体文案的第一印象，而用户往往会根据它来决定是否阅读这篇新媒体文案。标题一定要真实，这是标题的第一原则。如果点击标题后进入相应页面，发现里面的内容与标题不符，那么用户会觉得受到了欺骗，从而产生不信任感。标题也要有趣，要抓住用户痛点，能够触动用户。

标题的写作方法有多种，可以采用宣事式标题，即直接点明产品宣传意图，开门见山宣告某事项或直接告诉用户会获取哪些利益与服务。可以采用恐吓式的方法来吸引用户，这种方法对心里有某种担忧的用户来说，可以引起他们的危机感，但是注意不能扭曲事实，夸大危机。可以采用提问式的标题，引发用户思考，加深对新媒体文案的印象。可以采用猎奇式的标题，利用人们的好奇心理和追根究底的心理。可以采用对比式的标题，通过强烈的对比引起用户的注意。可以采用新闻式的标题，这种标题比较正式且有权威性，以报告事实为主，是对近期发生的且有意义的事实的一种表述。可以采用号召式的标题，用鼓动性的话语来作为标题，号召人们做出某种决定或行为，要求使用暗示性和指向性语言，能让用户受到语言的引导，做出标题要求的某种行为，一般以动词开头，有祈使的意味。

五）两个类别

企业的营销文案都是为销售服务的。但文案类型可根据企业营销的主要目的的不同分为销售文案和传播文案。

销售文案能够立刻带来直接销量效果，如为了提升销量而制作的引流广告图。传播文案是用于扩大品牌影响力的文案，如企业品牌故事、企业节假日情怀文案等。不同的文案类型，写作创意方法也有所不同，销售文案需要能够立即打动人，并促使目标用户立即行动，而传播文案则侧重于能够引起人们的共鸣，引发用户自主转发传播。

六）快速传播

"快"有两层意思，一层是新媒体资讯传播的速度很快，所以新媒体文案的内容与形式要适应快速传播的特点；另一层是因为传播的快速，新媒体文案的反应也需要快速，跟进网络热点事件快速生产产品，才能满足用户的阅读需求、体现媒体价值。比如，"世界那么大，我想去看看"这篇最具情怀的辞职信走红网络之后，很多公司及时推出了借势文案，"同意辞职，建议去世纪佳缘找个男盆友一起走""开着NV200，带上全家人一起去旅行吧"等。

七）互动性强

随着移动端在人们社交中越来越普及，微信、微博、社区、支付宝等相应的App快速崛起。手机等移动端支持多屏互动，加上人们对网络社交越来越认同，新媒体运营自然也改变了营销方式，在与用户的互动中提升营销的效果，硬广告也逐渐转变为软广告。不直接介绍产品服务，而是在案例中植入品牌推广信息，在故事情节中植入广告，使用户不易觉察到软广告的存在，更容易从情感上接受。

二、新媒体文案的创作思路

新媒体基于互联网传播。互联网极强的传播速度、海量的信息内容、自由表达的空间使得新媒体语言具有新颖前卫、信息丰富且自由的特点。新媒体传播内容也正在突破传统文案单一的局限，包括文字、图表、音频、视频、直播等。所以企业通过新媒体文案的创作，可以花费更少的成本，表达更多的信息，向更多人传播。新媒体文案创作的思路简单来说主要分为以下5个步骤。

一）明确新媒体文案的写作目的

在创作新媒体文案时，最先做的一件事是明确文案的写作目的，这也是判断新媒体文案人员是否专业的标准，因为明确目的性对一件事的成功起着指导性的作用。创作新媒体文案先要明确目的，是为了品牌传播，还是为了提高产品的销售量，又或者是为了营销推广。目的不同，写作的思路和方法也会不同。

如果新媒体文案的写作目的在于促进产品的销售，就要思考如何让产品更具竞争优势，怎么让用户觉得你的产品的使用价值高于其他竞争对手的产品的使用价值。如果新媒体文案的写作目的在于宣传品牌或企业，那么在创作新媒体文案时需要思考如何体现所要宣传的对象而不会引起用户的反感，新媒体文案的内容怎样才能更贴近品牌或企业的整体风格与形象。如果新媒体文案的写作目的是与用户互动，那么要充分激发用户的兴趣，调动他们的互动积极性。

二）列出新媒体文案的创意纲要

对新媒体文案人员来说，列出新媒体文案创意的纲要，有利于新媒体文案的输出。在梳理纲要时，首先要厘清 3 个问题，即对谁说？说什么？在哪说？新媒体文案写作就像是日常的沟通，面向的群体不一样，沟通对话的内容也会有所不同，所以在写作前期梳理清楚，会让新媒体文案的写作更有方向。

对谁说：就是这个新媒体文案要给谁看，也是对目标人群的分析。

说什么：在对目标人群分析之后，再考虑说什么。这一步需要深入挖掘产品自身的卖点，可以参照竞争对手的说服策略，在此基础上提炼出自身新媒体文案的说服点。

在哪说：根据目标人群选择合适的媒体、合适的时间进行新媒体文案的发布。目前，我们比较熟悉的新媒体渠道主要有微博、微信公众号等公共平台，朋友圈、社交群等私域流量，以及网店社区、直播等种草平台。

新媒体文案的创意纲要一般包括以下 3 个要素。

（1）目标说明：简单具体地说明广告的目的或要解决的问题，也包括产品或品牌相关名称、具体的目标用户描述。

（2）支持性说明：对支持产品卖点的证据进行简要的说明。

（3）品牌特点说明或品牌风格说明：对品牌特点或品牌风格的说明，希望传达出什么样的品牌价值。

在这一阶段，新媒体文案人员首先需要提前对市场进行调研，分析竞争对手与目标人群，然后搜集与产品或品牌相关的资料，将与其相关的问题进行分析、整理，找出产品的卖点。最后结合新媒体文案的发布平台来思考怎样让用户毫无芥蒂地接受这些信息。展开创意联想，确认最终的思路，进行新媒体文案内容的输出。这样，无论新媒体文案指向的是销售还是推广，相比于其他同质产品也能更容易获得用户的关注。

三）新媒体文案的创意思路

明确了写作目的、目标人群、竞争对手及产品卖点后，新媒体文案人员要找到本次新媒体文案需要解决的问题，结合媒体投放渠道的特征，进行创意思考，形成新媒体文案的写作思路。

在新媒体文案写作中，开头是文章的龙头，决定了整篇新媒体文案的思路走向。营销大师费瑞兹曾经说过："拒绝，是顾客的天性。"当顾客敏锐地嗅到卖货的味道时，下一步动作就是拒绝。我们都有过类似的经历，打开网页的第一件事，就是关闭各种弹窗，有时候还会花钱购买各种会员，就是为了关闭视频前面几十秒的广告，可见用户对广告信息的抵触。正因如此，一个足够吸引人读下去的开头就变得尤为重要，这个开头要具有一定的迷惑性，掩盖自身卖货的目的，吸引用户完成阅读。

下面列举 4 个具有创意思路的新媒体文案。

思路一：平铺直叙型

这是最为基础的一种基调，比较适合新手，很多纪实类的文案开头都会选择平铺直叙式的方式展开。

比如，一条关于环境污染的文案，开头是一张人造森林的照片，文案是："这片土地曾经被砍伐并破坏，但现在，它成为一片郁郁葱葱的森林，这片人造森林，约占地5503724m²，比中央公园的占地面积还要大。"平铺直叙地展开，将事实进行客观陈述，既介绍了这片森林，又介绍了森林现状，不加渲染地还原事实，让人觉得很真实。

思路二：幽默型

世界上有两种讨喜的话，一种是恭维的话，另一种是幽默的话，因此幽默的基调是最容易引起读者兴趣、让读者读进去的文案风格。读者看完之后会觉得轻松有趣，对广告的接纳度也会更高。

阿里健康的一条文案，使用了幽默的写法："你这辈子，说过最年少轻狂的一句话是什么？"答案是："师傅，帮我头顶打薄下。"这篇文案从一个诙谐的小段子讲起，讲的是人类脱发的难题，最后由基因引出文案的主题——阿里健康的广告。

思路三：怀旧型

人类是感性动物，很容易为情绪服务买单。在信息时代，物质更新换代更快，而精神更迭却更缓慢。每一种带着回忆的东西的消逝，都会引起广大网民花费大量的时间来缅怀。比如诺基亚倒闭了，"板砖"成了一种情怀；柯达倒闭了，胶片质感反而更流行。情怀是一种对过去事物的感叹，也是文案引发消费者共鸣的营销手段。比如百事可乐的广告文案《把乐带回家之猴王世家》，就是大打怀旧牌，借助六小龄童扮演的美猴王在我们童年留下的情感，引发观众回忆和共鸣。

思路四：科普型

近些年，科普类的文案大火，成为一种常见的营销模式。它利用了人们对无知的焦虑，引发读者进一步地阅读。这类文章在开头就告诉读者，目的是"涨知识"。读者本着这样的目的，很自然地就会继续往下翻阅，接受这种软广告的"安利"或"种草"。有一篇推文是讲护肤的，文案的开头对"秋冬太阳没有那么强烈，因此就不需要防晒"的观念进行了科普，站在专业的角度上，科普了一系列秋冬护肤攻略，也安利了不少品牌的防晒霜和乳液，很多人在不知不觉中就被"种草"，进而下单。

（四）新媒体文案的写作方向

新媒体文案定好了创作思路，就有了主题，那么接下来就要正式落笔了，可以用开门见山、情景故事、热点延伸、盘点总结等写法。所谓开门见山其实就是在开头直接抓住用户的注意力。比如《新年灵魂三问：结婚了吗？加薪了吗？瘦了吗？》这篇文案，第一句话就是"这次不走煽情路线，聊聊大家最关心的年终三问"，简单粗暴，让用户一下就进入主题。所谓情景故事，就是以故事引入的方式引导用户阅读，不仅能使新媒体文案更易读，还能传递有效信息。写作模板是"想象/故事+事实陈述"。开头先讲一段想象或故事，这段故事可以是真实的，也可以是虚构的，再引入正题。无论多么神转折，只要能把卖货的"尾巴"藏起来，让用户自然而然地走进布好的局，那么新媒体文案人员就赢了。热点延伸就是我们常说的"蹭热点"。热点自带流量，可以转化为阅读量，很容易被搜索到，也能引发用户的兴趣。热点延伸式的写作模板是"简述热点+热点解析"。比如，考研每年放榜的时候总有一群公众号追热点，"考研成绩"四个字与一个哭泣的表情霸占了热搜。先简单干脆地抛出"考研"这个热点，再简要阐述这个热点，描述热点引发的社会现象，由这个现象引出后面正文的相关内容。盘点原本是财务管理中的概念，意思是定期或临时对库存产品的实际数量进行清查、清点的作业。现在，盘点又指对某一社会现象的归纳总结，写作模板是"总起+类型引入"。比如，某新年期间的一篇推文《为什么你一直存不下钱？》就利用了盘点的写法。这篇新媒体文案抓住了新年期间消费过度的社会现象，针对我们总是不知道"钱都花在哪儿了？"的心理，盘点一下存不下钱、毫无钱财自由的原因。

五）新媒体文案复盘

在新媒体文案的写作过程中或完成后，新媒体文案人员最好不要直接发布，可以将新媒体文案拿给身边的人欣赏，认真听取他们的建议。因为朋友就是新媒体文案的第一批用户，他们客观的建议是新媒体文案一步步走向完善的渠道。大家集思广益，能够汇聚出更多有用的信息，以帮助新媒体文案人员进行深层次的思考，从而创作出更优质的新媒体文案。

在最终的完善工作之后，新媒体文案人员需要进行复盘，复盘即对已做过的工作内容再次进行梳理、总结，可以通过数据、目标人群的反馈将新媒体文案工作中的优点及缺点一并总结。优点可继续保持，对于缺点则需提出进一步的修改及改进意见并保留，以便下次创作新媒体文案时进行参考。

当新媒体文案发布之后，新媒体文案人员还可以进行再一次的复盘，根据目标用户的反馈建议进行进一步的总结，这有助于提高新媒体文案人员的写作能力。

三、新媒体文案的写作准备

了解新媒体文案的写作思路是文案写作的基础，而在新媒体文案写作的过程中需要搜集并整理大量的资料信息，以对产品市场调研分析做准备，为新媒体文案的完成获取数据支持。对于新媒体文案人员来说，在调研前期搜集的资料类型有很多，无论是纸质资料还是电子信息，都具有一定的参考价值。

新媒体文案的准备工作就是营销分析，包括市场分析、目标人群分析、竞争对手分析、自身产品分析、用户分析、构架场景分析。

一）市场分析

市场分析包括市场规模、位置、性质、特点、市场容量及吸引范围等。在一般情况下，整体的市场是固定的，营销策划工作会更侧重于市场，而新媒体文案工作则更侧重于对目标人群、竞争对手、卖点的分析。

二）目标人群分析

新媒体文案的受众不同，其写作的方向和方法也会有所不同。目标人群分析就是要搞清楚不同人群的区别，从而指导写出更有针对性的新媒体文案。当面对高收入、注重品质的人群时，如果新媒体文案一味强调价格便宜，就会起到反作用。因此，要了解影响目标人群的相关因素，可以从文化因素（职业、收入、财富、教育等），社会因素（家庭、社会角色、社会地位等），个人因素（年龄、生命周期、职业和环境、个性和自我观念、生活方式和价值观等）3个方面入手，还可以通过寻找目标人群的购买动机找到新媒体文案所推广的产品或品牌之间的契合点。

1. 文化因素

每个国家甚至每个地区都有对应的文化，文化影响人们的需求和行为。比如，中国人喜欢数字8，而德国人则喜欢数字4。不同的社会阶层也有相应的文化，各社会阶层在服装、语言模式、娱乐喜好和其他方面都会有差异，社会阶层文化的不同主要由职业、收入、财富、教育等决定。

2. 社会因素

社会因素包括家庭、社会角色、社会地位等。用户在做购买决策时会参考与自己意见相符或不符的人的建议。

（1）家庭：家庭成员在各种产品和服务的购买行为中所扮演的角色与发挥的作用均不同。角色在不同环境中差别也很大。

（2）社会角色和社会地位：社会角色和社会地位的不同也会产生不同的行为。比如，企业总裁开豪华汽车，穿高档的西装。而公司中层领导则会体现自己精干的一面，穿职业装。在不同的场合扮演不同的角色，所对应的形象也略有不同。

3. 个人因素

个人因素也会对决策产生影响。个人因素包括目标人群的年龄、生命周期、职业和环境、个性和自我观念、生活方式和价值观等。

（1）年龄与生命周期：人在一生中会购买各种各样的产品、服务，并且不同年龄阶段的人的需要也不一样。随着年龄的增长，也会依次度过生命中几个重要的节点，如升学、上班、结婚、生子；相应的节点对应的产品及服务的需求不一样。

（2）职业与环境：职业同样会影响消费模式。蓝领会购买工作服、工作鞋，公司高层会购买礼服，白领会购买职业装。

（3）个性和自我观念：每个人的购买行为均受到自我修养的影响，品牌也同样有人格化的个性特征。消费者倾向于购买与其相符的品牌。

三）竞争对手分析

在新媒体文案的策划过程中，分析竞争对手也是一个重要环节。如果新媒体文案人员能清楚竞争对手的写作思路和主推卖点，就能较容易地写出更优质、更具突破力的新媒体文案。

此外，新媒体文案人员可以采用SWOT战略分析法对竞争对手进行详细分析。

SWOT由4个英文单词的首字母组成，分别代表Strengths（优势）、Weaknesses（劣势）、Opportunities（机会）、Threats（威胁），这是将企业内外部条件各方面的内容、资源进行有机结合与概括，进而分析企业的优劣势、面临的机会和威胁的一种方法。

表 2-1 所示为 SWOT 的分析说明。

表 2-1　SWOT 的分析说明

		内部环境	
		内部优势（S）	内部劣势（W）
外部环境	外部机会（T）	SO 战略 依靠内部优势，利用外部机会	WO 战略 利用外部机会，改进内部劣势
	外部威胁（T）	ST 战略 依靠内部优势，回避外部威胁	WT 战略 克服内部劣势，回避外部威胁

对竞争对手进行分析还可以采用 USP（Unique Selling Proposition）理论。20 世纪 40 年代，罗瑟·瑞夫斯首次提出了 USP 理论——独特的销售卖点。这是营销广告发展历史上最早提出的一个具有广泛深远影响的广告创意理论。USP 理论包括以下 3 个层面。

一是在产品层面，要有独特的利益卖点。每则广告都必须为用户提供一个卖点。每则广告都必须说："买了这个产品之后，你就可以获得这样的好处。"

二是在竞争层面，要有独一无二的占位。每个卖点都必须是竞争对手所没有的，或者是竞争对手无法提供的。这就是独特销售卖点的精髓所在。

三是在用户层面上，要能足够吸引用户购买。产品的卖点一定要足够吸引人，才能让众多新用户选择购买你的产品。所以你的产品不能只是在小地方做出区别，这个独特的卖点必须是足够重要的。

四）自身产品分析

在分析产品时，新媒体运营者需要根据产品相关内容找出用户感兴趣的点，这也是新媒体文案内容的宣传重点。可以按产品的相关情况进行分析，如产品的功效、产品的特点、产品的优势、产品的实用价值等，如图 2-9 所示。

- ✓ 产品的哪种功效最为重要？
- ✓ 哪些特点是其他产品没有的？
- ✓ 产品的优势领域在哪里？
- ✓ 产品的实用价值是什么？
- ✓ 产品针对的用户群体是什么？
- ✓ 它能帮助用户解决什么问题？
- ✓ 该产品是否经济实惠？
- ✓ 产品的购买渠道是什么？
- ✓ 有无购买优惠或是有怎样的购买活动？
- ✓ 企业会提供怎样的售后服务？
- ✓ 购买过产品的企业对其持有怎样的看法？

图 2-9　产品分析需要了解的产品问题

五）用户分析

不同的用户有不同的消费观，划分用户的社会角色，探究各类群体不同的消费心理，这样新媒体文案人员就可找出相对应的切入点和侧重点，据此拟定不同的新媒体文案写作方案。新媒体文案最本质的结果是指向产品的销售，所以在定位用户群体时，新媒体文案人员可以从用户的心理动机进行分析和了解，知道他们是出于怎样的心理才会想要了解或购买一种产品的，定位出不同用户的购买趋向。也可以从用户的角色来定位用户群体，用户的社会角色不是单一的，而是多种角色的叠加，通过对社会角色的划分，能帮助新媒体文案人员迅速找准产品定位。

六）构架场景分析

无论什么产品，最终都是服务于生活的，这也是与用户息息相关的问题，所以在构建新媒体文案时，新媒体文案人员可从实际生活出发展开联想。比如，支付宝就是一个支付软件，最常用的场景就是付款。其十周年广告《账单日记》文案，通过一个女生毕业后10年间生活中的一件件小事，如购买电影票、支付水电费、点外卖、购买职业装来勾起人们对过往生活的回忆，并一步步体现支付宝的功能。该文案语言虽简单平淡，却能让很多用户联想到使用支付宝的过往，进而勾起人们对支付宝及过往生活的感动。

新媒体文案人员还可以从用户的痛点入手展开联想，将产品的使用场景与用户的痛点连接起来创作文案内容。比如，夏季天气燥热，虚火上升，王老吉从人们需要清热降火的痛点出发，来塑造夏季要降火这样一个场景，由此确定"怕上火，喝王老吉"的文案。又如，耐克《你决定自己穿什么》的文案从一个积极向上的年轻人想要有所作为、拥有自我主张的需求出发，塑造了一个走路的场景，意指想要改变世界、决定世界，就要从决定自己穿什么开始，整个文案十分贴合品牌的主张与定位。

四、新媒体文案的创意策略

新媒体文案写作的核心任务，就是把产品的益处告诉用户，这就需要新媒体文案有创意。新媒体文案的创意应符合3个方面的特征。

第一，具有独创性。具有创意的新媒体文案容易给人读者留下深刻的印象。一条平淡无奇的信息会很容易被忽略或遗忘。

第二，具有趣味性。阅读妙趣横生的新媒体文案，使人不再是被填鸭式地塞入信息；相反，他们可以积极主动地获取信息，内心产生愉悦感，会自发地转发新媒体文案。

第三，具有感染力。让看到新媒体文案的人能够激发出强烈的情感，从而使他们将自己的感情和产品联系起来。

创意产生的过程是模糊的、凭直觉的。但是有一些策略，如九宫格思考法、头脑风暴法、元素组合法、金字塔结构法等，通过这些策略来帮助新媒体文案人员进行新媒体文案内容的创意呈现。

一）九宫格思考法

九宫格思考法是一个用途非常广泛的思维方式，可用于快速扩展人们的思维，从更多的角度看待问题。我们可以利用3个步骤来实现九宫格思考法。

第一步：拿一张白纸，用笔先分割成九宫格，将主题（产品名等）写在纸的正中间处。

第二步：将与主题相关的联想任意填写在旁边的8个格子内，尽量用直觉思考，不用刻意寻求"正确"答案。

第三步：尽量扩充 8 个格子的内容，鼓励反复思维、自我辩证，但无须给自己压力，不必在一天之内做完，以前填写的内容也可以修改。

九宫格图有助于人的思维扩散，当利用九宫格思考法创作新媒体文案时，先把产品名写在纸的正中间的格子内，再把由主题所引发的各种想法或联想写在其余 8 个方格内。九宫格思考法可以分为"向四面扩散"的辐射线式和"逐步思考"的顺时针式两种类型。

"向四面扩散"辐射线式以九宫格的中央方格为核心主题，向外联想出相关概念，其余 8 个方格的概念都与核心有关联，但彼此不必有相关性。"向四面扩散"的辐射线式九宫格思考法如表 2-2 所示。

"逐步思考"的顺时针式以最重要的项作为中央方格的起点，依顺时针方向将重要的点依次填写；填写时尽量使用简明的语句，最后一个方格可填写附注说明或提醒信息。

表 2-2 "向四面扩散"的辐射线式九宫格思考法

联想	联想	联想
联想	主体	联想
联想	联想	联想

表格填完了，新媒体文案人员要专心检查。是不是这些都是必要的点？是否需要删除一些点？是否可以将一两个点混杂在一起？九宫格思考法可以让新媒体文案人员没有限制地修改，一直修改到清楚为止。九宫格中的每一个单项，都可以进行细分，再做出另一个九宫格，这样新媒体文案人员可以把单项部分再逐一细分，从而得到更加细致的内容。

二）头脑风暴法

1. 围绕主题确定关键字

在使用头脑风暴法时，最先做的应该是审查新媒体文案的主题，确认新媒体文案的关键字，关键字的用词必须保持在主题的范围以内，可根据新媒体文案描述主体的不同思考方向和相对应的不同特点，罗列出相应的关键字，这样可产生较多可供选择的点。

2. 选择新媒体文案风格

新媒体文案风格多种多样，如有趣的、温馨的、有情怀的、文艺的、无厘头的、奢华的、平实的、高端的等。大多数的新媒体文案的风格取决于所要描述的产品类型与品牌定位。比如，宜家新媒体文案通过温情清新的风格来展示家居设计，突出家的温馨氛围，潜移默化地表达出要过有质量的生活就要选择宜家家居的思想。

3. 加深对主题的理解

可采用 5W1H 的思考方法，即 What、Who、Where、Why、When、How，分别表示该事物是什么？使用的主体是谁？在哪里使用？为什么用户会选择使用它？什么时间使用得较多？使用效果如何？当新媒体文案人员思考完这些问题并得出答案后，就代表对这篇新媒体文案已经有了比较明确的想法，至少抓住了新媒体文案的主题思想。

4. 换位场景搭建

新媒体文案人员可以进行换位场景搭建，就是在推出一款产品时想象如果自己是这篇新媒体文案的读者，那么是否会理解、欣赏这样的新媒体文案；或者站在第三方立场去思考还有哪些可以改进的地方，把自己当成用户进行使用场景搭建，最好将其表述为生活中人们所了解的现象，促进用户了解产品。比如，香飘飘奶茶文案"杯子连起来可绕地球两圈"，人们可以进行实物联想，对香飘飘奶茶的销量有一个深刻的认识。

5. 利用外部信息

在新媒体文案写作过程中，新媒体文案人员可以从微博热搜排行榜、微信等平台获取关键词和灵感；也可以参考其他成功的案例，从中寻找异同点，判断成功、失败的因素有哪些，汲取经验；也可以结合时下热点，将其与产品相融合；还可以搜索同行业的优秀新媒体文案，参考和模仿其风格。

结合以上知识，完成初稿，给身边熟悉的第三方人员观看，观察他们是否能感受到新媒体文案所要传达的主题，是否能抓到产品的亮点与卖点，是否具有足够的吸引力。如果效果不好，那么根据建议进行修改。通过这些外部参考因素，进一步提升新媒体文案的质量。

三）元素组合法

在新媒体文案的写作过程中，利用元素组合法可以产生不少新鲜的创意。元素组合法是指将旧元素进行重新组合从而产生新创意。图 2-10 所示为金羚洗衣机的广告文案，即"衣服再脏也不怕"，将衣服和簸箕结合在一起，构成新组合，在表现出衣服脏的同时，也体现出洗衣机功能的强大。

四）金字塔结构法

金字塔结构法是依照层级来配置主题或信息的图表。金字塔结构法分为主题金字塔结构法和信息金字塔结构法，两者的层级一般都分为 3 个：主要层级、关键层级和次要层级。金字塔结构法中，把最想传达的信息放在顶层，这条信息被称为"主要信息"；主要信息之下是"关键信息"；从"关键信息"再往下一层则是"次要信息"。图 2-11 所示为金字塔结构法的层级。

图 2-10　金羚洗衣机元素组合广告　　图 2-11　金字塔结构法的层级

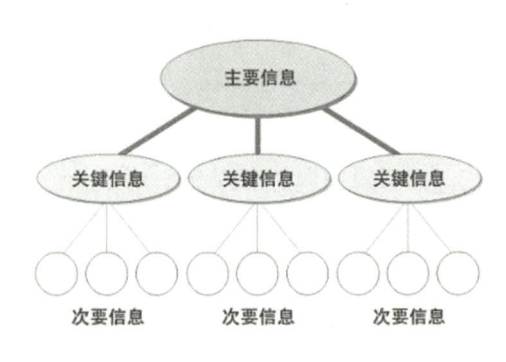

在进行新媒体文案思路设计时，使用金字塔结构法的好处非常多，主要有以下两个。

（1）整体的逻辑结构可以有视觉上的俯瞰效果，必要时也可以立即确认细节，从而达到可以既见森林、又见树木的效果。

（2）可以列出每个层级的信息，并且比较彼此之间是否具有统一性。不管是关键信息，还是次要信息，只要属于同一个层级，都可以立即检查里面的信息量、信息种类、抽象度、表现风格等是否统一。

五、新媒体文案的写作技巧

在新媒体文案的创作过程中，需要着重考虑新媒体文案的用户及新媒体文案本身的质量，包括新媒体文案的标题、新媒体文案正文内容传达出的吸引力及信任度等。从这些具体细节出发对文案进行雕琢无疑是提升新媒体文案水准的一大妙招。下面从新媒体文案标题、新媒体文案吸引力、新媒体文案信任度、用户视角、视觉营销、排版等内容进行介绍，帮助新媒体文案人员掌握一些爆款新媒体文案惯用的写作技巧。

一）重视主题的作用

新媒体文案的标题就像人的名字一样，是展现给用户的第一印象，也是新媒体文案吸引用户的第一要素。互联网时代新媒体文案数量之多，让人目不暇接，用户不可能点击每篇新媒体文案，这时就可以通过新媒体文案标题进行前期筛选。

大量的数据显示，文章标题对于读者的影响是最直接的，甚至可以说决定了是否会阅读文章。一篇成功的文章，标题是否能与读者产生共鸣是整篇文章的第一步，也是最核心的关键的一环。标题类型举例如表 2-3 所示。

表 2-3 标题类型举例

标题类型	对应案例
提问式标题	睫毛膏，怎么用才可以防水又防汗
证明式标题	据说用了就可以 4 天不洗头
悬疑式标题	他是如何在 1 年内从年薪 9.6 万元到年薪 100 万元的，全靠……
情绪性标题	这次不重视问题，下一次就可能引发更大的事故

二）内容要有吸引力

1. 与"我"相关

在新媒体文案创作的过程中，新媒体文案人员要着重把握人们的这种心理来构思新媒体文案内容。与"我"相关的情况不外乎是与"我"的生活和"我"可获得的利益相关。健康、安全是用户永恒关注的话题，趋利避害是人的本能，所以新媒体文案人员可以结合产品的功能让用户感受到安全感或产品能给他们带来的利益。

2. 制造反差

大脑会对对比强烈的信息加以关注，因为人的感官会主动积极地搜寻周围环境中的突发情况，如寂静空间中的响动、漆黑环境下的亮光等，而对比的事物能加强人的这种感官体验，所以反差较大的事物能触发大脑的预警机制，引起用户的关注。制造反差还体现在文字的运用上，如明贬暗褒是以一种假意的贬低来夸张自己的产品。

比如，大众汽车的一个广告创意，大众想把自己的汽车与其他品牌的汽车进行比较，突出大众汽车的性能好，耐力足。大众做了个以"地球上最艰苦的比赛"为主题的广告，地点放在环境恶劣的沙漠中。结果其他品牌的汽车在如此环境下慢慢只剩残骸，整个画面也是一片萧条，而大众汽车依然是在沙漠中飞速奔驰，性能耐力十足，如图 2-12 所示。

图 2-12　大众制造反差创意新媒体文案

三）关注用户感受

作为商业营销的一种手段，新媒体文案一定要以用户为中心，以用户思维为立足点去思考，即懂用户，知道他们想要什么、怎样做才能打动他们，引起他们对新媒体文案的理解与认同。

用户体验的最终目标是能够对服务和产品有更加深刻的认知，所以在这个过程中就需要让用户对产品和服务更加有信心，如安全感、正能量、鼓励等。新媒体文案中常用的写法是，首先唤醒用户的某种需求，如产品功能这类表面需求、产品诉求类的情感需求、品牌文化内涵类的自我实现的需求，然后去满足它，一旦新媒体文案精准地唤起了用户其中任何一种的欲望，用户自然会用行动来作为回馈。

四）增强信任感

1. 权威认证

很多用户对某些产品或品牌并不了解，如果新媒体文案人员单纯地说该产品好，那么大部分用户并不会认同这种说法。如果将该产品与权威的人或机构联系起来，表示权威认可并推荐了产品，那么用户对权威的信任就会被嫁接到产品上来，认为该产品值得信赖。

2. 用户证明

在产品的买家评论、品牌社群和品牌互动留言中精选已使用用户的评论，并在新媒体文案中展示出来，利用真实的好评来获得潜在用户的信赖。这个方法利用的是人们的从众心理，既能激发用户的购买欲，又能赢取用户的信任。

3. 解决用户的顾虑

即便有些用户对产品的品质有信任感，但是在购买之前，还是会犹豫、纠结，产品到了之后坏了怎么办？效果不满意怎么办？大件产品是送上门还是送到门卫室？上门的快递费谁来承担？安装费怎么办？归根结底还是源于用户对服务的不信任，这时要解决用户的后顾之忧。新媒体文案人员最好将售后服务表述清楚，如提供机打发票、15 天无忧退换货、全国联保、移动空调整机保修 2 年，普通空调整机保修 6 年等。

五）善用视觉营销

新媒体文案作为营销推广的一种方式，最重要的是吸引用户的注意力。新媒体文案相当于产品的外衣，对用户的视觉有一定的冲击力、颜色款式、大小比例等合理搭配能完美衬托出产品的特色，这样才能被用户接受并记住，所以在新媒体文案创作过程中一定要谨记这也是进行视觉营销的过程（见图 2-13）。但在追求视觉效果时也要注意适度，尽量不要采用特别夸张或另类的表达方式而忽略对产品本身特点的表现，以免得不偿失。

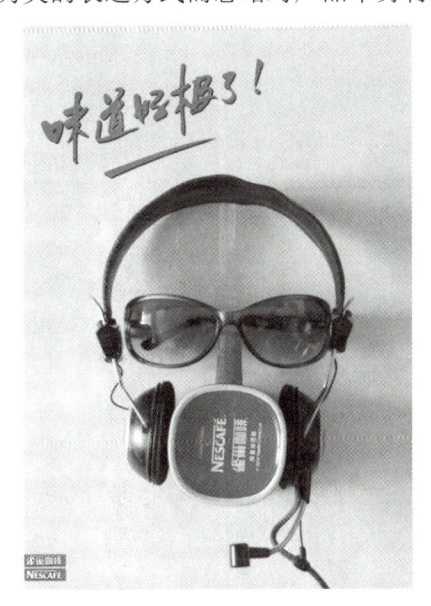

图 2-13　雀巢咖啡视觉营销案例

六）注重排版

（1）新媒体文案长短：全文字数控制范围为 1200～1500 字，一个段落不超过手机一屏，可以多分段，最好 3～5 行一段。

（2）字体设置：字号范围为 14px～18px（数值越大，字号就越大），16px 最合适；行间距控制在 1.5～1.75 为最佳。

（3）空间布局：常见的空间布局有 3 种：第一种中心分布，义字为主要内容，或与图相关联，画面稳定。第二种左右/上下分布，大部分 banner 常用的分布形式，容易平衡版式，内容文案区别对应性强。第三种对角线分布，相对以上两种布局，这种布局更有视觉冲击力，不呆板，一般文案为辅助说明，以展示产品细节为主。另外，要合理搭配图片，图片要精美，一般是上文图，适当插入视频；此外，可以使用不同的字体颜色来突出新媒体文案的重点，以便与正文区分，颜色最好不要超过3种。

必要时，排版人员可以借用一些排版工具，如秀米、小蚂蚁微信排版、i 排版、微小宝等。

实训　公众号相关实训

序号	任务描述	任务要求
1	关注微信公众号"罗辑思维"，分析该公众号推送文章的表现形式	选择1～3篇文章进行分析，分别对每篇文章的内容表现与优缺点进行分析
2	分析购买不同产品的用户的不同消费心理	以 iPhone 13 为例，分析购买该产品用户的社会角色和消费心理
3	列举几个有特色的内容输出案例	以表格的形式分条列出并列举说明
4	以父亲节为背景，对"剃须刀"一词使用头脑风暴法进行分析	根据头脑风暴法中的关键词组合触发想象，搭建场景并拟写文案
5	在互联网上寻找一些爆款文案，分析这些文案标题的作用	在这个过程中要发现标题能被搜索及激发用户点击欲的作用

第三章

新媒体运营的工具技能

第一节 选题工具

一、选题的意义

作为一名新媒体人，很多时候会因为选题而绞尽脑汁，这与自己的素材积累量、阅读面有很大关系。如果选题得当，符合当下的热点或符合当下大部分人群的需求，那么相应的作品可以获得大量的关注；如果选题不当，不是当下的热点或不能满足大部分人群的需求，就算后面的工作做得再好，作品也很难获得大量的关注。因此，在新媒体运营中，选题的重要性毋庸置疑。选题是一项重要且困难的工作，想要每天为用户提供感兴趣的、高质量的内容并非易事。对于新媒体人来说，可以借助相关的选题工具，寻找当前、甚至未来的热点。

二、常用的选题工具

下面介绍常用的选题工具。

一）微热点（微舆情）

微热点（又被称为"微舆情"）是由新浪微博投资的，专注于新媒体大数据挖掘与分析的大数据应用平台。微热点以中文互联网大数据及新浪微博的官方数据为基础，专注于互联网信息及社会化大数据场景化应用，致力于打造互联网低费用、易使用、超专业的社会化大数据生态服务体系。

微热点具有免费注册、收费低廉的特点，通过互联网信息采集、存储、处理技术，大大降低了信息服务的成本。微热点利用分布式网络技术，对互联网上的信息相关数据源进行完整采集，可以在很短时间内收集重要网站、论坛、微博、公众号、博客等互联网开放平台上的相关信息，通过中文智能分词、自然语言处理、正负面研判等大数据处理技术对收集到的信息进行处理。图 3-1 所示为微热点的页面。

图 3-1　微热点的页面

二）百度指数

百度指数是以百度海量网民行为数据为基础的数据分享平台。在这里，用户可以研究关键词搜索趋势、洞察网民兴趣和需求、监测舆情动向、定位受众特征等。

百度指数能够告诉用户：某个关键词在百度的搜索规模有多大，该关键词在一段时间内的涨跌态势及相关的新闻舆论变化，关注这些词的是什么样的网民，且分布在哪里，还搜索了哪些相关的词。利用百度指数可以帮助用户优化数字营销活动方案。图 3-2 所示为百度指数的页面。

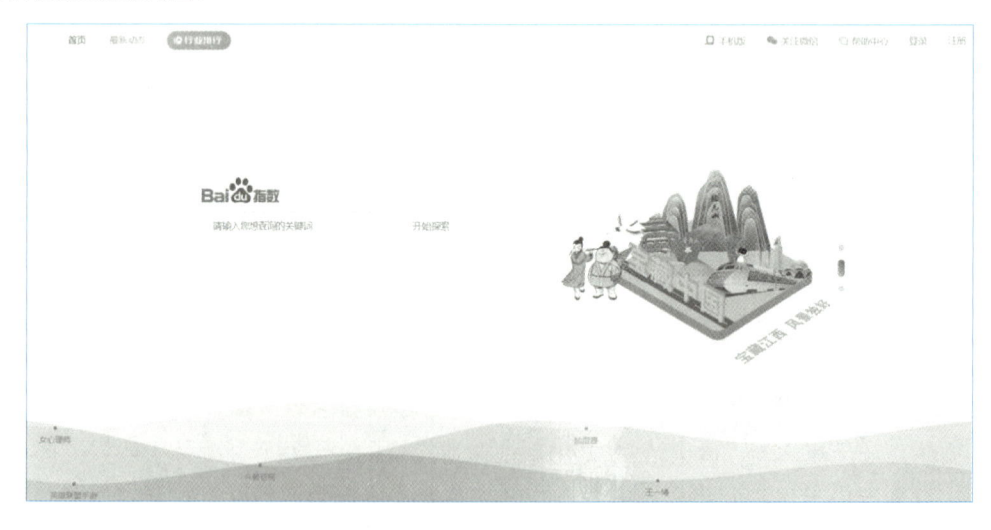

图 3-2　百度指数的页面

三）巨量算数

巨量算数是巨量引擎旗下内容消费趋势洞察品牌。以今日头条、抖音、西瓜视频等内容消费场景为依托并承接巨量引擎先进的数据与技术优势，坚持客观、严谨的理念，输出内容趋势、产业研究、广告策略等前沿的洞察与观点。同时，开放算数指数、算数榜单数据分析工具能够满足企业、营销从业者、创作者等数据洞察的需求。图 3-3 所示为巨量算数的页面。

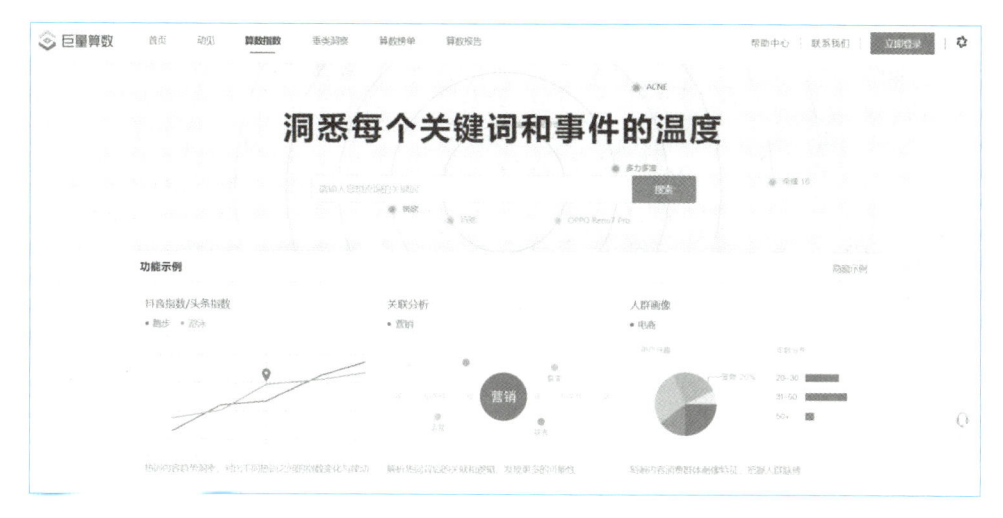

图 3-3　巨量算数的页面

（四）爱奇艺指数

爱奇艺指数基于爱奇艺内容热度、海量用户观看、互动、分享行为等数据，综合评估用户的反馈情况，充分展示内容的热度变化；基于行业领先的图像识别、人物识别技术对百万量级的视频内容进行场景、明星的精准识别，全面剖析视频看点和热点信息；基于深度学习和自然语言智能理解技术，精准判断观影受众的自然属性，深度洞察弹幕、泡泡圈 UGC（用户原创内容）中的用户观点和兴趣。图 3-4 所示为爱奇艺指数的页面。

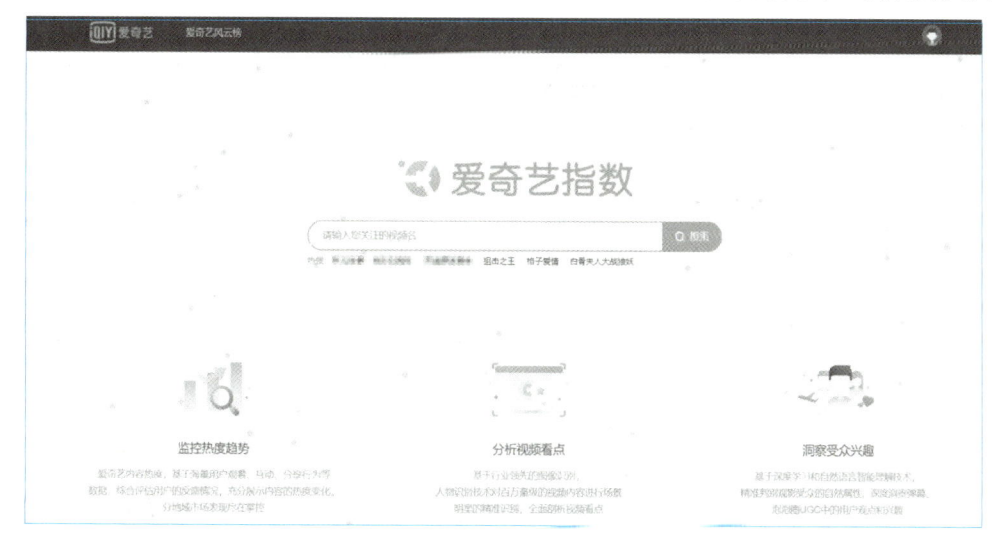

图 3-4　爱奇艺指数的页面

（五）清博智能

清博智能是基于网络公开数据的产品、融媒体和舆论大数据人工智能服务商，为众多政务机构、新闻媒体、品牌企业、互联网公司提供大数据服务。清博智能拥有清博指数、清博舆情、智能融媒体平台等多个核心产品，为微信、微博、头条号等提供新媒体排行榜、舆情报告、数据咨询、融媒体等服务。图3-5所示为清博智能的页面。

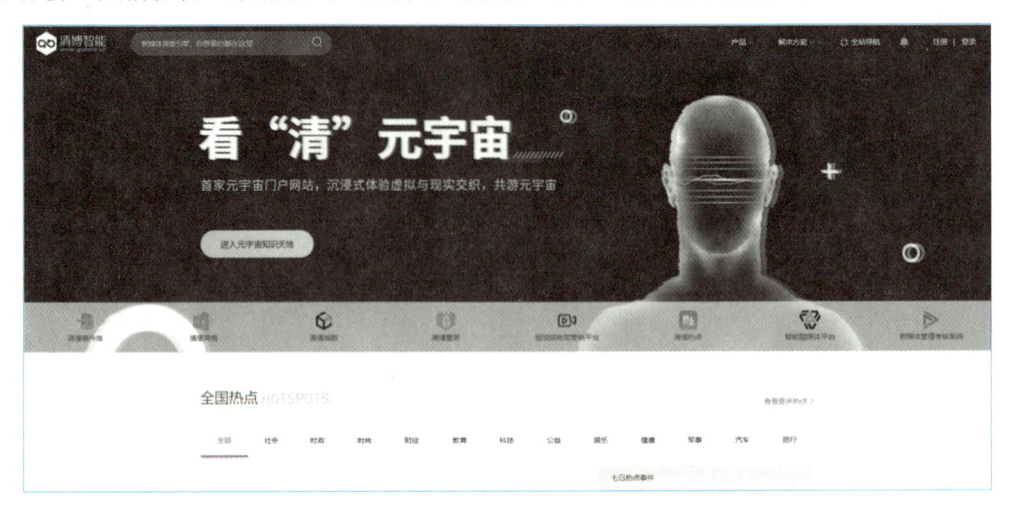

图3-5　清博智能的页面

三、选题工具的运用

巨量算数作为巨量引擎旗下的热点内容洞察及数据分析平台，具有丰富的内容消费场景、行业领先的数据及技术功能，在数据分析平台建设上具有足够的优势。下面简单介绍如何利用巨量算数的功能策划热点选题。

一）算数指数的应用

第一步：在巨量算数的首页菜单栏中选择"算数指数"选项卡，接着在搜索框内输入"新媒体运营"，如图3-6所示。

图3-6　算数指数搜索页面

第二步：在页面右侧选择"抖音"选项或"今日头条"选项，并选择数据观测时间，这样我们就可以得到抖音或今日头条关于"新媒体运营"的相关数据，如图 3-7 所示。

图 3-7 "新媒体运营"的相关数据

我们通过搜索指数曲线图可以查看关键词"新媒体运营"近期在抖音或今日头条中的搜索热度和变化趋势，如图 3-8 所示。

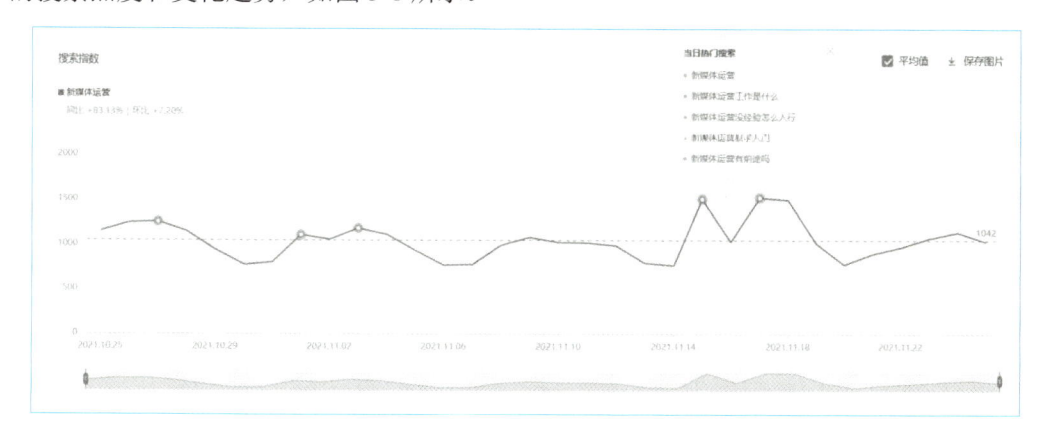

图 3-8 查看关键字"新媒体运营"的搜索热度和变化趋势

第三步：选择"关联分析"选项卡可以查看近期与"新媒体运营"相关的内容关联词和搜索关联词。由图 3-9 可以看出，在内容关联词方面"短视频运营""视频创业""自媒体创业"等关键词的相关度排名比较高。

图 3-9 内容关键词排名案例

在搜索关联词方面，由图 3-10 可以看出，"简历模板""郑州中原区"等关键词相关度涨幅较高。

我们通过"关联分析"选项卡可以在内容和标题等方面选择相关度、热搜程度较高的关键词进行搭配，并且多发送与这些方面相关的内容，提升作品的关注度和流量。

我们通过"人群画像"选项卡可以观测关注"新媒体运营"人群的地域分布、年龄分布、性别分布和用户兴趣。由图 3-11 可以看出，在地域分布这部分，广东地区关注"新媒体运营"的人群最多；由图 3-12 可以看出，在年龄分布这部分，18～23 岁年龄段关注的人最多；在性别比例这部分，男性与女性的比为 59∶41；在用户兴趣部分，喜欢拍摄的用户最多。因此，我们可以根据人群画像更加精准地向目标用户投放广告。

图 3-10　搜索关联词案例　　　　　　　图 3-11　人群画像地域分布

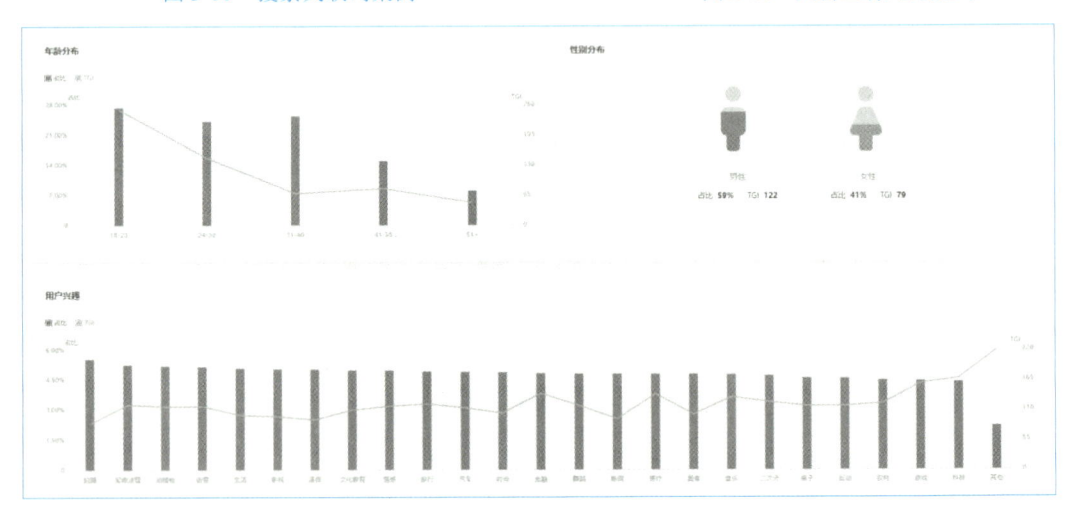

图 3-12　年龄分布、性别分布、用户兴趣分布

二）垂类洞察

在"垂类洞察"选项卡中，我们可以选择与作品相关的"垂直领域"，如选择"时尚"领域，可以在"内容创意分析"中查看"时尚"领域的关键词榜单和热点榜单。由图 3-13

可以看出，"衣服""搭配""穿搭"等是比较火的关键词，因此可以为作品的关键词搜索提供参考。

图 3-13 时尚领域火热关键词榜

我们在"内容生成分析"选项中可以查看与"时尚"相关的热门视频、视频时长、内容生产者画像等，可以为作品的内容类型提供参考，如图 3-14 所示。

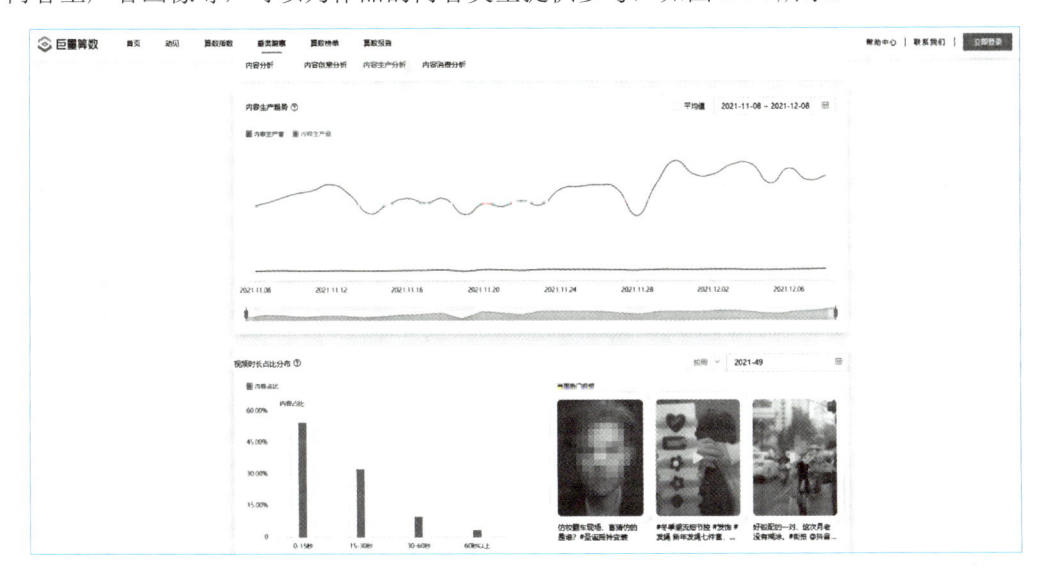

图 3-14 内容生成分析案例

我们在"内容消费分析"选项中可以查看与"时尚"相关的内容消费者画像、城市级别分布等，使我们更好地了解用户的需求，如图 3-15 所示。

三）算数榜单

我们通过算数榜单既可以了解各个领域的热搜品牌及热门的影视作品，也可以为新媒体创作者带来更多的创作思路与方向，如图 3-16、图 3-17 所示。

图 3-15　内容消费分析案例

图 3-16　榜单一

图 3-17　榜单二

第二节　编辑工具

一、图文设计工具

（一）图片设计的原则

1. 使用清晰的图片

为了使作品能得到更多的关注，并且给予读者更加良好的阅读体验，新媒体人员在选择图片及封面时，一定要保证图片的清晰度，选择高清晰度的图片，并且在图片中尽量不要出现马赛克、水印、无关品牌及敏感内容等。

2. 图片与文案相符

使用的图片要与作品文案的内容相呼应，这样才能使读者对文案内容有更好的理解和更加深刻的印象。如果图文不符，那么容易让读者在阅读作品的过程中产生疑惑，甚至给读者留下不好的印象，从而影响作品的效果。

3. 注意图片的数量和形式

作品文案使用的配图一定不能太少，如果配图太少，那么过多的文字内容无法给予读者丰富的阅读体验；但是配图也不宜过多，因为配图太多容易使文案内容失去魅力，并且读者加载需要花费大量的时间和流量，会带给读者一种滑不到底的感觉，从而产生抵触心理。一般来说，两三段文字配一张图是比较合理的，既能使文章的层次更加分明，也能达到美化文案的作用，带给读者更加丰富的阅读体验。

4. 图片的尺寸和色调要统一

在一篇文章中，图片的尺寸和色调要和文章整体的风格保持统一，尽量使用同一系列或同色系的图片，同时图片的尺寸要保持统一，这样会使作品看起来更有格调。

5. 适当美化修饰图片

为了使作品更具美感，可以对作品中的图片进行适度的美化，使之更具美感和代入感。常用的图片美化工具有 Photoshop、美图秀秀等，其中 Photoshop 的功能相对来说比较专业，更适合专业人员使用，而美图秀秀的功能相对来说比较简单，普遍适合于大部分用户群体。

二）商用图片平台

在新媒体作品中，我们经常需要用到高清晰度且具有版权授权的图片，大部分人通过百度、谷歌、搜狗、360 等搜索引擎来搜索自己想要的图片，虽然这种方式简单快捷，但是可能会遇到版权或图片清晰度不够等问题。下面介绍几个获取高清、可商用的图片网站。

1. 花瓣网

花瓣网是一个基于兴趣的社交分享网站。该网站为用户提供了一个简单的采集工具，帮助用户将自己喜欢的图片重新组织和收藏，如图 3-18 所示。

图 3-18　花瓣网页面

2. 摄图网

摄图网是一家为从事创意设计工作的自由职业者、设计师、新媒体运营者、企业用户提供免费图片下载功能的网站，网站内的所有图片均有版权。摄图网视觉内容涵盖照片、视频、创意背景、设计模板、GIF 动图、免抠元素、办公文档、插画、音乐等几大类型，能够满足大部分新媒体运营者对图片的需求，如图 3-19 所示。

3. 昵图网

昵图网是一个图片分享交流平台，以摄影、设计、多媒体数字视觉文件为主要内容，包括摄影作品、视频素材、PPT 模板、PSD 源文件、矢量图、AI、CDR、EPS 等高清图片的下载，以"共享创造价值"为理念，以"尊重原创"为准则，如图 3-20 所示。

图 3-19　摄图网页面

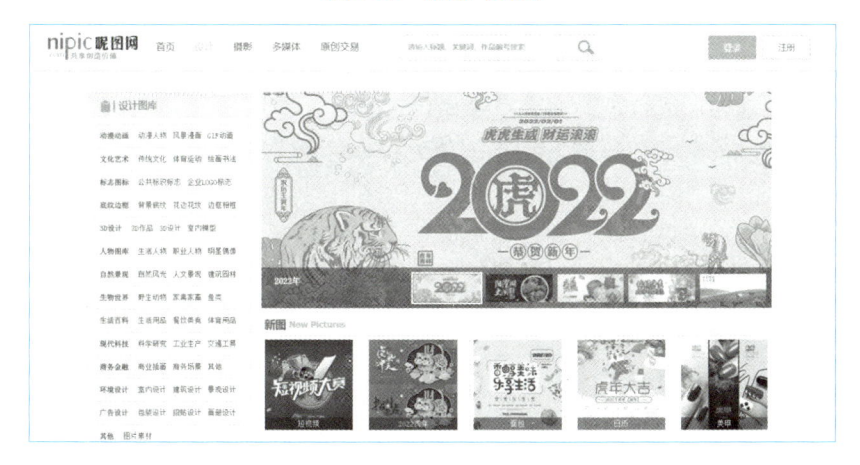

图 3-20　昵图网页面

4. 站酷海洛

站酷海洛是站酷旗下的一站式正版视觉内容平台，授权内容包含图片、艺术插画、视频、音乐、字体等，为用户提供创意所需的各种素材，如图 3-21 所示。

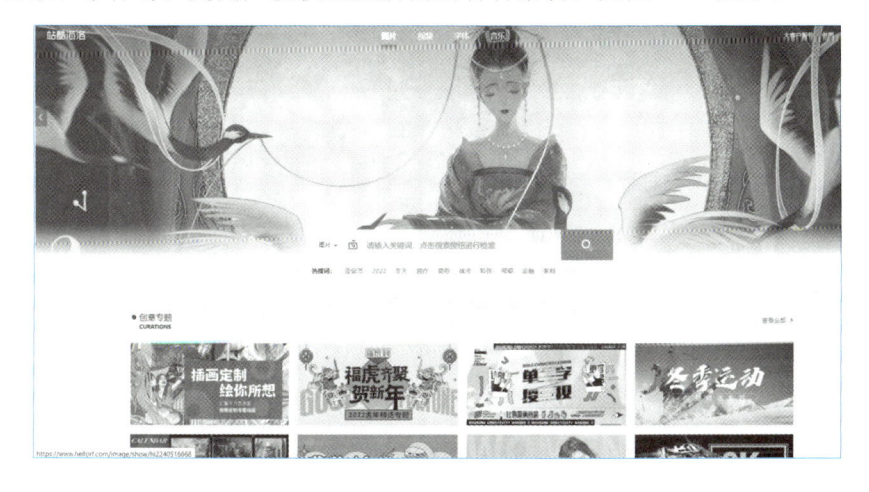

图 3-21　站酷海洛页面

5. 中国新闻图片网

中国新闻图片网（中新社新闻图片网络中心）是由中新社主办的、每天及时播发新闻图片的机构，是国内被授权发布各种官方时事新闻图片的网站之一，内容包含政治、经济、科技、教育、卫生、文化艺术、体育、社会生活、自然环境、历史资料等。用户可以在该网站自主地浏览、检索、下载和使用大量有版权的图片，如图 3-22 所示。

图 3-22 中国新闻图片网

三）图片美化处理

在新媒体运营过程中，用户经常需要对图片进行美化处理，其中 Photoshop 和美图秀秀是常用的图片处理工具。Photoshop 相对来说难度比较高，适合于比较专业的修图人员，而美图秀秀比较基础，适合于大部分新媒体运营者。

美图秀秀是目前非常流行的多功能图片处理软件，上手简单。用户可以通过"美化图片""人像美容""文字""贴纸饰品""边框""拼图""抠图"7 个选项卡，制作出专业级水准的图片效果。美图秀秀目前支持电脑版、手机版和网页版。下面简单介绍美图秀秀的常用功能和用法。

1. 图片基础编辑

用户使用美图秀秀可以对图片进行基础编辑，如对图片进行旋转、剪裁、色彩调整、特效应用等操作。具体操作方法如下。

第一步：使用美图秀秀打开图片，在上方工具栏中分别点击"旋转"按钮、"裁剪"按钮与"尺寸"按钮，如图 3-23 所示，先调整好图片的尺寸比例及方向，设置完之后，点击"应用当前效果"按钮。其中，在裁剪的设置中，美图秀秀还提供了电商、证件照、考试照等常用比例模板供用户选择。对图片进行裁剪处理后的效果如图 3-24 所示。

图 3-23 美图秀秀工具栏

图 3-24　裁剪图片

第二步：在图片右侧的特效栏中可以选择所需要的特效滤镜，对图片进行滤镜加工，增强图片的美感，如图 3-25 所示。

图 3-25　滤镜加工

2. 美化图片

用户使用"美化图片"选项卡，可以对图片的光线、色彩等进行调整，并且可以使用画笔工具在图片中画出有特色的图形、涂鸦和色彩。在"细节调整"方面，可以对图片进行马赛克、背景虚化、换背景、局部变色等处理。具体操作方法如下。

第一步：首先选择"美化图片"选项卡，然后选择"增强"选项组中的"光效"选项或"色彩"选项，可以对图片进行智能补光、亮度、对比度、高光调节、暗部改善、褪色、饱和度、色温、色调等细节处理，如图 3-26 所示。添加光效后的效果如图 3-27 所示。

图 3-26　美化图片工具

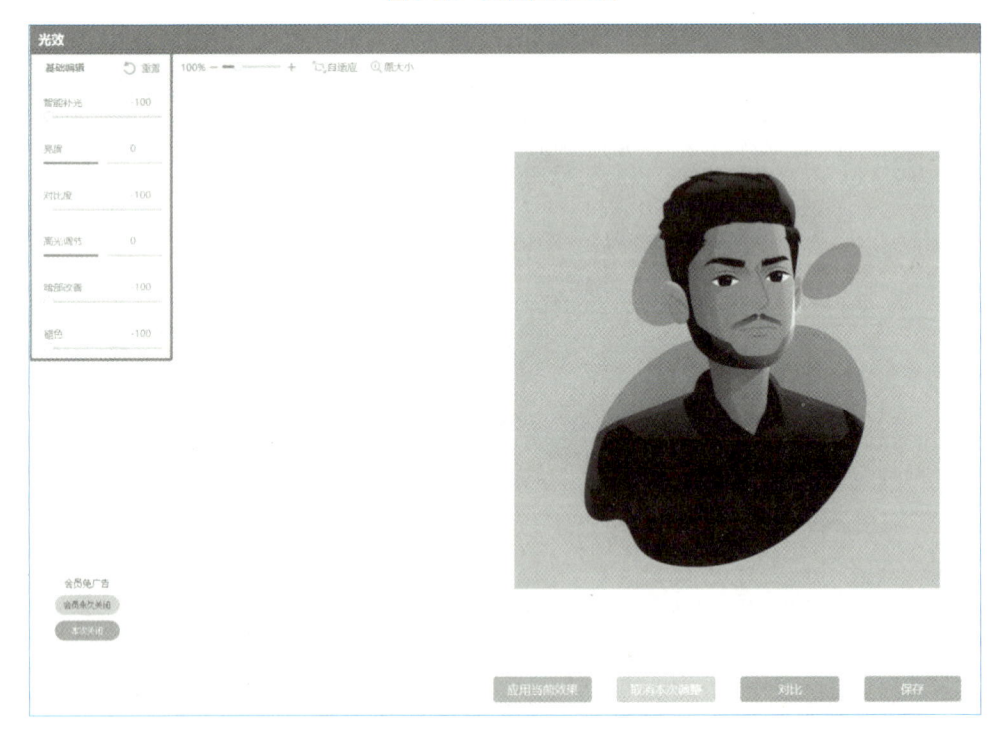

图 3-27　添加光效后的效果

第二步：在"画笔工具"选项组中选择"涂鸦笔""形状笔""消除笔"等选项可以对图片进行涂画，如图 3-28 所示。其中"消除笔"是常用的选项，用于删除图片中不想要的图案，如图 3-29 所示。

图 3-28　画笔工具

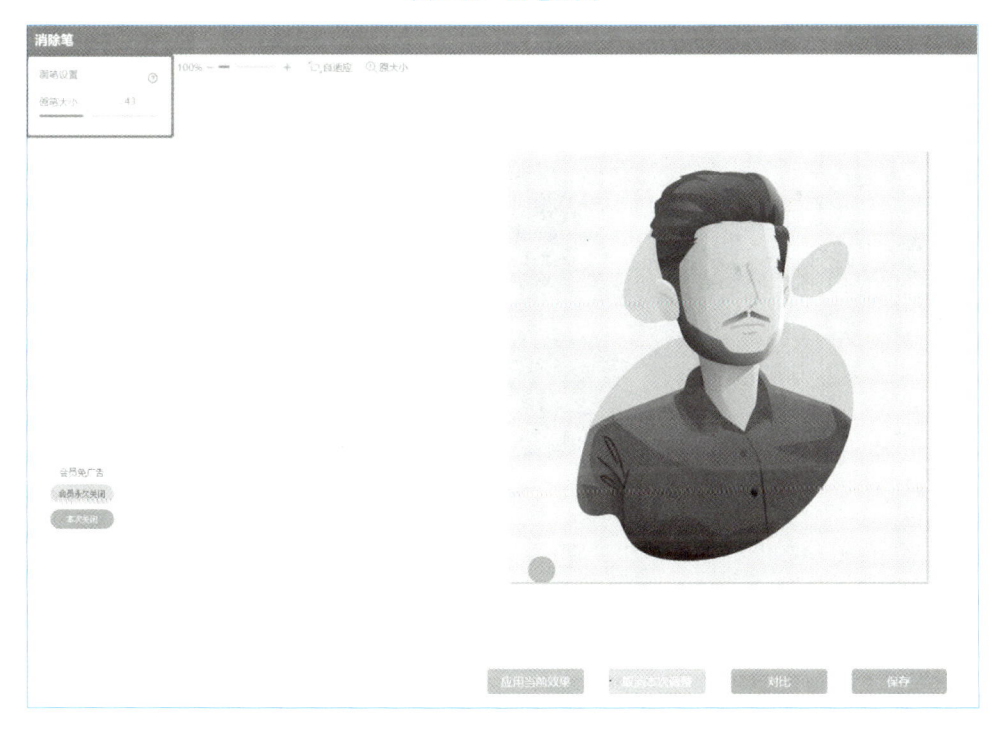

图 3-29　删除图案

第三步：在"细节调整"选项组中选择"马赛克""背景虚化""换背景""局部变色""局部彩色"等选项，可以对图片的细节进行调整，如图 3-30 所示。其中，"马赛克""背景虚化"是常用的功能，"马赛克"选项用于遮挡图片中的敏感信息，"虚化背景"选项用于虚化背景，从而突出图片中的重点主体。添加马赛克后的效果如图 3-31 所示。

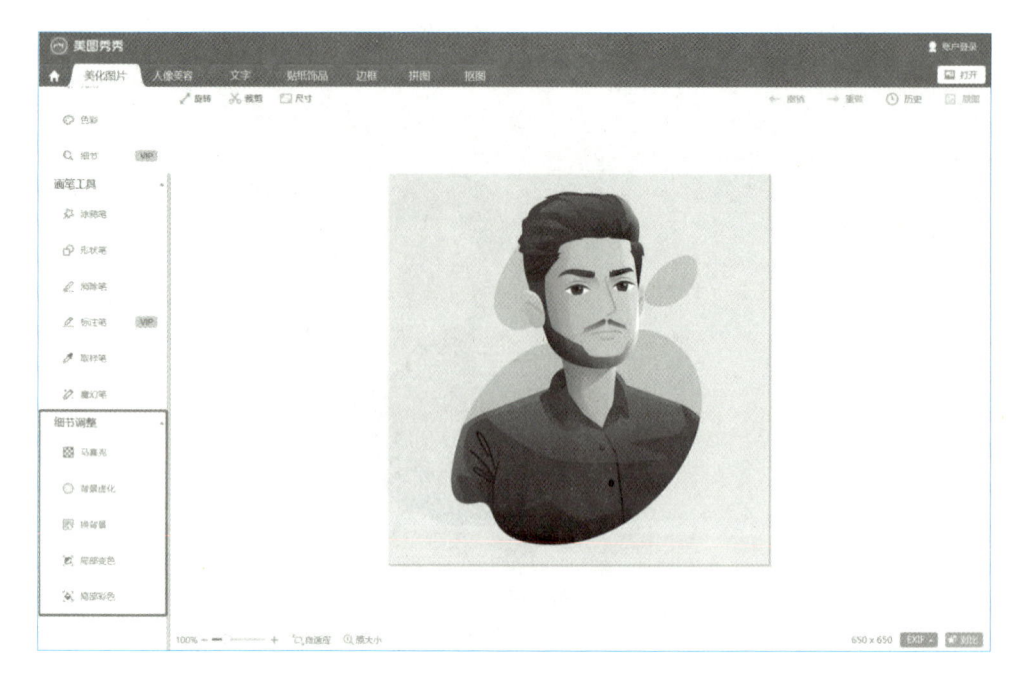

图 3-30　细节调整

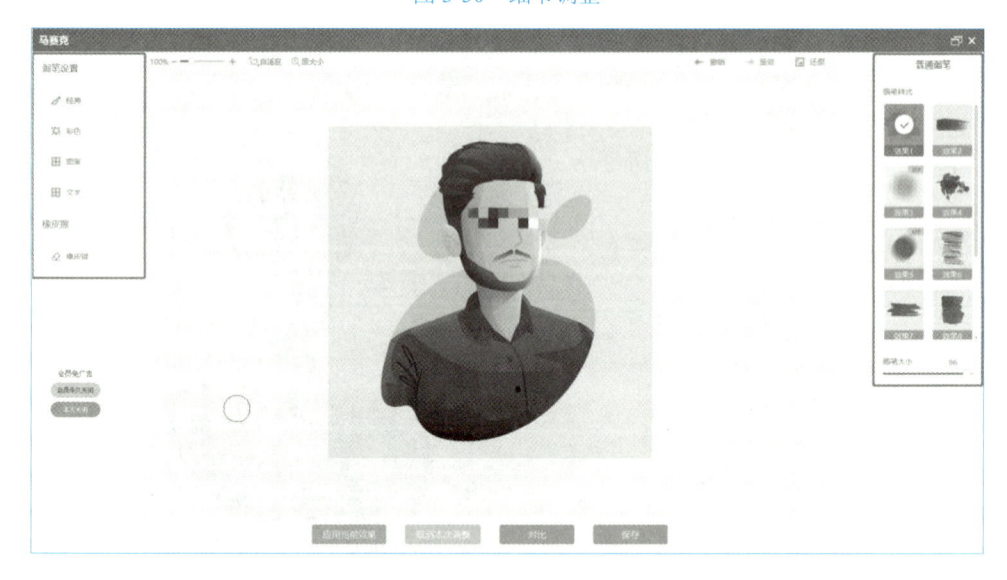

图 3-31　添加马赛克后的效果

3. 人像美容

用户使用"人像美容"选项卡，可以对图片中的人物进行面部重塑、皮肤调整、头部调整、增高塑形等处理，使人物的形象更加美丽大方，如图 3-32 所示。

第一步：首先选择"人像美容"选项卡，然后选择"皮肤调整"选项组，可以对人物进行祛痘祛斑、祛皱、面部自动磨皮、全身自动磨皮、手动磨皮、肤色、修容笔等处理，如图 3-33 所示。添加全身自动磨皮后的效果如图 3-34 所示。

图 3-32　选择"人像美容"选项卡

图 3-33　皮肤调整功能

图 3-34　添加全身自动磨皮后的效果

第二步：选择"头部调整"选项组，可以对人物进行小头、自动瘦脸、染发、自动眼睛放大、自动祛除黑眼圈、唇彩、牙齿矫正等处理，如图 3-35 所示。添加自动瘦脸后的效果如图 3-36 所示。

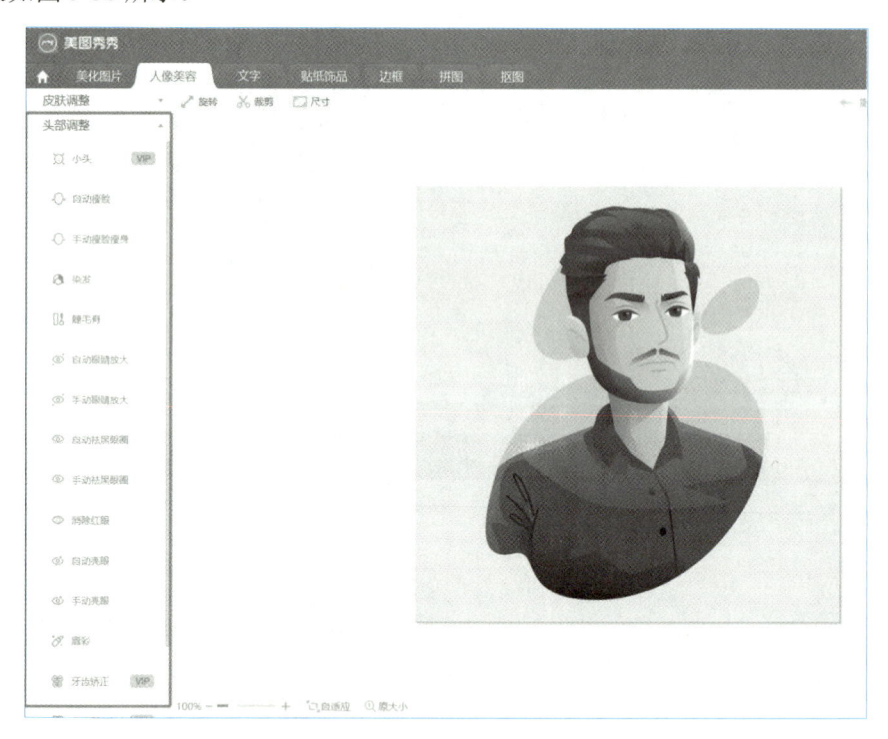

图 3-35　头部调整功能

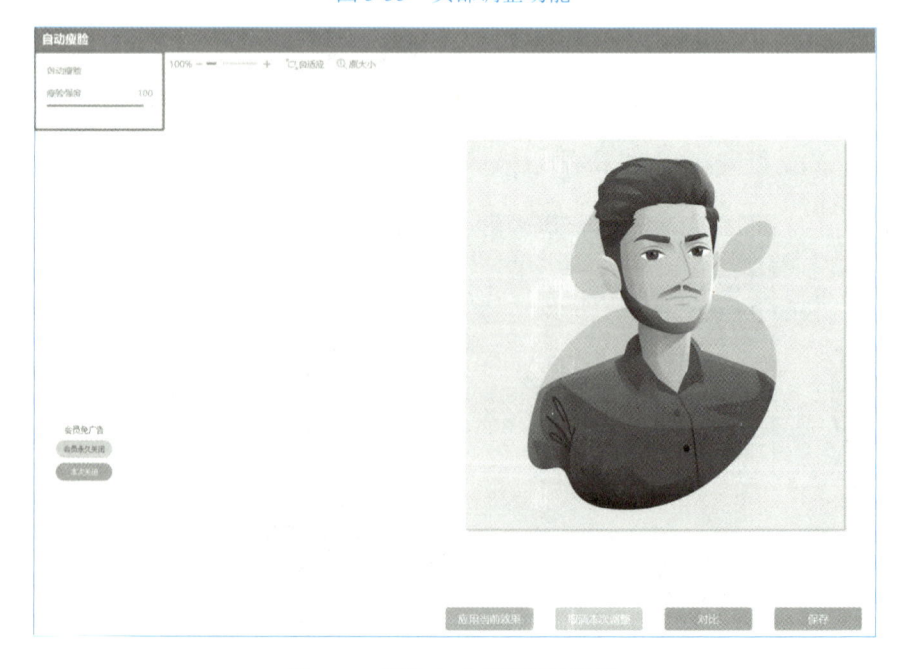

图 3-36　添加自动瘦脸后的效果

第三步：选择"增高塑形"选项组，可以对人物进行身体重塑、瘦身、美腿等处理，如图 3-37 所示。瘦身效果如图 3-38 所示。

图 3-37　增高塑形功能

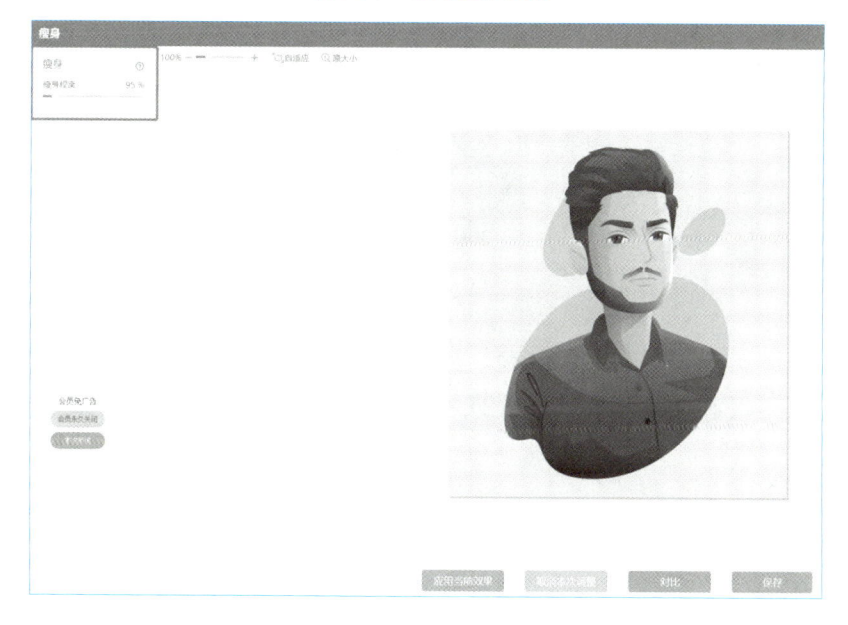

图 3-38　瘦身效果

4. 添加文字、贴纸饰品、边框

第一步：选择"文字"选项卡，可以为图片添加文字、水印、漫画文字、文字贴纸等，如图 3-39 所示。添加文字后的效果如图 3-40 所示。

第二步：选择"贴纸饰品"选项卡，可以为图片添加电商贴纸、炫彩水印、配饰、证件照等。添加证件照后的效果如图 3-41 所示。

图 3-39　文字功能

图 3-40　添加文字后的效果

图 3-41　添加证件照后的效果

第三步：选择"边框"选项卡，可以为图片添加海报边框、简单边框、炫彩边框、文字边框等，如图 3-42 所示。添加海报边框后的效果如图 3-43 所示。

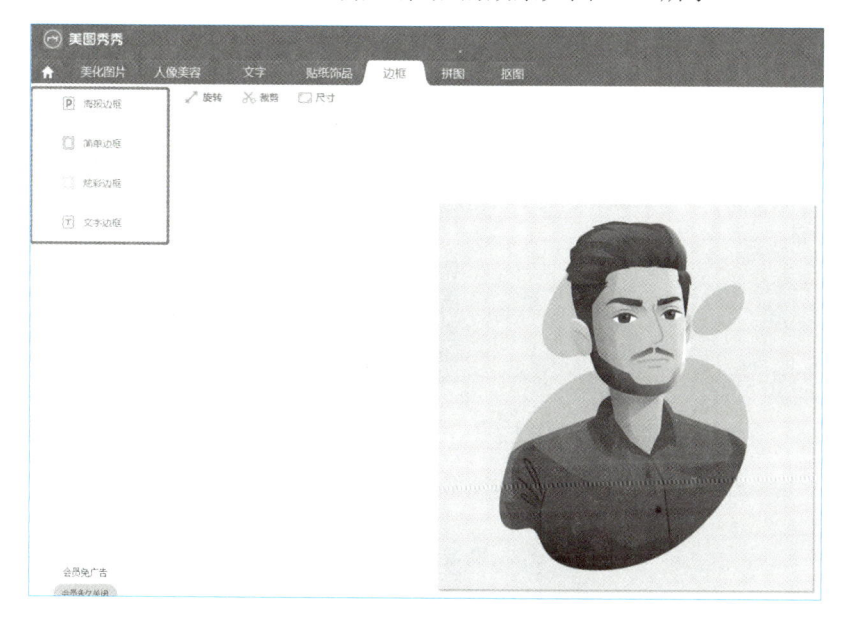

图 3-42　边框功能

图 3-43　添加海报边框后的效果

5. 制作拼图

选择"拼图"选项卡，可以通过"自由拼图""模板拼图""海报拼图""图片拼接""海报拼接"等选项将多张图片拼接起来，如图 3-44 所示。以制作九宫格图片为例，选择"添加图片"选项，将 9 张图片批量添加到对应的九宫格中，如图 3-45 所示。

6. 抠图

选择"抠图"选项卡，可以通过"自动抠图""手动抠图""形状抠图"等选项，对图片进行抠图处理，将人物从图片的背景中分离出来。添加自动抠图后的效果如图 3-46 所示。

图 3-44　拼图功能

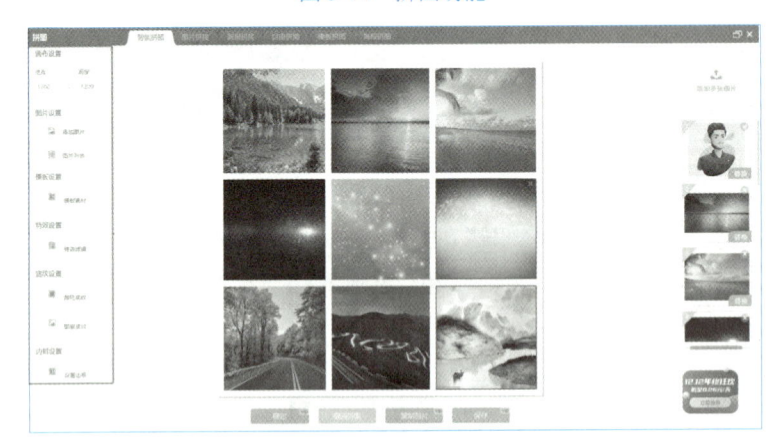

图 3-45　批量添加图片

图 3-46　添加自动抠图后的效果

7. 保存图片

图片美化完成后，点击"保存"按钮保存图片，此时可以选择保存图片的格式，如.jpg、.png、.bmp 等，以及根据需要调整图片画质，画质越高，图片体积越大，如图 3-47 所示。

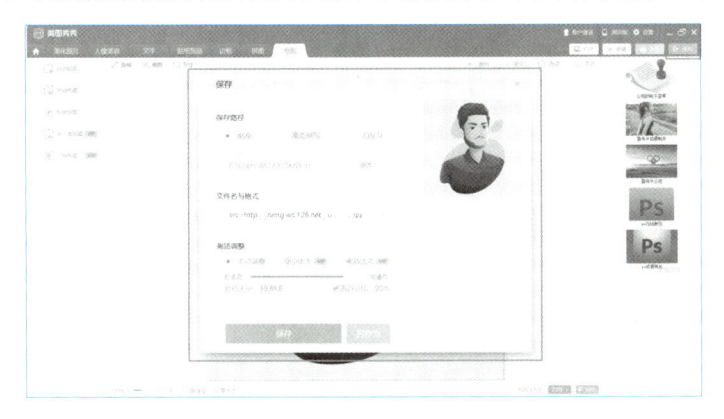

图 3-47　保存图片

（四）动态图制作

动态图是指将一组特定的静态图像以指定的频率切换而产生某种动态效果的图片。GIF 动态图的特点是图片体积小，易于随时安置调用。在新媒体作品中，我们经常需要通过 GIF 动态图来增加作品内容的直观性和生动性。相比静态图片，动态图片更能吸引用户。下面介绍如何通过微信小程序制作 GIF 动态图。

第一步：在手机小程序中搜索"表情包 GIF 制作"，进入小程序，在页面中可以看到"视频转 GIF"功能和"图片转 GIF"功能，如图 3-48 所示。其中，"视频转 GIF"是将手机中的视频片段转换成 GIF 动态图，这也是最常用的将视频转换为 GIF 动态图的方式之一，绝大部分 GIF 动态图都是通过这种方式生成的；"图片转 GIF"是先选择手机中的图片，每张图片都作为一帧，由图片连贯生成 GIF 动态图。

第二步：点击"视频转 GIF"按钮，首先在手机相册中选择视频，然后对 GIF 动态图的尺寸大小和时长进行剪裁（见图 3-49），最后点击"下一步"按钮，完成 GIF 动态图的剪裁。

图 3-48　视频转 GIF 页面　　　　　图 3-49　剪裁/剪辑功能

二、内容编辑工具

一）常用的内容编辑工具

用户需要掌握内容编辑工具的使用，其中经常使用的内容编辑工具包括 135 编辑器、i 排版、壹伴、秀米等，使用这些内容编辑工具，可以使公众号的图文排版和格式更加美观，给予人们更好的阅读体验，提高新媒体作品的格调。

1. 135 编辑器

135 编辑器是一个微信公众号文章排版和内容编辑的在线工具，并且提供了丰富的图片素材、多样化的排版样式、丰富的模板，支持秒刷、收藏样式、图片水印和一键排版等功能，帮助新媒体运营者轻松编辑微信公众号图文。图 3-50 所示为 135 编辑器页面。

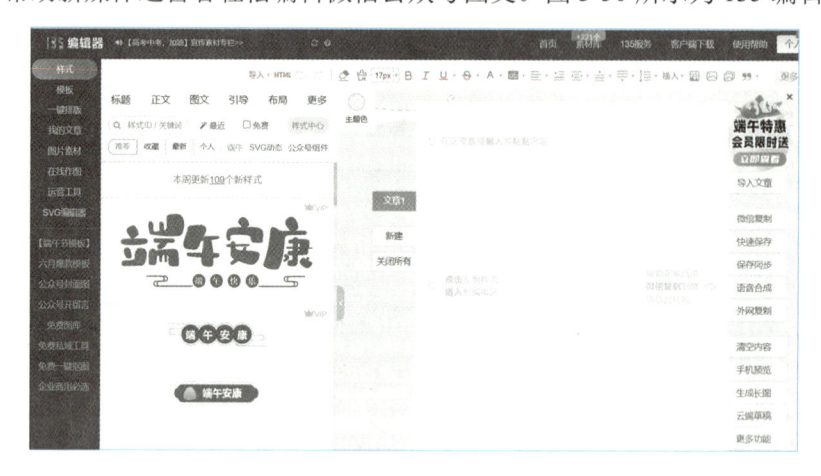

图 3-50　135 编辑器页面

2. i 排版

i 排版是一个排版效率高、界面简洁、样式原创设计的微信排版工具，并且支持全文编辑、实时预览、一键样式、一键添加签名等功能。图 3-51 所示为 i 排版页面。

图 3-51　i 排版页面

3. 壹伴

壹伴是一个能够增强公众号编辑功能和排版效率的浏览器插件。安装壹伴插件后，用户可以对公众号内容进行一键排版、一键秒刷、一键图文转载、素材采集等操作。壹伴是大部分新媒体运营者必备的公众号排版工具之一。图3-52所示为壹伴页面。

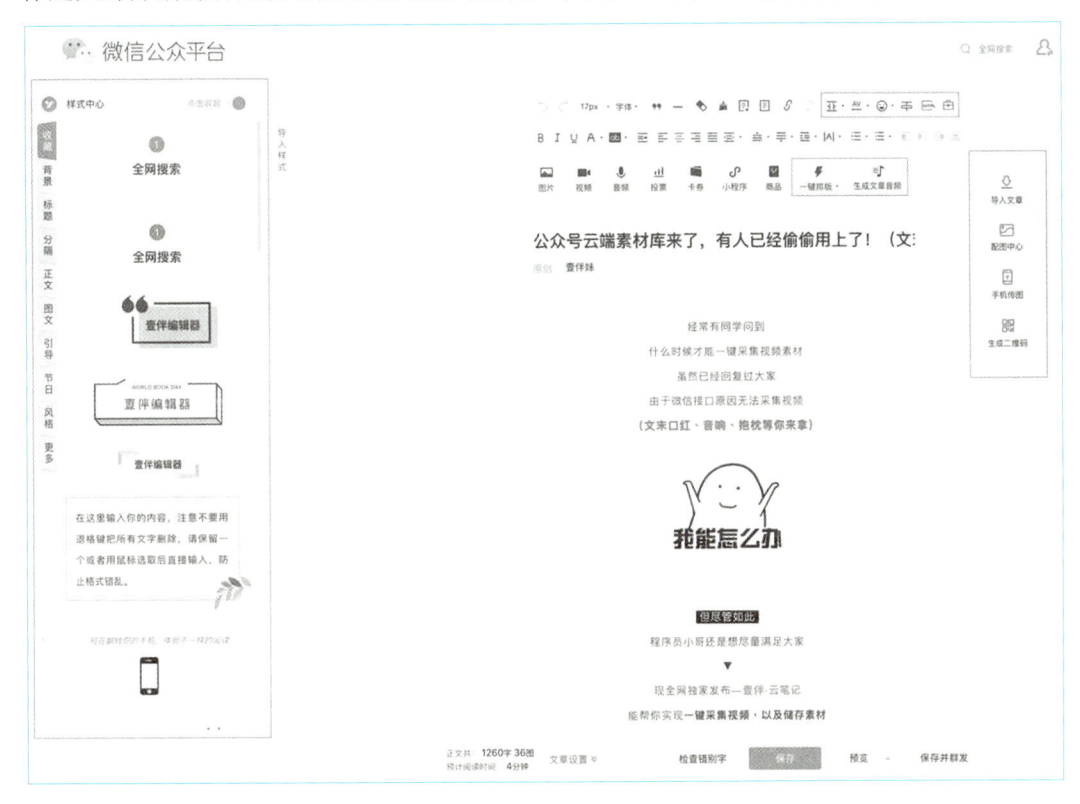

图3-52　壹伴页面

4. 秀米

秀米是一个专用于微信平台公众号的内容编辑工具，并且拥有很多原创模板素材，排版风格多样化、个性化，使用户可以设计出专属风格的文章排版，也可以选择已有的模板进行编辑。秀米既可以用于生成长图、贴纸图文等，也可以用于生成浏览链接并分享到微信。图3-53所示为秀米页面。

二）使用秀米进行内容编辑

下面简单介绍秀米编辑器的使用技巧。

1. 挑选风格排版

第一步：登录账号进入秀米首页，可以通过微信、微博、手机号或QQ号等方式登录秀米账号。登录之后可以看到"图文排版"中有3个选项，分别是"挑选风格排版""图文新手指南""新建一个图文"，其中"挑选风格排版"是用户在已有的给定模板基础上根据自己的需要进行排版编辑，而"新建一个图文"则是用户在空白模板的基础上根据自己的风格自行排版。在一般情况下，用户可以选择"挑选风格排版"选项进行快速编辑，如图 3-54 所示。

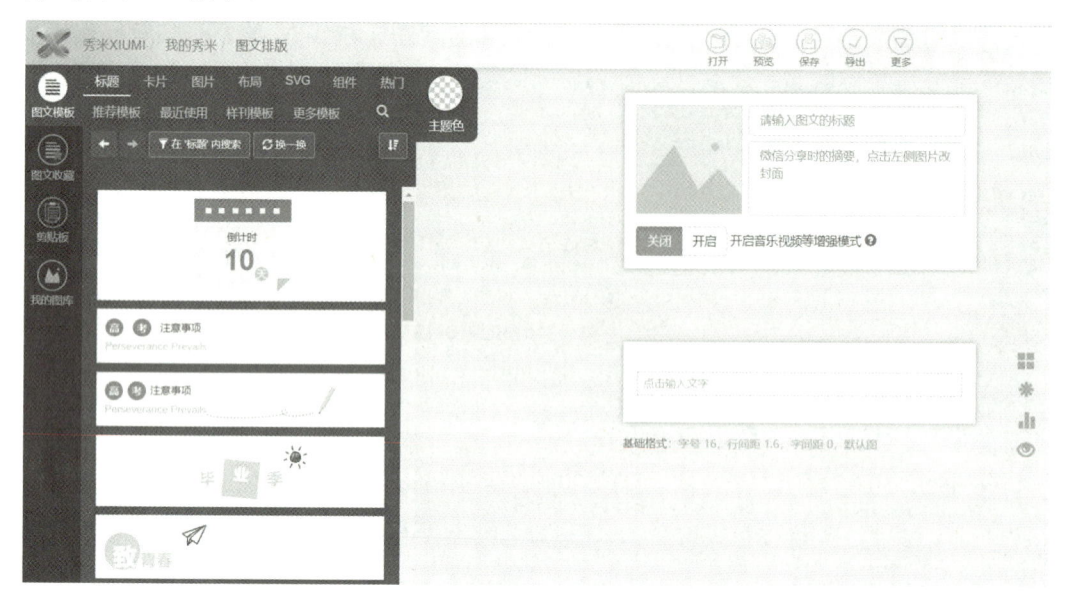

图 3-53　秀米页面

图 3-54　选择"挑选风格排版"选项

第二步：进入"风格排版"页面，用户可以根据分类选择适合自己文章文案风格的模板，如图 3-55 所示。在选择模板的过程中，先选择免费选项，再根据分类进行选择，也可以在搜索栏中搜索关键词进行选择，并对模板进行浏览，选择合适的模板。如果选择了合适的模板，那么点击"另存给自己"按钮，如图 3-56 所示。这样就可以在"我的图文"页面中对选择的模板进行编辑，如图 3-57 所示。

图 3-55 "风格排版"页面

图 3-56 点击"另存给自己"按钮

图 3-57 "我的图文"页面

2. 图文编辑

在秀米编辑页面中，用户可以根据需要添加文字、修改文字颜色、修改字体、插入空行等。在空行中，用户可以插入左侧工具栏中的模块，如"标题""卡片""图片""组件"等，具体操作和效果可在实操中体验，如图3-58所示。

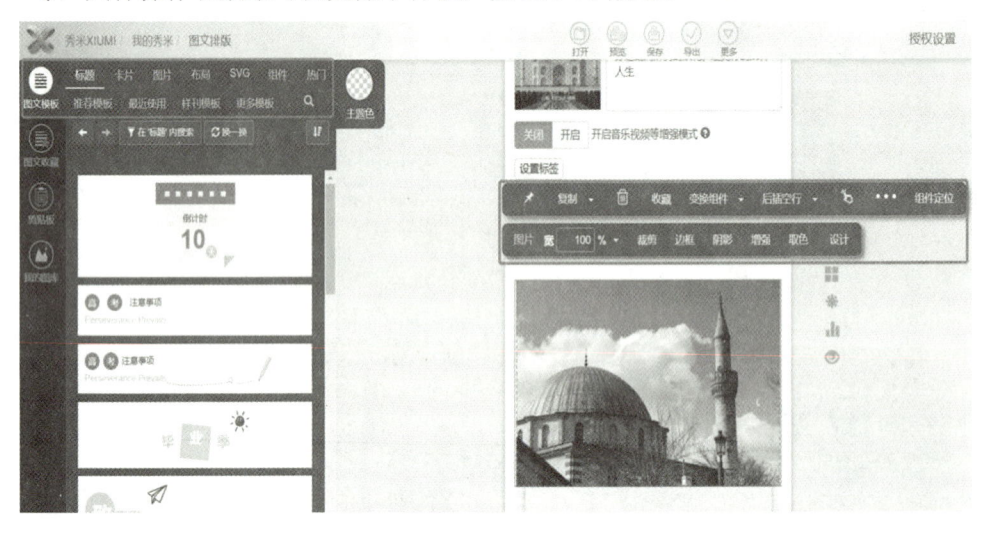

图 3-58　秀米编辑页面

更换图片。首先在"我的图库"选项板中点击"上传图片"按钮，然后选择模板中的图片，最后点击左侧已上传的图片，这样就可以将图片进行了更换，如图3-59所示。

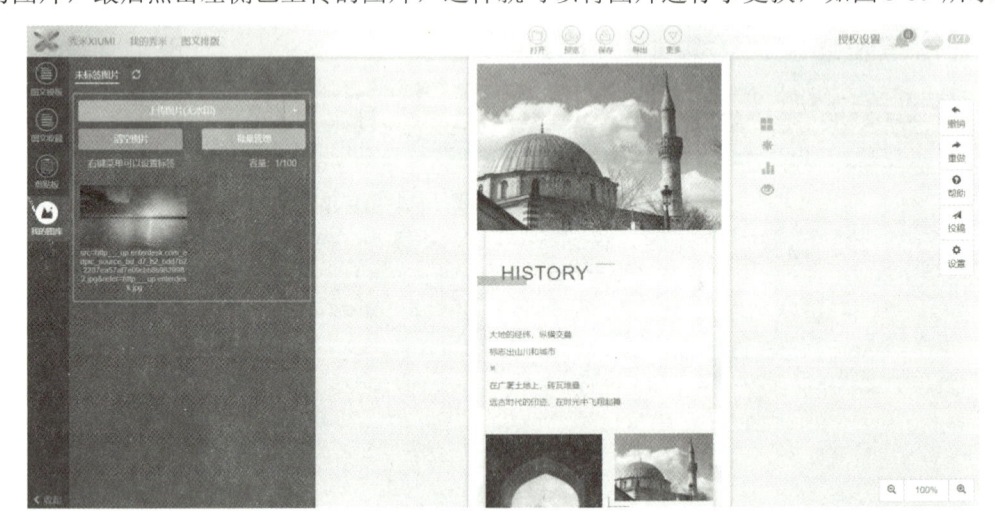

图 3-59　更换图片

3. 浏览及生成永久链接

对于已经编辑好的内容，用户可以点击"浏览"按钮，再在"分享"页面中点击"申请审核"按钮。通过审核之后，用户就可以获得永久的链接二维码，不用担心超过时间之后二维码失效而不能浏览的问题，如图3-60所示。

图3-60　浏览生成链接

4. 导出内容

对于编辑好的内容，在浏览之后，如果不需要再进行修改，就可以点击秀米编辑页面顶部的"导出"按钮。先按 Ctrl+C 组合键，再按 Ctrl+V 组合键，将编辑好的内容导出到微信后台编辑器中。这样就完成了微信公众号文案编辑，如图 3-61 所示。

图3-61　导出编辑好的内容

三、视频/音频工具

对于新媒体运营者来说，除了需要掌握公众号等图文编辑，还需要掌握一定的视频、音频制作技巧。目前，比较火热的抖音、快手、哔哩哔哩等视频平台，都需要新媒体运营者拍摄和制作有趣、高质量、博眼球的视频，这样才能获取一定的流量并得到观众的喜爱。常用的视频/音频剪辑工具有会声会影、爱剪辑、Adobe Premiere Pro、剪映等，下面简单介绍这几个视频/音频剪辑工具的用法。

一）常用的视频/音频剪辑工具

1. 会声会影

会声会影是一款优秀的视频剪辑软件，具有视频编辑所需的视频提取、添加字幕、添加特效等功能，可以转换 MV、DV、V8、TV 和实时记录抓取画面文件，并提供了多种编辑功能与效果，可以导出多种常见的视频格式，甚至可以直接制作成 DVD 和 VCD 光盘。使用会声会影简单的操作即可制作出专业级的视频，给予新媒体运营者优秀的视频剪辑体验。

2. 爱剪辑

爱剪辑是国内首款全能的视频剪辑软件，根据人们的使用习惯、功能需求与审美特点进行设计，也是一款简单、好用的视频剪辑软件，可以实现视频剪辑，添加马赛克，调整视频速度、亮度等视频剪辑操作。爱剪辑内置了多种特效模板，支持多种视频格式，操作起来也非常方便快捷，而且功能多样，可以满足大部分新媒体运营者的视频、音频编辑需求。

3. Adobe Premiere Pro

Adobe Premiere Pro 简称 Pr，是由 Adobe 公司开发的一款视频编辑软件，是视频编辑爱好者和视频编辑专业人员必不可少的视频编辑工具。该软件提供了采集、剪辑、调色、音频编辑、字幕添加、输出、DVD 刻录等功能，广泛应用在影视后期、广告制作、电视节目制作等领域。

4. 剪映

剪映是一款功能非常强大的视频剪辑软件，满足了大部分用户的需求。该软件具有强大的视频编辑功能、超多的素材内容、各种滤镜和特效，以及热门 BGM 和视频模板等，能够使用户简单、快捷地剪辑出高质量的视频。剪映操作相对简单，而且推出了移动端 App，使用户通过手机就可以进行视频、音频的剪辑，方便快捷，非常适用于大部分新媒体运营者。

二）使用剪映剪辑视频

下面将对剪映的功能和操作进行简单的介绍。

1. 剪辑界面介绍

打开 PC 端的剪映工作界面，点击"开始创作"进入剪辑界面，如图 3-62 所示。剪辑界面布局分别由素材栏、预览栏、特效栏、剪辑栏组成。其中，素材栏用于导入视频、图片和音频，以及贴纸、特效、转场、滤镜等；预览栏用于预览剪辑的视频，以及调整视频、图片、贴纸的尺寸；剪辑栏又被称为"轨道栏"，用于支持多轨道剪辑，使用户可以把素材栏中的素材拖曳到剪辑栏上进行剪辑加工处理；特效栏用于处理素材中的细节，如素材的画面、速度、声调等。

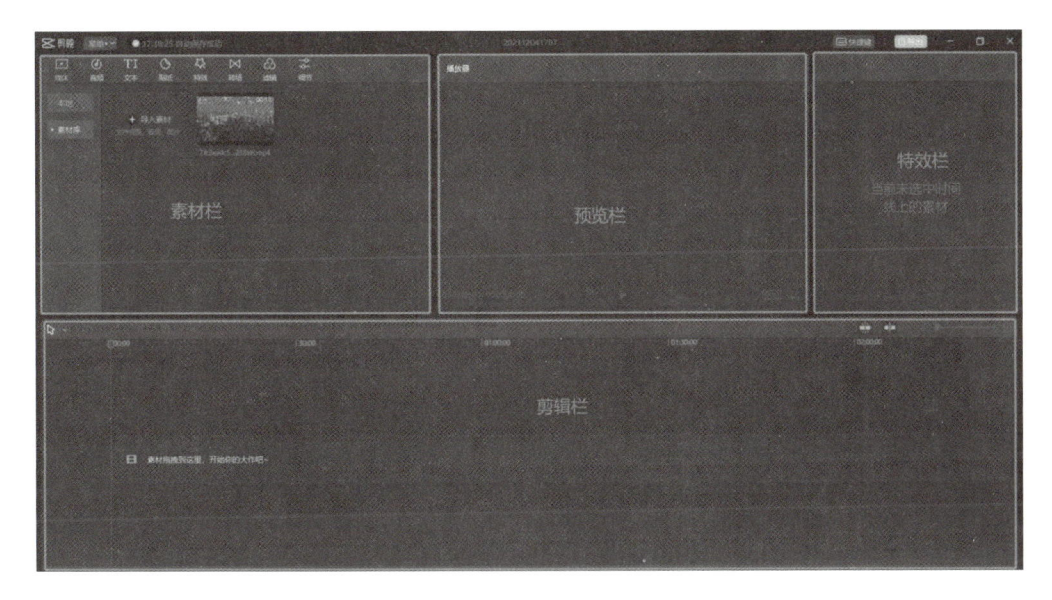

图 3-62　剪映的剪辑界面

2. 素材栏介绍

（1）素材栏中的媒体模块提供了多种素材特效，如故障动画、片头、片尾、搞笑片段、搞笑动物等，通过这些选项可以为视频添加更多的特效，如图 3-63 所示。

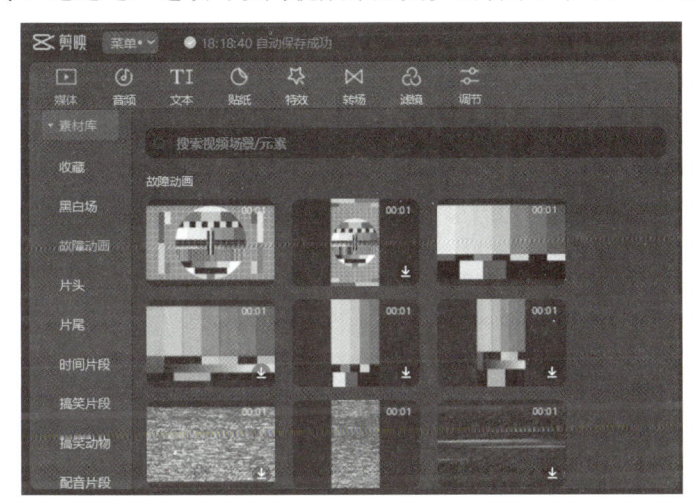

图 3-63　媒体模块

（2）素材栏中的音频模块提供了多种抖音的热门音乐素材和音效素材，还支持自主导入音频，以及登录抖音账号来获取抖音账号收藏的音乐，如图 3-64 所示。

（3）在素材栏的文本模块中，选择"识别字幕"选项或"识别歌词"选项，可以对剪辑栏中的视频自动添加字幕或识别歌词，方便快捷，还可以对视频中的文字设置字体和颜色等，如图 3-65 所示。

（4）在素材栏的贴纸模块中，用户可以选择个性化的贴纸，将其添加到视频中，从而添加更多的视频特效，如图 3-66 所示。

图 3-64 音频模块

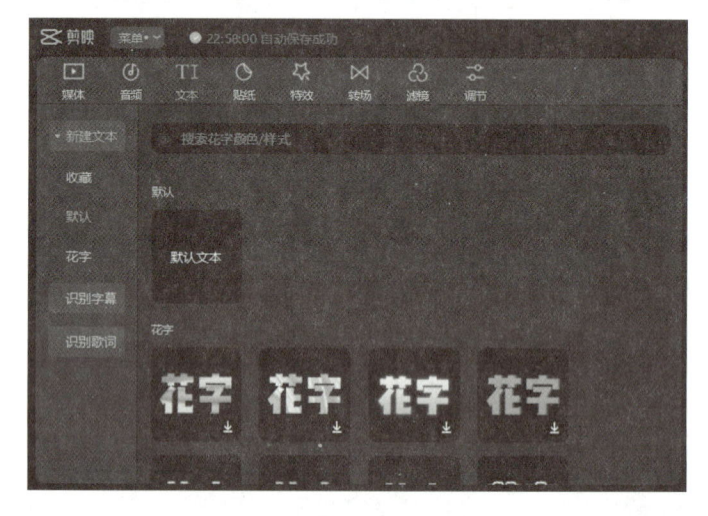

图 3-65 文本模块

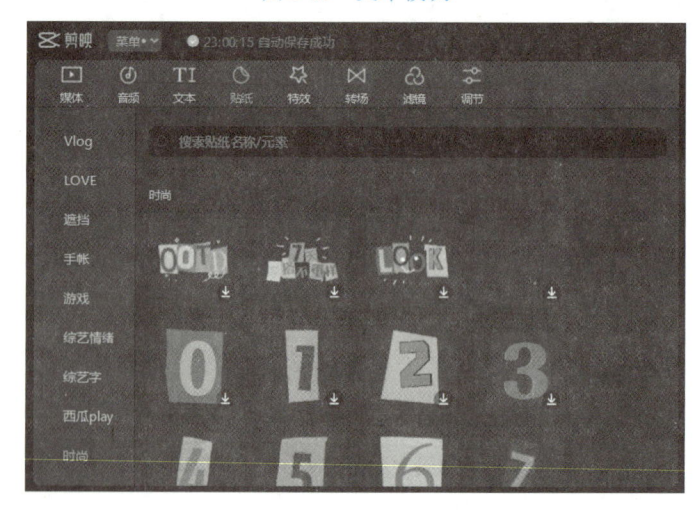

图 3-66 贴纸模块

（5）在素材栏的特效模块、转场模块和滤镜模块中，用户可以将个性化的特效、转场或滤镜拖曳到剪辑栏的轨道中，增加视频的多样性和美感，如图3-67～图3-69所示。

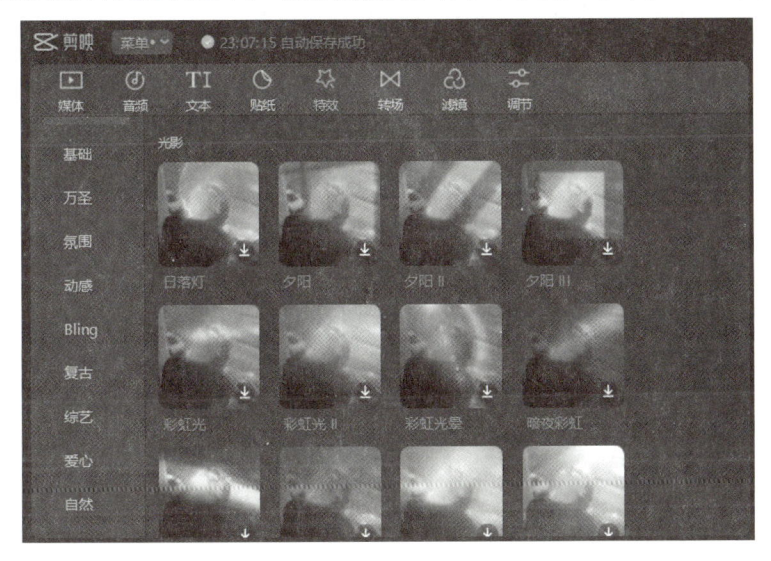

图3-67　特效模块

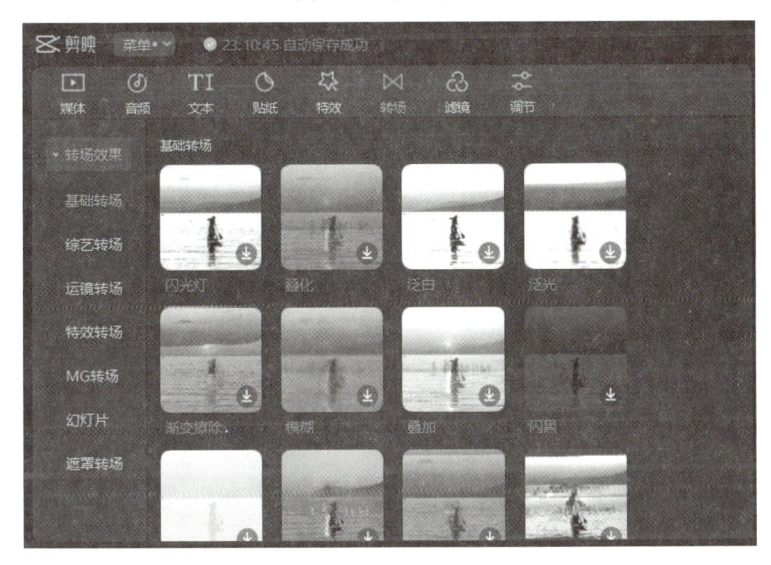

图3-68　转场模块

3. 特效栏介绍

（1）在特效栏的画面模块中，用户可以对剪辑栏中的视频或图片进行透明度、磨皮、瘦脸、缩放、旋转等调节，还可以添加相应的视频蒙版和调整视频的背景底色等，如图3-70所示。

（2）在特效栏的音频模块中，用户可以对音频进行音量、淡入时长、淡出时长等调节，还可以对声音进行变声处理，如图3-71所示。

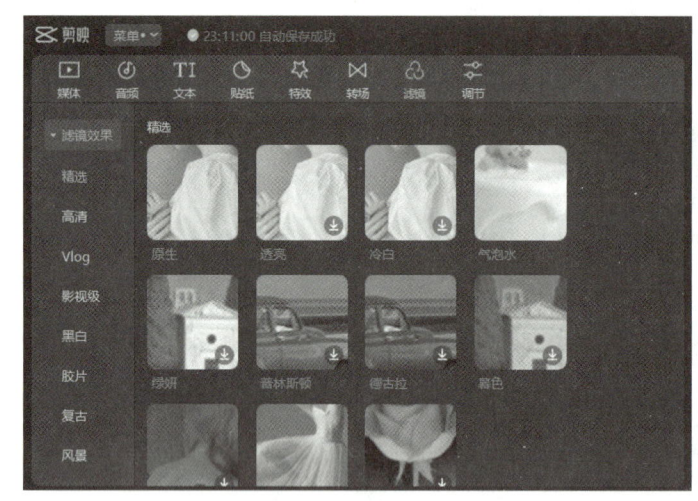

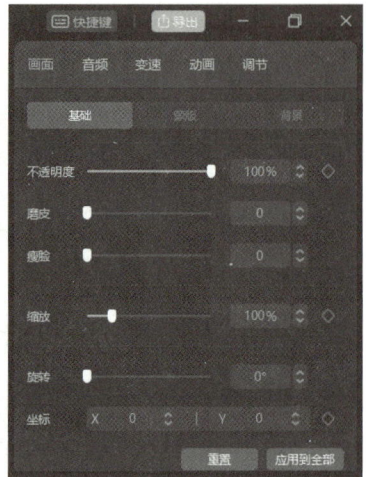

图 3-69　滤镜模块　　　　　　　　　图 3-70　画面模块

（3）在特效栏的变速模块中，用户可以对视频的播放速度进行常规变速和曲线变速处理，如图 3-72 所示。

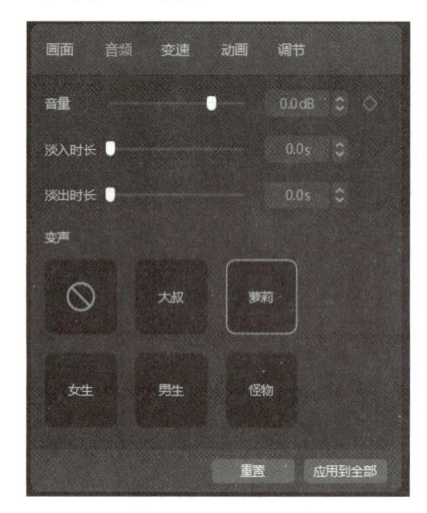

图 3-71　音频模块　　　　　　　　　图 3-72　变速模块

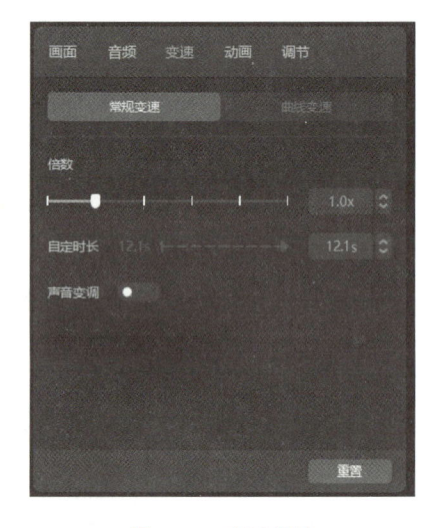

（4）在特效栏的动画模块中，用户可以添加有特色的入场、出场和组合动画，增加视频的美感，如图 3-73 所示。

（5）在特效栏的调节模块中，用户可以对视频或图片进行对比度、饱和度、色温、色调等调节，增加视频或图片的质感和美感，如图 3-74 所示。

4. 剪辑栏介绍

剪辑栏支持多轨道剪辑，使用户可以将素材栏中的视频、图片、音频、特效、文本等素材拖曳到剪辑栏的不同轨道中进行加工处理。不同素材对应不同的轨道，在剪辑栏的不同轨道中选择相应素材，用户可以在特效栏中对素材进行特效处理，如图 3-75 所示。

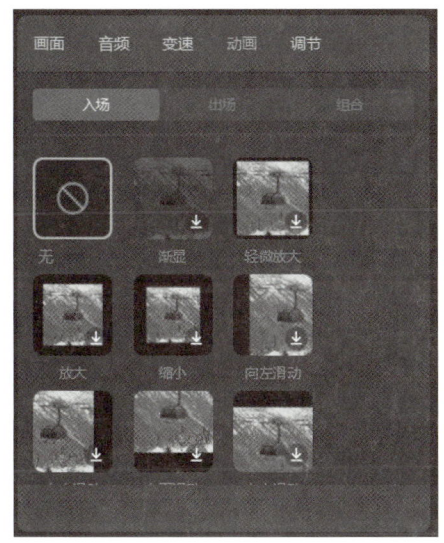

图 3-73 动画模块

图 3-74 调节模块

图 3-75 对素材进行特效处理

剪辑栏上方的工具包括分割、倒放、镜像、旋转、裁剪、踩点、自动吸附、预览轴等，如图 3-76 所示。选择的视频、音频或图片等素材不同，可用的工具也会有所不同。其中，经常使用的是分割工具。通过分割工具，用户可以对视频或音频等进行切割，并将不需要的部分内容删除。通过裁剪工具，用户可以对视频或图片的呈现画面进行剪裁。通过踩点工具，用户可以对音频进行踩点处理，方便后期制作卡点音频。在一般情况下，自动吸附功能是开启的，方便用户在不同轨道中对接不同的素材。

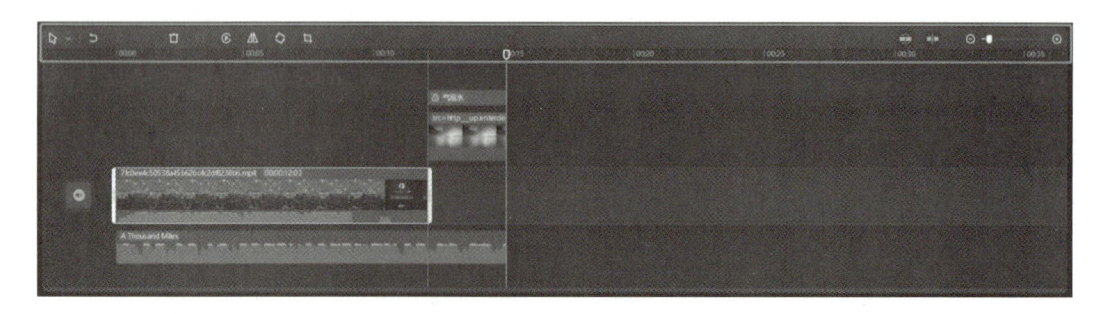

图 3-76　剪辑栏上方的工具

5. 预览栏介绍

在预览栏中，用户可以对视频或图片的尺寸进行调节，其中，经常使用的横屏尺寸是 16∶9，可以将抖音、快手等短视频竖屏尺寸设置为 9∶16。在预览栏中，用户还可以对视频、图片、贴纸、文字等大小和位置进行调节，以及可以通过全屏模式观看视频的细节。如图 3-77 所示，调节图片、视频的大小和位置后，在界面中呈现中间为视频，上下两部分为图片的形式。

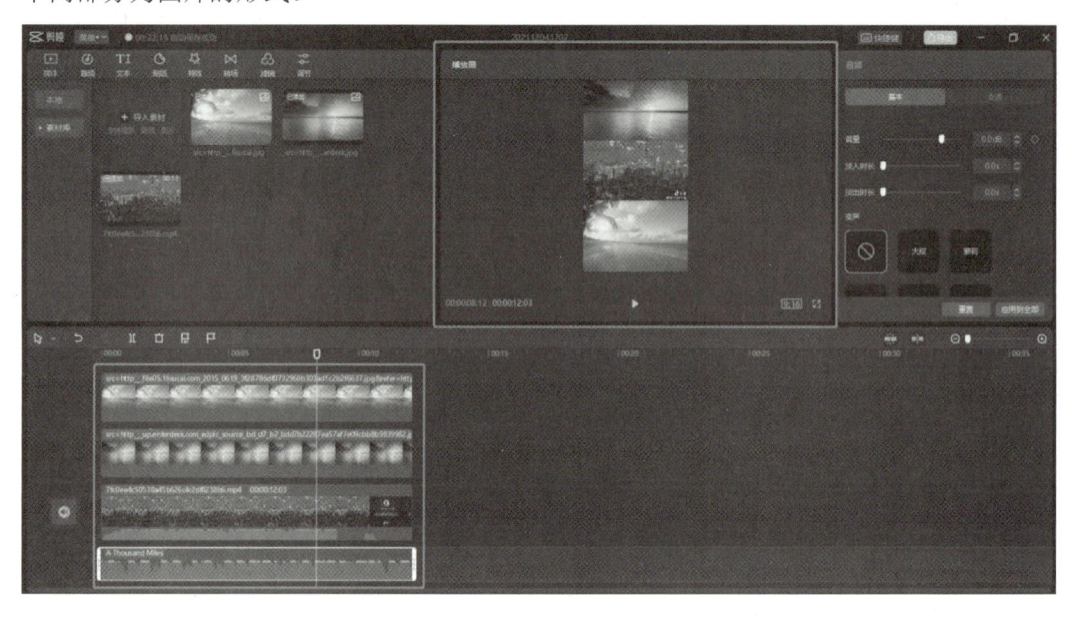

图 3-77　预览栏界面

6. 快捷键介绍

在剪映工作界面右上方点击"快捷键"按钮，打开"快捷键"对话框，如图 3-78 所示。需要注意的是，通过 Alt+滚轮，可以对剪辑栏中的素材进行时间轴的左右滚动；通过 Ctrl+滚轮，可以对轨道中的时间轴进行伸缩调节，这类操作在较长的素材轨道中经常用到，用户可以通过实际操作体验具体效果。

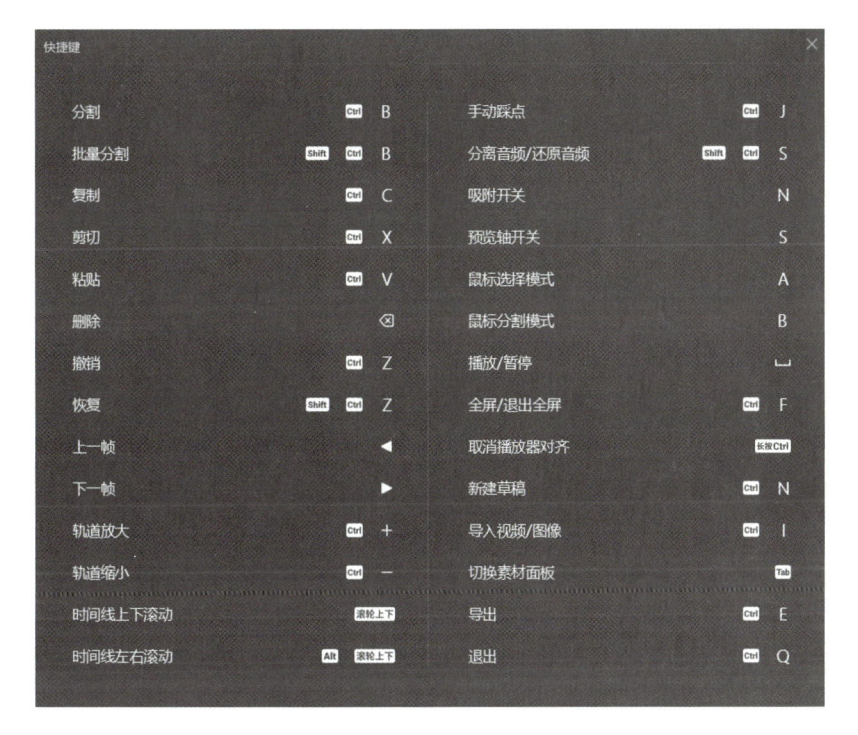

图 3-78 "快捷键"对话框

四、海报制作工具

当新媒体运营者在各个平台发布文章或视频时，都需要设置海报。一张高质量的海报能够在一定程度上吸引用户的关注，从而获得不错的点击量。不同平台对于海报的尺寸要求也不一样，如果新媒体运营者只是随意地使用一张图片或视频截图作为海报，就可能会出现海报不吸引人或重要信息显示不全的情况，这样会在一定程度上影响作品的点击量，所以需要将海报调整为平台要求的图片尺寸。下面简单介绍常用的海报制作工具，以及使用图怪兽制作海报的方法。

一）常用的海报制作工具

1. 创客贴

创客贴是在线设计平台。用户可以使用创客贴提供的大量图片、字体、模板等设计元素，通过简单地拖、拉、曳就可以制作出所需要的图片或设计图。创客贴已涵盖营销海报、新媒体配图、印刷物料、办公文档、电商设计、定制设计等百余种设计场景。图 3-79 所示为创客贴页面。

2. Fotor 懒设计

Fotor 懒设计是恒图科技旗下主打的一个多平台（Mobile，Web，Mac & Windows）图片编辑和平面设计产品。跟随欧美设计风潮，界面严格遵照极简主义理念，给广大用户提供轻便而又全能的图片编辑工具，能满足中小型创业公司、自媒体等机构设计人员，以及学生团体和个体经营者的平面设计需求。图 3-80 所示为 Fotor 懒设计页面。

图 3-79　创客贴页面

图 3-80　Fotor 懒设计页面

3. 易图网

易图网是一款专门为用户打造的极简在线设计工具，拥有精美的设计模版、海量图片素材，支持用户在线设计制作海报、微信公众号图片、朋友圈海报、信息图、封面、二维码等。易图网为新媒体人员和设计师，以及运营部、市场部等部门的人群提供了高质量、高品质的模板和设计素材，满足他们在从事新媒体工作排版和设计时的设计需求。用户可以通过简单地拖、拉、曳，就可以在平台上轻松地制作出所需的图片。图 3-81 所示为易图网页面。

4. 图怪兽

图怪兽是一款技术专业的在线海报制作软件，为用户精心挑选了设计图片专题，使用户可以对图片进行在线拼图、在线排版、艺术字替换等在线图片处理。另外，图怪兽还提供了图片、GIF、新媒体、电商淘宝、视频等模板制作，操作简单快捷，适用于大部分用户。图 3-82 所示为图怪兽页面。

图 3-81 易图网页面

图 3-82 图怪兽页面

二）使用图怪兽制作海报

1. 账号登录

用户可以通过微信或 QQ 扫码登录图怪兽的账号，也可以通过手机号登录图怪兽的账号，方便快捷，如图 3-83 所示。

2. 选择模块

打开图怪兽页面，用户可以根据需求选择所需要的模板，可选的模板包括图片、GIF、新媒体、电商淘宝、视频、H5、PPT 等，还可以通过分类来选择模板，也可以通过搜索栏搜索关键词来选择模板，如图 3-84、图 3-85 所示。

图 3-83　图怪兽登录页面

图 3-84　图怪兽页面中的搜索栏

图 3-85　图怪兽搜索页面

3. 图文编辑

在选择好模板之后，点击模板就可以进入编辑页面。在编辑页面左侧的素材栏中，用户可以添加海报所需要的特效字、素材、照片、表格图表、背景等。在编辑页面右侧的编辑栏中，用户可以对海报中的文字、图片、背景等进行调节。图 3-86 所示为图文编辑页面。

图 3-86　图文编辑页面

4. 图片下载

海报制作完成之后，点击"VIP 个人商用下载"按钮或"普通下载"按钮，对海报进行下载，如图 3-87 所示。

图 3-87　下载海报

实训　利用图文设计工具与视频工具按要求进行实操

（1）以 4~5 个同学为一小组，使用选题工具选取感兴趣的热门话题。

（2）根据所选取的话题，通过互联网搜索并浏览与话题相关的文案，使用 Word 编辑公众号文案。

（3）通过图片网站选取和制作与文案相关的图片。

（4）通过秀米编辑器对准备好的文案和图片进行排版，制作公众号文章，并且生成永久二维码。

（5）通过图怪兽为公众号文章制作海报，吸引更多读者的阅读兴趣。

（6）先通过抖音、快手等平台，搜索、保存与文章内容相关的视频，再使用视频剪辑工具，为公众号文章制作短视频。

（7）将制作的公众号二维码、海报、短视频在课堂上进行小组展示，并由老师和同学对作品进行打分。

（8）老师和同学对作品提出修改意见，课后各小组先根据修改意见对作品进行修改完善，再把公众号二维码、海报、短视频提交给老师，由老师对作品进行打分。

模块二
实战篇

第四章 微信运营

第一节 微信营销的模式

一、认识微信

扫一扫，看微课

腾讯公司（以下简称"腾讯"）成立于1998年，其总部位于深圳。2001年据有关数据统计，腾讯开发的社交软件QQ同时在线人数突破了100万人，并于2003年推出了QQ邮箱与QQ游戏。2009年，腾讯游戏成为中国最大的网络游戏平台，并且同年推出了国际版QQ。2010年，QQ最高同时在线用户数量超过1亿人。2014年，腾讯成立微众银行，推出微信红包、理财通服务。2019年，微信小程序日活跃用户数量超过4亿人。2020年，微信活跃用户数量超过12亿人。

微信是由腾讯开发的一款实时通信的免费社交软件，于2011年推出，是目前我国较大用户群体的通信社交平台，可通过手机、平板、网页等操作系统平台登录方式，快速发送免费的（需要消耗少量网络流量）语音、视频、图片与文字，并将实时通信与社交资讯、生活服务结合，即"朋友圈""公众号""小程序""微信支付"等。随着用户需求的不断增加，微信也在不断加入各种创新功能，如微信视频号与直播功能等。微信发展历程可以用图4-1描述。

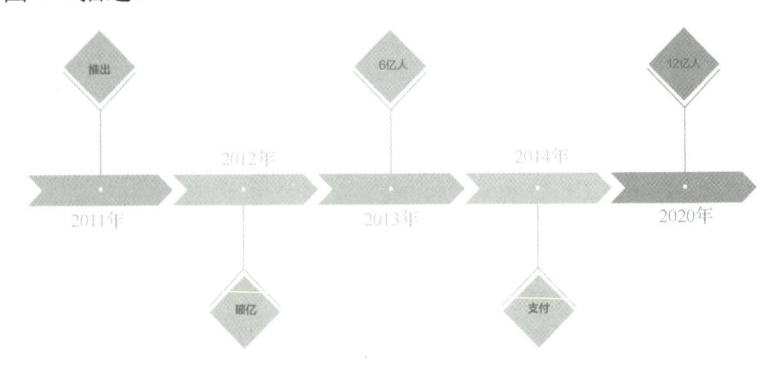

图 4-1　微信发展历程

从企业的角度来讲，可以利用微信组建微信群、分享朋友圈、查找附近的人、二维码扫一扫、互动漂流瓶、微店或小程序产品的销售、粉丝群体的构建和维护等活动，实现强大的用户可参与体验的新媒体运营。微信的主要业务模块由以下几部分组成，如图 4-2 所示。

图 4-2 微信的主要业务模块

二、微信的功能

一）微信的基本功能

从微信界面上来看，微信的功能模块主要分为"微信""通讯录""发现""我"四大部分，可实现实时通信功能、社交娱乐功能、视频直播功能、金融理财与生活服务功能、购物功能等。

1. 微信实时通信功能

打开微信 App，进入微信模块，自己最近联系过的人都在这里。最近联系过的包括朋友、群、QQ 邮箱提醒、标星的公众号等。界面排序按照时间排列。点击相应聊天对象就可以与他们聊天，可以选择语音、文字、图片、视频等方式实现即时通信，还可以添加相应的微信表情，提升即时通信的趣味。

用户可以在通讯录中查找自己的朋友（朋友、标签、群聊、公众号）、添加新好友（面对面建群、扫一扫添加好友或群、公众号、企业微信联系人等）。

2. 社交娱乐功能

打开微信主界面的"发现"功能模块，包括朋友圈、扫一扫、看一看、搜一搜、附近、购物、游戏等多项功能。朋友圈是微信推出较早的功能，可以发布自己的心情状态，也可以查看朋友发布的信息，支持文字、图片与视频发布。扫一扫可以用于扫描任何物品的二维码，使用户了解该物品的相关说明，也可以用于添加好友。附近用于搜索附近的微信会员，申请加为好友。

看一看可视为朋友圈的升级版，主要是针对当用户的好友越来越多，朋友圈的推广链接越来越多时，用户可能会忽略文章内容，而倾向于在朋友圈看到朋友的真实动态，朋友圈筛选文章的作用已经在失效。将"阅读"从朋友圈区分出来，通过社交关系在"看一看"中分发，可以营造一个新的、纯粹的阅读场。培养用户的习惯，帮助用户筛选出好友最关心的内容。看一看可以作为内容营销的一个战场，营销推广链接被以"在看"的形式分发到这里。我们可以将这里作为一个大众阅读产品，从而实现精准营销。

3. 视频直播功能

2020 年，直播带货迅速发展，加快了微信商业化的脚步，从 2020 年 10 月 2 日起，视频号界面中添加了一个新功能——发起直播。用户也可以通过点击"发现"按钮进入视频号与直播，如图 4-3 所示。进入视频号界面，该界面有两个选项，分别是"直播"和"直播预告"，如图 4-4 所示。

图 4-3　视频号与直播功能　　　　　图 4-4　在视频号中发布直播或直播预告

在全民直播，人人带货的形势下，短视频与直播的功能无疑提供了将私域流量商业变现的想象空间。目前，微信中的视频号功能正在持续优化，毫无疑问，视频号会成为微信生态的重要组成部分。微信生态中的所有工具都是相通的，开启直播功能后，就可以利用"微信小商店"进行直播带货。

用户使用视频号可以发布1分钟以内的视频，或者9张以内的图片，也可以关注感兴趣的视频号主，进行点赞、评论等互动，还可以转发到朋友圈、聊天场景，与他人分享。与快手、抖音的流量分发机制不同，微信视频号是在熟人朋友圈裂变的，使营销变得更公平、更精准，让每一个素人小个体在这个生态里都有相同的机会，都有一定的起点积累，这种人脉关系的运用很像微商。所以，微信的闭环生态圈的视频号与直播带货价值是非常可观的。

二）微信的营销模式

微信营销是网络经济时代企业营销模式的一种，是伴随微信兴起的一种网络营销方式。微信不存在距离的限制，当用户注册微信后，可与周围使用微信的"朋友"建立一种联系，订阅自己所需的信息。商家通过提供用户需要的信息，推广自己的产品，从而实现点对点营销。

微信营销归根到底是人的营销。通过一系列的设计，把你这个人推销出去，让大家对你产生好感和标签印象，解决信任问题，然后他们自然会关注你的产品，从而实现购买行为。

1. 标签定位营销

微信借用"查看附近的人"功能，当点击"查看附近的人"后，可以根据自己的地理位置查找到周围的微信用户。在这些附近的微信用户中，除了显示用户姓名等基本信息，还会显示用户签名档的内容。图4-5所示为微信个人标签定位时需要注意的要点。用户可以利用这个免费的广告位为产品打广告。即"位置签名"实质上就是一种广告植入的营销方式，当移动用户利用终端设备查找附近的人或微信中自带的"摇一摇"功能时，便会看见营销传播主体的信息，这样便达到了信息传播的目的。这种营销方式属于一种拉拢附近用户的营销策略。

这种营销方式的特点是传播主体掌握着信息传播的主动性，传播渠道简单、快捷，目标受众精确，能够及时、快速地获得信息反馈，具有良好的互动性。这种营销方式适用于可在微信上定点定位的商家，如KFC的宅急送等。

与其相反的"漂流瓶"营销方式，其营销主体可以利用该功能将产品的相关信息放入瓶内传播出去，当移动用户打捞到漂流瓶之后，便可从中获得相关信息。这种营销方式的特点是随机性强、传播范围较广、不针对某个群体、信息的流动性较高。由于一些用户并不经常打捞瓶子，所以信息的接收概率相对较低，适用于知名度较高的产品，可以起到扩大产品影响力的作用。微信官方可以对漂流瓶的参数进行更改，使得合作商家推广的活动在某一时间段内抛出的"漂流瓶"数量大增，普通用户"捞"到"漂流瓶"的频率也会增加。另外，使用"漂流瓶"营销方式还可以发送不同的文字内容及小游戏等。

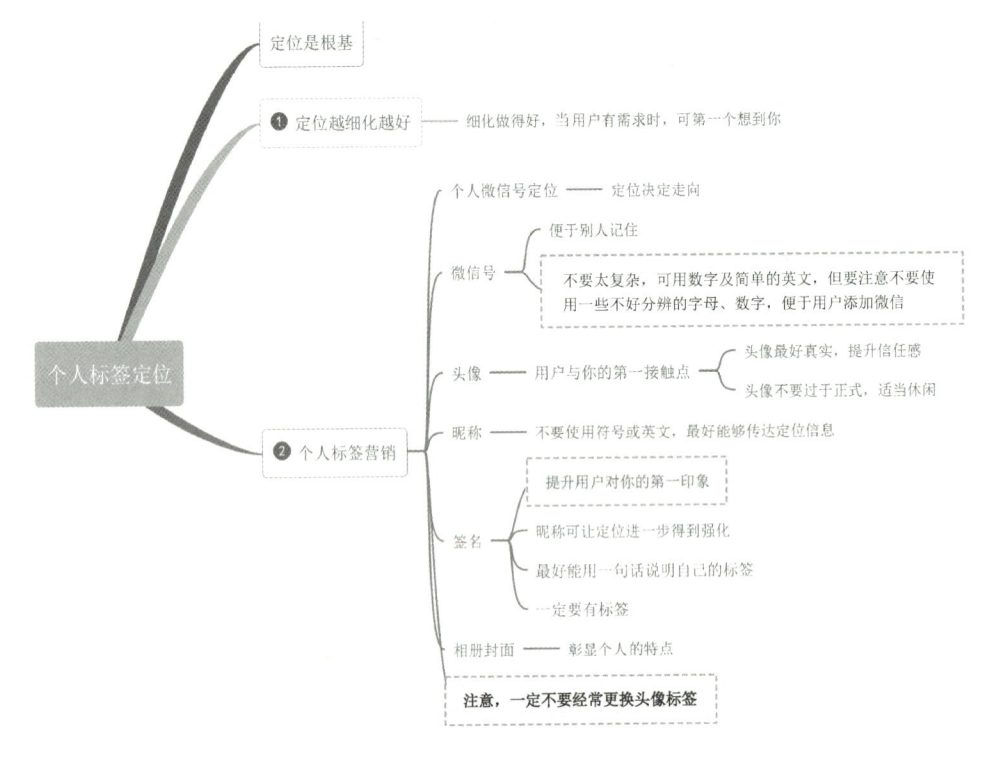

图 4-5 微信个人标签定位要点图

2. "扫一扫"二维码营销

营销传播主体可以建立自己的二维码，当移动用户利用微信功能将营销主体的二维码图案置于取景框内，可以获得成员折扣、商家优惠，也可进行扫描并添加好友，从而营销主体与用户之间便可进行互动。该传播方式的特点是受众的主动性高，营销目标精确，具有较强的传播时效性，适用于正在开展活动的店铺吸引消费者。

二维码发展至今其商业用途越来越多，所以微信也就顺应潮流结合 O2O 展开商业活动。实现线上营销，并带动线下营销的 O2O 营销模式。

3. 朋友圈营销

微信"朋友圈"功能使得微信的私密交际功能完全被激活，成为一种分享式的口碑营销，并且为企业的销售提供了非常简捷便利的渠道。微信用户可将自己喜欢的内容，通过朋友圈与好友分享。由于微信中大多数好友都是"强关系"，朋友的推荐更值得信任，这种口碑营销，使朋友圈的营销内容的速度传播得更快。

在进行微信个人号营销之前，我们首先需要设置微信个人号、添加好友、与好友进行互动，然后才能高效地进行朋友圈营销。该营销方式的特点是精确性高、针对性强、互动性良好，适用于口碑营销。朋友圈营销要讲究方式方法，才不会使人反感，又能达到好的营销目的。

第一，要打造个人 IP。朋友圈营销针对好友营销，具有一定的用户稳定性。与其他推广渠道相比，朋友圈营销占有一定的先机。想要通过朋友圈进行营销，先要打造个人形象 IP，也就是先推销自己，再宣传产品，这样会增加信任感。第二，朋友圈营销一定要发布高质量的文章，从文章中树立自己在用户心中的地位与形象，增加用户对产品的认知。在编写朋友圈内容时切勿做拿来主义，应该做原创朋友圈，不同的场景要有不同的表达方式，要有针对性、目的性，不能千篇一律。朋友圈分享的内容，一定要是对别人有价值的内容。第三，要把握住黄金时间（见表4-1）。例如，早上7:00~8:00正是大家起床开始一天生活的时候，拿起手机如果第一时间看到朋友圈的信息，就会印象深刻；中午12:00~13:00也是不错的时间段，人们利用休闲的时间正好了解我们的产品；晚上21:00~22:00正是放松的时候，看朋友圈的用户也比较多。第四，要注意发圈的频率，如果我们每天都见到一件重复的事情，就会很郁闷。但如果偶尔看到信息，就会让我们更舒适一些，因此每天宜发布4~6条信息，不要太多。第五，朋友圈贵在互动，不要忘记与用户互动，提升用户体验。互动方式多种多样，如朋友圈提问方式可以引起用户的好奇，进而形成互动；点赞用户方式也可以赢得用户的好感；朋友圈送礼品方式也可以增加用户的关注，这些方式都有独特的优势。第六，要注意朋友圈的养护。养护有很多技巧，首先千万不能刷屏广告，这会使用户反感；然后需要注意朋友圈发布的信息不能是太过于敏感的话题、过激的话题及容易引起人误会的话题。

表4-1 朋友圈发圈时间及用户特点

时间	朋友圈内容
7:00前	晨型人，较高自律性，偏向学习思考类内容，适合推送功能型、教育型软文引导购买
7:00~8:00	普通上班族起床时间，匆忙看一眼手机便起床赶时间去上班。偏向短篇幅，精段内容或图片、短视频
8:00~9:00（黄金）	上班路上，会阅读较长的文章，内容营销
9:00~12:00（雷区）	工作时间，多数利用短暂的订餐时间，很匆忙
12:00~14:00（黄金）	午餐午休时间，人们会看内容且还会与同事或朋友进行交流讨论，可发送话题性内容，但要注意13:00后的午休时间
15:00~16:00（小黄金）	下午茶时间，人们容易出现疲劳，会刷朋友圈缓解疲劳，适合发送娱乐性、让人容易清醒的内容
18:00~19:30	雷区时间，下班晚饭较疲惫的时刻。如果要发朋友圈，则建议发送一些放松性的内容
20:00~21:30	会有两部分人存在，一部分是闲下来的人，可以刷手机浏览内容；另一部分是进入学习时间的人
22:00~24:00	深夜时间，由人们的情绪做主导，喜欢看走心、鸡汤或容易引起共鸣的内容，所以这段时间往往是很多情感型的大号抢流量的最佳时机

4. 公众号营销

区别于微信个人号（见表4-2），公众号是微信的品牌主页，可将其归属于专门的信息推送方式。在该传播方式中，传播主体往往都是微信里的"名人"。在微信公众平台发布信息后，受众可在微信客户端接收到该信息。同时，可将信息即刻推送至受众移动设备的桌面上，当受众开启设备时，便可接收到信息。

这个功能主要能实现实时交流、消息发送和素材管理。通过这个平台，个人和企业都可以打造一个微信公众号，并与特定群体实现文字、图片、语音的全方位沟通、互动。微信公众平台主要能完成以下任务：①微信公众平台目前只支持PC，主要有4种方式，如图4-6所示，包括服务号、订阅号、小程序与企业微信（微信是用户个人开通的，用于社交沟通的平台。企业微信是独立于微信的，专门供给企业使用的独立App），可以绑定私号进行群发；②可以发送语音、图片、视频、群发、广告等；③可以设置自动回复，粉丝根据设置的关键字，主动向公众号提取常规消息；④如果有粉丝回复消息，那么可以根据粉丝的疑问进行解答；⑤每天可以向粉丝推送品牌信息。

这种传播方式的特点是便捷性、高效性，不足之处是互动性较差，且信息反馈不高。

表 4-2　微信个人号与公众号的区别

	个人微信	微信公众号
使用方式	手机	计算机
功能定位	主要服务个人生活	商业用途
社交圈	基于熟人的个人生活圈	基于商业的开放社交圈
推广方式	面对面推广	线上与线下推广

图 4-6　微信公众平台账号[①]类型

公众号营销最主要的方式是公众号软文推广。文章可以分为情感类、新鲜资讯类、实用类、消遣类。不管是哪一类文章，内容都要创新有道，只有满足用户的真实需求，找到他们的特点，才能增加用户黏性。

---

① 软件图中"帐号"的正确写法应为"账号"。

5. 视频号营销

短视频与直播可以说是目前非常火的电商营销方式。各大平台都相继推出了自己的直播与短视频营销渠道。与其他平台相比，很多直播平台的侧重点是主播，对主播的依赖性比较高。但微信小程序直播更加侧重品牌，对主播的依赖性并不高，针对的是品牌商已有的私域流量池；微信小程序可以被植入各种各样丰富的营销插件，还可以一键转发、分享给好友、微信群、朋友圈等。甚至还能通过手机短信的方式，吸引用户一键跳转到微信小程序中。因此，获客与引流功能更强。

视频号可分为3类：个人号、营销号、官方号。个人号适合网红带货、个人IP打造。营销号适合个体工商户、企业，以打造爆款内容吸引粉丝流量。官方号主做品牌，用于输出口碑、扩大产品及品牌的曝光度、提高产品的转化率。

（1）视频号的创作要领。

① 垂直领域，内容输出。

视频号发布的动态要与账号定位匹配，并且要以垂直领域作为核心输出点。保持长期的内容输出，提高账户权重，吸引更多、更为精确的粉丝流量。

② 视频内容。

持续高质量的内容输出。

③ 匹配实时热点内容。

内容质量高+热门话题和实时热点，随时关注实时热点。

④ 视频发布要点。

视频号动态是以视频+文字或图片+文字为主，并且是视频/文字在上方、图片在下方的形式。视频和图片足够吸睛，或者视频/图片第一眼所提供的信息能够吸引用户的眼球，否则文字都没有显露的机会，甚至用户会快速划过观看下一条视频/图片。

图片最多数为9张；显示的方式为向左滑动才能看到下一张图片，第一张图片作为首图。视频时长约为1分钟；视频尺寸不支持抖音的竖屏模式，会进行自适应裁剪。

（2）视频号的互动。

① 引导型互动。

目前，影响搜索排名的元素是账号发布的视频数、点赞数、评论数。在动态内容上可以用引导性的话语或者提问的方式让粉丝进行评论、点赞，以此增加评论、点赞的概率。

② 主动与评论后的用户互动。

当用户评论了你的视频/图文后，你可以挑选优质的评论进行回复，增加粉丝黏性。主动回复的评论排名靠前。我们可以利用优质评论内容引起其他受众的共鸣，刺激用户评论、交流。

（3）视频号的引流与变现。

① 视频号引流。

视频号引流除了利用文案匹配到热门关键词，还能通过分享到好友、社群、朋友圈中扩大曝光范围；也可以尝试与推广联盟人群合作，获得更多的曝光机会。

② 大号引流。

除了利用自己的账号引流，还可以尝试与其他知名度高的行业大V进行合作，让他在自己的视频号动态中推广你的视频号信息，或者通过转发形式利用行业大 V 自身的粉丝数量和曝光量，为你的视频号、微信号、公众号引流。

③ 社群、微信号变现方式。

视频号中可以携带个人微信号信息，这也就意味着可以把视频号的流量导向自己的个人账号中，成为你的私域流量。

④ 公众号引流变现。

视频号可以携带公众号的超链接，这样就能将视频号流量导入公众号中，当公众号粉丝数量增加后，就能通过卖课、打赏、接广告的形式利用公众号变现。

直播在新媒体行业中是一股新生力量，已成为各界继"图文音视"后的第五大传播方式，正在快速取代传统媒介。直播平台最大的优势就是能即时反映现场情况，让"现场直播"无处不在。当观众观看直播时，会有身临其境的感觉，直播平台上的互动比其他任何形式的网上互动都让人感觉更真实。因此"直播+"的跨领域应用将成为未来的重要发展方向。

微信生态共融互通，超 12 亿个用户成为直播的传播第一流量入口和基础土壤，基本上所有商业直播都在微信生态中进行传播。在微信生态中，微信的商业直播模式是"公众号+直播+商城/官网"的企业公众号独立直播间模式，即企业在自己的公众号上搭建直播系统，与商城、官网融合在一起，以直播内容替代"图文音视"，并且不受任何第三方平台的控制和限制。如图 4-7 所示，在自己的公众号上搭建直播系统的优势是，用户留在自己的公众号、资金结算到自己的微信支付平台、直播系统和商城系统相互独立。

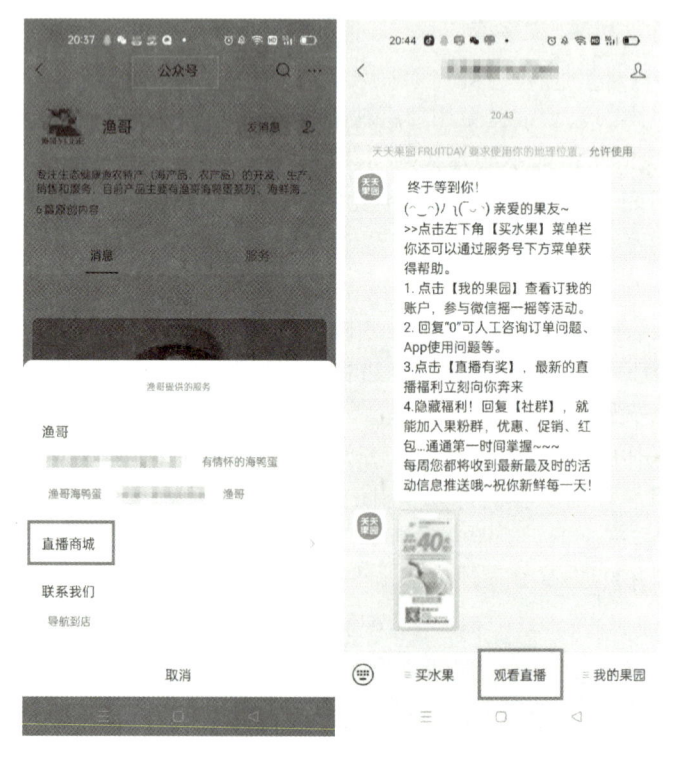

图 4-7　微信直播嵌入公众号

第二节　微信公众号运营

扫一扫，看微课

利用微信公众号进行营销活动，简单来说就是商家通过申请微信公众服务号，二次开发来展示商家微官网、微会员、微推送、微支付、微活动、微报名、微分享、微名片等，形成一种主流的线上与线下微信互动营销方式。

微信公众号需要用户登录微信公众平台官网进行申请。除了小程序，还有以下3种公众号类别，如表4-3所示。

表4-3　微信公众号的类型区别

区别	企业微信	服务号	订阅号
面向人群	面向企业、政府、事业单位和非政府组织，实现生产管理、协作运营的移动化	面向企业、政府或组织，对用户进行服务	面向媒体和个人提供一种信息传播方式
消息显示方式	出现在好友会话列表首层	出现在好友会话列表首层	折叠在订阅号目录中
消息次数限制	最高每分钟可群发200次	每月主动发送消息不超过4条	每天群发1次，1次可最多发送8条消息
验证关注者身份	通讯录成员可关注	任何微信用户扫码即可关注	任何微信用户扫码即可关注
消息保密	消息可转发、分享。支持保密消息，防止成员转发	消息可转发、分享	消息可转发、分享
高级接口权限	支持	支持	不支持
定制应用	可根据需要定制应用，多个应用聚合成一个企业号	不支持，新增服务号需要重新关注	不支持，新增服务号需要重新关注

一、公众号运营概述

一）公众号营销特点

微信公众平台是腾讯在微信的基础上新增的功能模块，于2012年8月18日正式上线。通过这个平台，个人和企业都可以打造一个微信公众号，与特定群体实现文字、图片、语音的全方位沟通与互动，形成一种主流的线上与线下微信互动营销方式。

微信公众账号是企业媒体发布平台、销售信息发布平台、危机公关平台、消费者互动平台、促销活动开展平台、新品展示平台、产品在线销售平台、网上支付平台、调研平台、公司企业文化传播平台、人才招聘平台、客户服务平台等，一切企业关注的、企业需要的都可以在企业微信公众账号中实现。微信公众号的特点如下。

1. 注册门槛低

在2019年之前，一个人可以注册多个微信公众号。从2019年开始，提高了微信公众号的注册门槛，个人只能注册一个微信公众号，企业可以注册两个微信公众号，但从整体来讲，微信公众号的注册门槛还是比较低的。

2. 可自动回复

微信公众号具有自动回复功能，还具有一对一沟通、增加互动的功能，如图4-8所示。

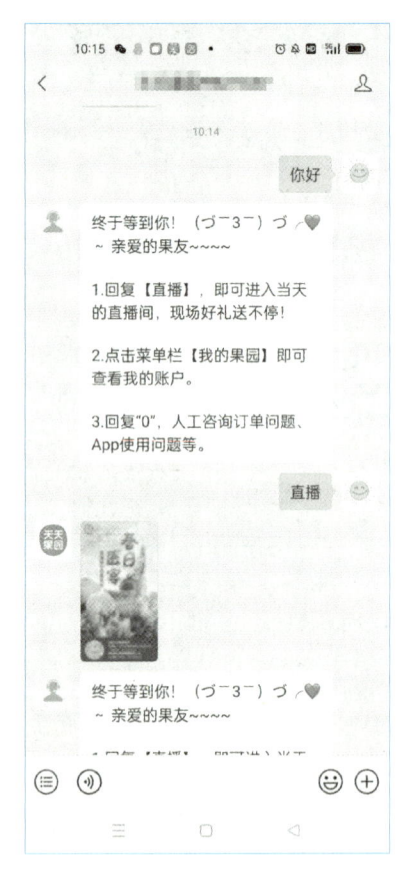

图4-8 微信公众号自动回复营销

3. 用户黏性高

微信本身有12亿个注册用户。在移动信息化时代，微信作为最主流的实时交互性社交软件，不管是否有经常上网冲浪的用户，人们几乎已经离不开微信。微信公众平台作为一款营销平台，市场无疑是巨大的。

优质的内容始终是赢取市场的关键，如公众号"黎贝卡的异想世界"（见图4-9）的创始人方夷敏女士，便是将自身打造为优质"干货"的供应者。她是一位从《南都娱乐周刊》一线记者转型为自媒体人的典型代表，每篇推文的阅读量平均都在10万次以上。虽然她的成功与以前在传统媒体积攒的人脉有一定的关联，但那只是一夜爆红的助燃器，真正推动公众号长久红火的关键还是在于她始终保持着对一切事物的好奇心，爱买、会买的她总能在别人认为的寻常世界中敏锐地捕捉和感知时尚圈的新鲜事物并及时反馈给大家，被粉丝称为"my god 买神"。曾在网上看到过一个粉丝的反馈，她说"黎贝卡"不只是单纯地教人们穿衣搭配，而是会从中传达出女性应该积极向上、学会爱自己的人生态度。这种群体的共鸣力度是极其强大的，人们其实真正需要的不是"花钱明灯"，而是一位心灵导师，这种忠诚度软实力转为实际购买力后的转化率实在不容小觑。同时"黎贝卡的异想世界"还有自己的视频号，与企业微信，在微信平台上充分利用营销工具实现全方位运营。

图4-9 "黎贝卡的异想世界"的公众号与视频号

4. 营销方式多样

微信支持文字、语音、混合文本编辑。普通的公众号可以推送文字、图片、语言 3 种类型。论证的账号具有更多的权限，能推送更加漂亮的图文信息，特别是语音和视频，营销方式多元化，拉近与用户的距离，有利于营销活动的开展。

5. 营销定位精准

微信公众账号让粉丝的分类更加多样化和多元化，可以通过后台的用户分组和地域控制实现精准消息推送。商家可将不同的粉丝放在不同的分类中，在发送信息时可以针对用户的特点进行精准的消息推送。营销方式人性化，用户也可以自主选择和接受推送的内容。公众号一对多的互动交流具有良好的互动性，精准推送的同时易于形成朋友关系。

6. 营销成本更低

语音传播是微信公众号独具特色的传播方式，它不同于视频、图片、文字等形式。语音传播较于文字传播更为直观，较于视频耗费的移动流量较少，既拉近了与用户之间的距离，又减少了获取信息的成本。如图 4-10 所示，"有为青年社群学习平台"微信公众号将社群营销相关知识通过语音形式定期发送，较好地发挥了微信公众号语音传播的优势。同类型的微信公众号"为你读诗"，用户在每晚 10 点时都将收到一位来自不同行业的特邀嘉宾朗读的一首动人诗篇。更经典的一个利用语音传播的微信公众号"罗辑思维"，通过每天发送的 60 秒语音，回复关键词便可出现一篇特色文章，为用户推送消息，其中包括生活中的感受、读书日志和一些商品的介绍。这 3 个风格迥异的公众号，因"知识链"而聚集的用户，有着相同的属性和诉求，均靠微信的语音特性收获了各自领域的忠实粉丝，在拉近与用户心理距离的同时，悄然建立并稳固了品牌形象。

图 4-10　微信公众号语音营销

7. 碎片式的传播

当下快节奏的生活使人们的注意力不易长时间集中于一件事物。微信公众号根据自己的品牌定位，点对点地寻找目标受众，传播者推送的内容更加自主，受众的选择也更加有目的性，两者极易达成一种共识，建立一种心领神会的默契，这种双向交流体现了微信朋友圈的强交互状态。也就是说，微信公众号凭借不同用户相同的兴趣点抓住了用户的眼球，提高了信息的有效抵达率。此外，公众平台推送的内容一般都较为简洁，并搭配图片缓解人们的视觉压力，内容呈现碎片化，符合人们利用碎片化时间进行随时随地的碎片化阅读。用户甚至可以根据自身的需要，随意订阅多个自己感兴趣的微信公众号，丰富自己的知识视野与信息空间。

8. 人性化营销

微信公众号是一个半封闭的圈子，相似的属性与诉求，与用户保持长期的黏性，更便于把这种情感传播的特性发挥出来。大多数的微信公众平台都是根据用户的喜好、兴趣建立的，同样的故事、经历和诉求、意外乃至梦境，都有可能成为与用户连接的纽带，这种认同感会直接拉近与用户的心理距离。比如，微信公众号"胡辛束"，就是把具有"温柔的少女心"的人们聚集到一起，运用时代赋予女性话语权，使"粉红经济"放大化，给女性或者所有拥有这种情感状态的人们打造一个精神领地。一些带有小情绪的自白式文字，纷纷引起用户的共鸣，使其感同身受。情感传播的优势是，利用情感建立的联系总是稳固的、忠实的。因此，准确把握微信公众号的传播特征，根据目标受众精耕细作传播内容，建立定位鲜明且独有的品牌形象及其营销策略，是微信公众号营销成功的重要前提。

二）公众号定位与设置

1. 公众号定位

想申请微信公众号，营销者首先要有清晰的定位。微信公众号定位是一个微信公众号建立和发展的核心，可以用于确立品牌形象、目标人群。有了清晰的定位，营销者就不用担心粉丝数量。粉丝活跃度远比粉丝数量重要，100个活跃粉丝要比1000个没有交流的粉丝有效得多。

首先要确定好自己的定位。确立定位就是确立目标市场，就是确立战略取向。而微信公众号的定位最主要的就是解决一个核心问题——要利用微信公众号做什么？假设营销者要卖包，那么定位目标就是卖包，而不要跨越到金融行业。

其次要更注重服务而不是营销。不能只把微信公众号作为营销工具，而是把微信公众号作为一个服务用户的工具，让用户主动地体验服务。结合服务，营造良好的沟通氛围，这样用户才愿意把自己的建议发表出来，而营销者可以通过这些建议及时调整营销方案，从而形成双赢的局面。

再次要精准位置。如果营销者的产品或服务只针对某个城市，却将微信公众号定位为全国，这就是地域定位不精准。由于其他城市的用户对该产品或服务并不感兴趣，因此营销者需要缩小地域定位范围，准确定位地域。

最后将受众分组。微信公众平台要有明确的分组，营销者可以将对产品或服务感兴趣的用户进行归类，以便向用户推送精准的消息，实现精准营销。

2. 公众号设置

（1）申请公众号准备。

微信公众号分为订阅号、服务号、企业微信等类型。订阅号具有信息发布与传播的功能，适合个人及媒体注册；服务号具有用户管理与提供业务服务的功能，适合企业及组织注册；企业微信具有实现企业内部沟通与协同管理的功能，适合企业客户注册。

个人申请订阅号需要准备：申请主体信息（申请人姓名、身份证号、手持身份证照和运营者信息（运营者手机号）。

企业申请服务号需要准备：申请主体信息（企业名称、营业执照号、营业执照扫描件）和运营者信息（运营者姓名、身份证号、手持身份证照、运营者手机号）。

（2）注册公众号。

本书以在 PC 端注册订阅号为例介绍微信公众号的注册过程，具体操作步骤如下。

① 登录微信公众平台首页，点击"立即注册"链接，如图 4-11 所示。

图 4-11　微信公众号注册首页

② 进入邮箱认证，填写基本信息，填写完成之后，勾选"我同意并遵守"复选框，点击"注册"按钮，如图 4-12 所示。

图 4-12　公众号注册的基本信息输入

③ 在弹出的界面中点击"登录邮箱"按钮，激活邮箱。

④ 进入邮箱，打开邮件，点击"激活"链接。

⑤ 激活邮件后，选择要注册的公众号类型，点击"订阅号"按钮。

⑥ 按照要求提交相关信息登记。

⑦ 填写公众号信息，包括账号名称和功能介绍。账号名称提交后不能被修改；功能介绍提交后，一个月可以修改一次。

⑧ 在填写完账号名称、功能介绍、运营地区后，点击"完成"按钮即可提交审核，审核通过后即可开始使用。

这里注意要取一个好听的公众号名称。一个好的公众号需要优质的内容和创新的策划或服务，而一个好听的名称能体现出公众号的价值、服务、内容、范围、行业等信息，让感兴趣的人快速关注。公众号取名的常见方法如下。

a．直呼其名法。

直呼其名法就是直接以创业者的名称、服务、产品名称等作为微信公众号的名称，如"雅戈尔""七匹狼""欧时力"等。

b．功能实用法。

功能实用法是将公众号的用途和服务展现出来，如"美食工坊"是做美食的，"网络营销助手"是提供网络营销资讯的。

c．形象取名法。

形象取名法是将企业形象化或服务产品形象化的一种手法，把具体的事物或抽象的事物形象化，如拟人、比喻等手法。

d．垂直行业领域取名法。

通常的垂直行业领域取名法是"行业名+用途"，如"微法律""豆瓣同城""百度电影"等。

e．提问式取名法。

提问式取名法是以提问的方式取名，让关注者获得兴趣，如"今晚看啥""什么能赚钱"。

f．另类取名法。

使用另类取名法所取的名称一般都比较新鲜、好玩、有趣，如"冷笑话精选"。

g．百科取名法。

百科的范围比较广，大多数人都比较熟悉，所以不少微信公众号的取名都会跟它有着千丝万缕的联系，如"时尚生活小百科"等。

h．其他取名法。

创业者可以从生活、地域等身边比较熟悉的问题着手，也可以参考百度指数中人们对某些事件或问题的关注度进行取名。

当每个创业者在策划账户名称时都要根据自己的实际情况来考虑，要注意有趣、实用，与产品或服务有关联。

（3）公众号功能介绍。

微信公众号的功能介绍主要是介绍该公众号会提供哪些功能、哪些服务、哪些产品等内容，总体上是对公众号功能的概括，要用最简单、简洁的文字描述出来，因为这样有利于发展目标用户群。例如，网络公司可以填写"提供网站建设、SEO优化、网络营销等服务"；服饰公司可以填写"各种新款男装、女装，查询打折优惠信息，提供在线购买"。

总之，微信公众号的功能介绍一定要写得特别，可以从用途，尤其是能给用户带来什么入手，还要简洁、简单、好记。这样人们在看到公众号时，才能简明扼要地了解信息，以便关注。

微信公众号官方认证是微信公众平台为了确保公众号信息的真实性、安全性而提供的微信认证服务。微信公众号官方认证有哪些好处呢？

官方认证后，用户将在微信公众号中看到官方认证特有的标识（见图 4-13，账号正文有√表示官方认证）。人们第一眼看到该标识就会产生信任感，从而更愿意关注。当用户在搜索相关关键词时，官方认证的微信公众号会排在更靠前的位置。官方认证后，微信公众号可以获得更丰富的高级接口，向用户提供更有价值的个性化服务。官方认证可以避免各种"山寨版"甚至假冒的微信公众号，个人身份的权威性得到了加强。

（4）修改公众号头像。

修改公众号头像的具体操作步骤如下。

① 进入微信公众平台登录页面，在"登录"处输入用户名和密码，点击"登录"按钮，或者利用手机微信扫描右侧的二维码登录。

② 成功登录后，选择"账号详情"选项，点击"头像"图标。

③ 进入修改头像页面，点击"选择图片"按钮。

④ 在弹出的"选择上传文件"对话框中，选择要上传的头像图片，点击"打开"按钮，头像上传成功。

⑤ 点击"下一步"按钮，确定头像的修改。

⑥ 点击"确定"按钮，成功修改头像。

（5）设置自动回复。

图 4-13 微信公众号认证账号

自动回复分为关键字回复、收到消息回复、被关注回复 3 种类型。运营者可以设定常用的文字、图文、图片或视频作为回复消息，并制定自动回复的规则。当订阅用户的行为符合自动回复规则时，就会收到自动回复的消息。

下面以微信公众号关键词自动回复的设置方法为例进行介绍。

① 进入微信公众号主页，登录微信公众账号。

② 在左侧的功能列表中选择"自动回复"选项。如图4-14所示。

③ 在页面右侧先选择"关键词回复"选项卡，再选择"添加回复"选项。

④ 设置关键词自动回复的规则名称，选择关键词匹配类型，输入关键词。

⑤ 输入自动回复内容，可以是图文消息、文字、图片、音频或视频。选择回复方式，点击"保存"按钮，此时就可以看到规则已经被添加完成。粉丝只要发送关键词就可以

收到自定义回复，如图 4-15 所示。

图 4-14　选择"自动回复"选项

图 4-15　关键词自动回复设置

（6）设置自定义菜单。

① 登录微信公众平台，进入微信公众号主页面，在左侧的功能列表中选择"自定义菜单"选项，如图 4-16 所示。

② 进入自定义菜单设置页面，在"+"按钮处添加菜单，并在右侧对菜单内容进行设置。最多可以添加 3 个一级菜单和 5 个子菜单，如图 4-17 所示。

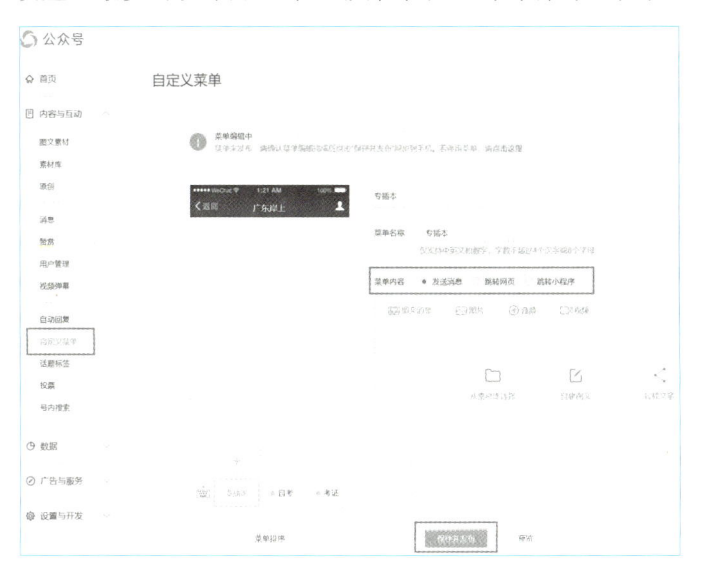

图 4-16　选择"自定义菜单"选项

图 4-17　一级菜单与子菜单设置

③ 输入菜单名称，选择菜单内容。菜单内容可以是发送信息、跳转网页、跳转小程

序，每个分类下面还有图文消息、图片、音频、视频等选项。

④ 选择需要的内容方式，上传图文消息、图片、音频及视频。

⑤ 全部设置完成后，点击"保存并发布"按钮，也可以点击"预览"按钮对菜单进行预览。

二、公众号策划

无论是个人账号还是企业账号，无论是订阅号还是服务号，目的都是服务好用户，黏住用户，通过这些用户为个人或企业创造一定的价值。

一）策划要点

1. 明确的定位

公众号必须有明确的定位，不管我们申请服务号还是订阅号，不管是个体，还是团体。在使用公众号前，一定要有一个明确的定位。比如，如果你是企业，就要推送与产品相关的文章。如果你是个体，就要推送自己擅长领域的文章，如冷笑话，使大家都知道这个公众号中的内容都是冷笑话。这就是定位。如果没有一个定位，今天发笑话，明天发养生，后天发自己擅长领域的文章，这样就没有人看了。

2. 内容是王道

公众号中的内容是王道。最好是推送原创内容，在固定的时间和间隔有规律地进行推送，这样粉丝订阅后看起来才方便。

3. 互动是关键

公众号必须有粉丝互动且一定要和粉丝互动，只有互动才能让粉丝感觉到公众号的人性化与亲切感。互动方法有很多，可以发起调查、话题，或者让关注者回复数字，也可以开展有奖活动，还可以让粉丝投稿等。总之，互动是必须有的。

4. 活动的门槛要低

不管什么样的活动，门槛都不要设得太高，如果门槛过高，就会影响到最终的活动效果。这个门槛有两方面的含义：第一是指活动的目标人群。活动面向的人群越初级越好，因为越是高级用户，用户群越少。而且高级用户，对于活动的热衷度远不如初级用户。第二是指活动规则。规则应该越简单越好，如果规则越复杂，用户的参与度就会越低。每让用户多一步操作，就会流失一部分用户。类似于分享朋友送资源这种活动形式，只要资源对用户管用，无论什么时候都是非常受用户欢迎的，原因就在于活动形式够简单。还有一些公众号，先要让用户分享到几个微信群，再截图送资源，活动效果相对就要差很多。同样是分享，一个是分享到朋友圈，另一个是分享到几个微信群，效果大相径庭。

5. 趣味性要强

活动的趣味性越强越好，只要活动好玩、有趣，参与的人就越多，活动的气氛才能被烘托起来。如果活动活跃且足够有趣，那么在没有奖品的情况下，大家也都会积极参与。比如，一些性格测试、智力测试等。测试并不一定要科学，但一定要有趣，这样才能让用户愿意把活动传播给自己的朋友，只有用户愿意分享，活动的效果才会好。

6. 注意活动的可持续

如果想要放大活动的效果，能够持续地发挥活动的作用，那么最好将活动固定化，如系列活动，一个月一次、一个季度一次或一年一次。经过长时间的积累，活动本身也会成为品牌。对于个人公众号来说，保持可持续性的活动有些难度。但对于企业公众号来说，保持至少一个可持续性的活动是非常有必要的，通过活动达到的品牌传播效果甚至要优于公众号文章和公众号服务本身。

二）公众号运营策划方案

公众号运营策划方案包括公众号包装、内容策划、建立内容素材库、更新排版内容四大模块。下面逐一介绍这四大模块。

1. 公众号包装

定位出公众号的用户及作用（见图4-18），这样就可以有针对性地进行运营操作。比如，用户是一/二线城市的美食爱好者，后期就可以针对这个群体用户的特性来制作内容、策划活动、推荐产品等。

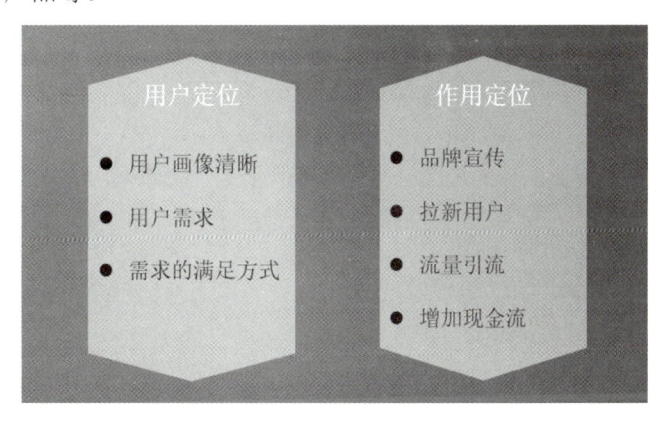

图4-18 用户定位与作用定位

公众号的包装分为头像、公众号名称、公众号简介、公众号LOGO、公众号定位等内容。这几项内容都是专属自己的，如公众号的名称，起个品牌词或"服务词+**"都可以，这样利于用户搜索。

（1）公众号名称——职场小帮手（以此为例）。

（2）公众号简介。

为用户推送图文消息，推送的内容主要为产品信息、趣味活动、职场干货、情绪管理等，引导用户了解产品文化，参与品牌的互动活动，成为用户的职场资讯小助手。

（3）公众号LOGO。要设计一个固定的公众号LOGO，可以让用户对公众号形成品牌意识，只要用户看到这个LOGO就会想到该公众号平台与平台所对应的产品。

（4）公众号定位（用户定位、作用定位）。

用户定位：为职业用户提供职场资讯小助手。

作用定位：成为某品牌宣传、产品对外联系的窗口。

（5）公众号（口号）。

形成一个固化的公众号口号，可以在每篇推送后出现，同样形成品牌文化。

2. 内容策划

内容策划包括选题、素材、排版与更新（见图4-19）。很多企业将公众号做成了产品推广，并且进行硬推，上来就讲产品、参数等，这样会使用户无感，甚至会反感，所以内容策划很重要，这里只介绍内容策划的思路。

阶段一：前期以产品与职场干货内容为主进行科普，可以结合长图文进行推送。主要目标是沉淀自我，积攒优质内容，成为一个有潜力的优质公众号。

阶段二：以采访或约稿的形式，邀请职场大佬做一些有关于职场心得和职场经验的分享。中期利用职场大佬的吸引力不断提高阅读量。

阶段三：邀请用户针对某一个议题进行讨论，形成文字进行发布。后期由 UGC 不断进行输出，进一步提高阅读量。

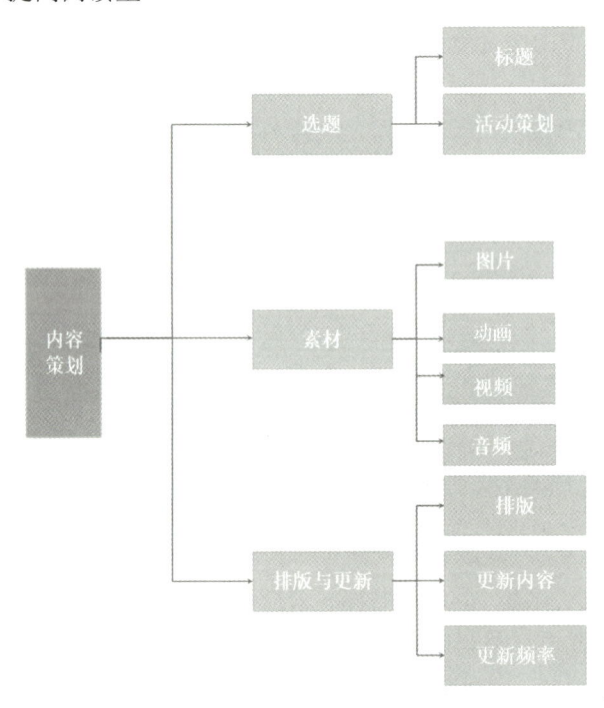

图 4-19　公众号内容策划的主要内容

公众号之所以是常用的新媒体运营工具，主要原因是可以利用活动将用户快速拉新、引流、促活、提高成交量。在活动策划中注意活动的主题、频次、目标、费用、预估效果等。每一次活动策划都应该围绕着活动目标，包括拉新、促进活跃、促进成交量、提升下载量等（见图4-20），在此活动目标下对用户进行具体画像分析，活动策划还需要关注活动预算。

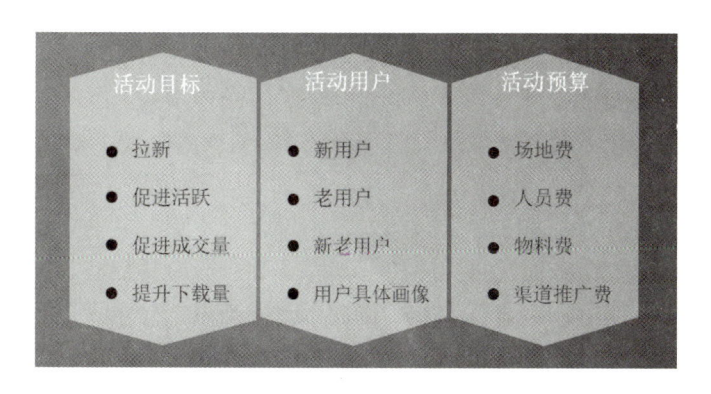

图 4-20 活动策划所涉及的内容

3. 建立内容素材库

建立公众号素材库，为定期更新提供内容支持。

4. 更新排版内容

排版要避免出现大段的文字，如果有，则应该拆分成小段落，这样用户读起来会更舒服。如果手机整屏都是一段文字，则眼睛容易产生疲劳。

关注频率，微信平台系统设定每个公众号每天只能推送一次消息，推送后不能修改。但是这个消息如果是图文内容，则可以一次包含多篇文章。因此就需要通过单次多推的方式，在一天内多推送几篇图文。首先进入微信公众平台，选择"素材库"选项，然后选择需要放在头条（顶部）的图文进行编辑。

新账号应该在每篇文章的开头提醒阅读者关注，在文章的最后要附带公众号或二维码信息。微信的内容可能会被分享到各种地方，附带自己的公众号信息，就增加了一个增粉入口。

三、公众号运营案例——长图汽车站

新锐条漫号——长图汽车站，从 2018 年年底更新第一篇推文，凭借一系列图鉴类内容走红网络，《东北洗浴图鉴》《河北人存在感图鉴》《中国父亲图鉴》等爆文都曾在朋友圈刷屏。虽然到 2019 年 4 月只有 11 篇文章，但是几乎每篇文章的阅读量超过 10 万次；从 2020 年 4 月初，它开始周更，这是该公众号即将进入成长期的标志。其中《100 年前 90 后图鉴》一文在线观看人数超过 7 万人，阅读量约为 500 万次。目前该公众号拥有 450 万个粉丝，平均阅读量约为 50 万次。截止到 2021 年 11 月 20 日，该公众号的每篇文章的阅读量都超过 10 万次，如图 4-21 所示。

这个公众号是怎么运营起来的？为什么这个公众号能火？下面对该公众号进行拆解分析。

一）创意呈现内容

最开始该公众号成立时与市场中常见的"条漫"形式别无二致，但受到《清明上河图》的启发，团队最终确立了"一镜到底"的长卷风格。这种风格的图在描绘群像方面有着天然的优势，选题也多为反映某一群体特征或热点事件。

图 4-21　长图汽车站阅读量案例

以《中国春运图鉴》为例，主题是高铁，很合适用"一镜到底"的长卷形式来展现，无论是春运中拥挤的画面（排队、插队、占座等不文明行为），还是安检员、列车长、新媒体人等不同职业的群体都十分细致，众生百态一览无余。还在后半部分通过温馨的画面（如列车员给家人打电话说："爸、妈，明年春节我一定回家陪你们过年"），引发了不少读者的情感共鸣。在此之后，长图汽车站正式确定了这种"一镜到底"的长卷形式。

二）话题切中社会热点

表 4-4 所示为长图汽车站公众号的话题。

表 4-4　长图汽车站公众号的话题

标题	阅读量/次	点赞量/次
每到年关，我就相信赵本山	2.5 万	564
直播电商行业内幕图鉴	10 万+	1576

续表

标题	阅读量/次	点赞量/次
当代家长都被气笑了图鉴	10万+	1751
100年前的中国图鉴	10万+	2392
养猫VS养狗图鉴	10万+	2462
当代青年越来越秃图鉴	10万+	1953
中国人天赋技能图鉴	10万+	2813

细分一部分人群，抓住这些人群关注的热点问题，使这部分人对文章产生较强的兴趣。比如，针对当代年轻人细分人群，他们关注"秃头"脱发问题；针对家长群体，他们关注教育孩子的问题等。这些细分人群都有自己非常关注的问题，再起一个吸引人的标题，配上非纯文字的表达方式（如漫画+长图），使得热点问题非常具有阅读性。

三）能够引发情感共鸣

该公众号除了抓住了热点，还将网络梗加入图文中，细分群体容易引发人们的荣誉感与共情。比如，《河南人也太太太太太幽默了吧》，通过少林寺功夫传递出让河南人共情的人群荣誉感；《东北洗浴图鉴》玩起了网络梗"没在东北洗过澡，就像不曾在深夜里痛哭过，都不足以谈人生"。网络梗让读者会心一笑，对公众号的内容产生亲近感，也让公众号时髦不落伍。荣誉感会使人在对应的人群分享自己的朋友圈，提高文章的传播性。

四）总结

首先，这个公众号将内容做了选题库，将不同地域的人性特征列入素材，按职业、年龄、爱好等对人群进行细分。

然后，做好选题后寻找内容，在各大平台搜索热词，分析对应的人群最关注的热点问题是什么，将好的热点问题列入内容库。

最后，组织脚本、绘画。通过选题库、内容库，先把素材组织成一条逻辑线，再加上一些网络流行语，完成之后，进行内测、修订、发布。

第三节 微信朋友圈运营

一、微信朋友圈概述

微信营销的本质是关系维护与拓展。用户不仅可以通过朋友圈发表文字和图片，还可以通过其他软件将文章或音乐分享到朋友圈。用户可以对好友新发的照片进行评论或点赞，而其他用户只能观看相同好友的评论或点赞，这就是"圈子文化"的典型表现形式。微信月活跃用户数量约达到11.51亿人，朋友圈日活跃用户数量已经超过7.5亿人。相关数据如图4-22所示。

微信，是一个生活方式

11.51亿人	7.5亿人+	2000万人+	100万人+	2亿人+
微信月活跃	朋友圈日活跃	公众号数量	小程序数量	小程序日活跃
微信月活跃用户数量	微信朋友圈日活跃用户数量	微信公众平台已开通大量优质公众号	微信公众平台小程序数量	微信小程序日活跃用户数量

图 4-22　微信平台模块数据汇总

基于微信朋友圈的营销方式越来越多。微信朋友圈营销是基于熟人或准熟人的强关系模式，主要以朋友圈作为推广平台，潜移默化地影响着朋友圈中的朋友，进一步提高转化率。

微信朋友圈营销的一个关键点是内容营销，它直接决定了客户对你的评价，所以必须提高内容的质量，避免频繁刷屏，并发布一些无意义的活动信息和广告信息。

一）朋友圈营销的展现形式

目前，朋友圈营销的展现形式主要分为文字、图文广告和视频广告 3 种。发布朋友圈非常简单，只需点击"朋友圈"界面中的"相机"按钮，在弹出的下拉列表中选择"拍摄"选项或选择"从手机相册选择"选项，即可发布一个短视频（最长为 30 秒）或 9 张图片。如果想要发布长图或超过 30 秒的视频，就需要点击"我"界面→"收藏"选项→"收藏"界面右上角的"+"按钮。朋友圈除了可以发送长图，还可以在图片中添加一段音乐或一段想说的话。点击"话筒"按钮即可对图片进行录音，如图 4-23 所示。

二）朋友圈广告的形态

微信朋友圈广告是基于微信公众号生态体系，以类似朋友的原创内容形式在用户朋友圈进行展示的原生广告。随着线下广告投入的成本高、效率低，许多企业把广告投入的目标转向了微信朋友圈，因此朋友圈广告投入也是现在比较常见的广告形式之一。

目前，微信会在每人的朋友圈最多推送一条广告，并且根据个人的兴趣点来进行相应的推送，而展现时间一般在几小时内。微信会根据用户对广告的兴趣度（对广告是采取屏蔽还是积极互动）及这条广告的质量度（用户参与互动数量）来对其进行分析，质量度高的广告能获取更多的曝光量，从而达到广告效果的最大化。朋友圈广告分为图文广告和视频广告两种类型。

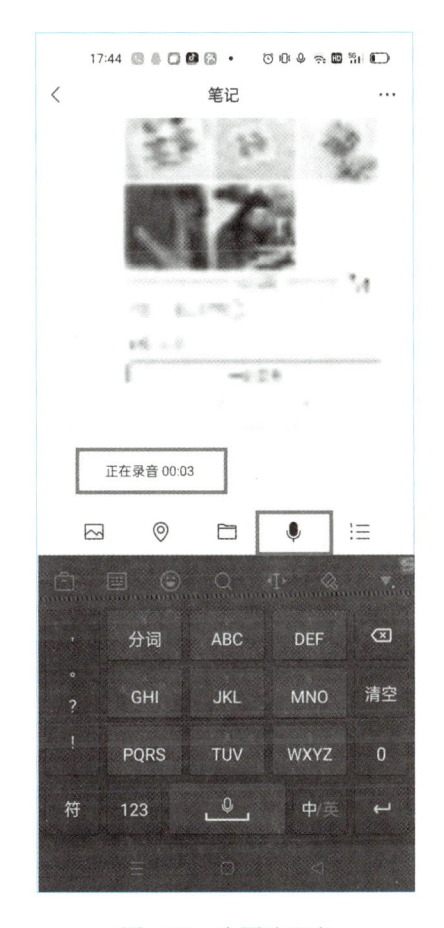

图 4-23 为图片配音

一条好的广告，无非是在正确的时间和地点把正确的内容投放给正确的人看，而广告的影响因素是在创意（正确的内容）与定向（正确的地点与寻找到正确的人群）方面产生的广告数据，就是我们分析用户喜好的基础与方向，根据数据对广告计划进行相应的调整与优化。在朋友圈广告中，比较重要的两个数据分别为详情查看率与图片点击率。

详情查看率=详情查看量/总曝光量（反映广告文案对用户的吸引度）

图片点击率=原生推广页查看量/总曝光量（反映图片对用户的吸引度）

下面详细介绍朋友圈广告开户投放流程。

1. 朋友圈广告开户的条件

（1）不同的经营类目要求不一致，一些敏感的产品会受到限制。

（2）要求有一个已经认证的公众号或订阅号、服务号。

朋友圈广告投放的第一步就是注册公众号，当注册公众号时，选择以企业为主体的公众号。朋友圈广告投放需要在认证的公众号后台开通广告主，所以没有公众号或个人的公众号不能投放朋友圈广告，如图 4-24 所示。

认证完成之后在公众号平台官网的"广告与服务"模块开通广告主，即可开通广告，如图 4-25 所示。

图 4-24　朋友圈广告开通条件之微信认证

图 4-25　朋友圈广告开户入口

2. 广告形态

（1）图文广告。

图文广告又被称为"常规式图文广告"。采用常规式图文广告投放一条广告，就像发一条朋友圈。如同朋友圈好友动态的形态，制作简洁，文案、图片、视频、链接灵活自由配置，提供多样的展示形式，满足个性化的创意表达，支持全类目推广目标，如图 4-26 所示。

（2）视频广告。

视频广告又被称为"常规式视频广告"。常规式视频广告可包含门店标识，支持本地推广类目能力。图 4-27 所示为常规式视频广告。常规式图文广告与常规式视频广告的特点是都采用了与用户朋友圈信息流完全一致的经典样式。简洁明了，可供商家便捷、高效地展示品牌形象。

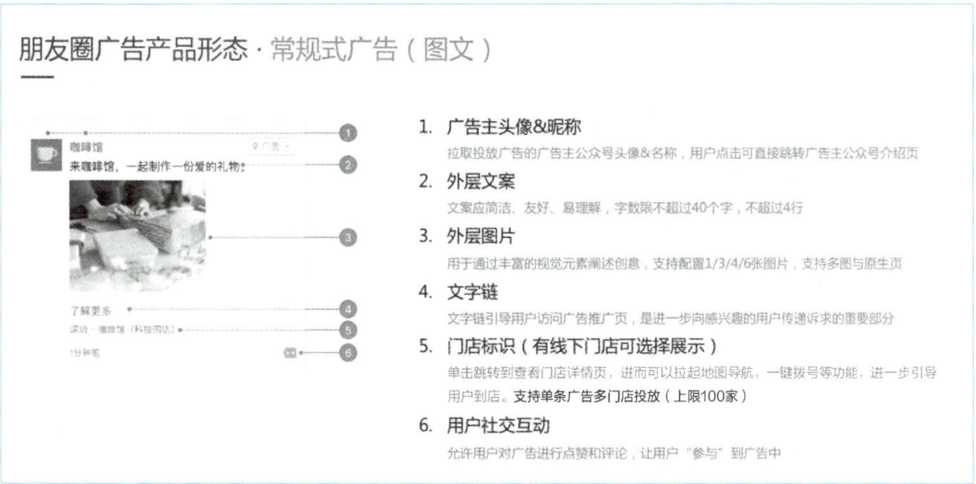

图 4-26 常规式图文广告

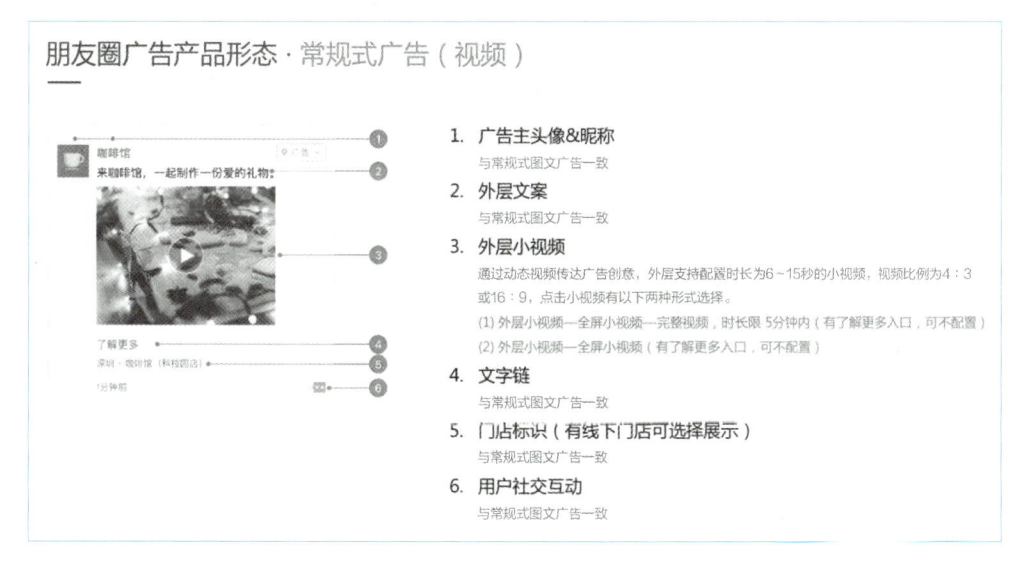

图 4-27 常规式视频广告

（3）基础式卡片广告。

基础式卡片广告由多种组件自由组合，提升广告灵活度，精准吸引感兴趣的用户。点击灰色卡片区域可直接跳转至原生推广页、小程序或自定义 H5，最大化满足商家的创意需求，助力每一个创意都能够现实。如图 4-28 所示，该种广告的特点是行动按钮、标签、卖点图等多种基础组件可进行灵活组合。倒计时、直播内容轮播等行业组件，适配各种行业性推广。

（4）选择式卡片广告。

一条广告，两套创意。双"键"合璧，吸引全民参与。用户根据喜好进入不同创意落地页，丰富产品展示的同时满足了用户个性表达的需求，更容易激发社交传播。选择式卡片广告的创意门槛高，左右按钮两套创意素材需要有明确的对比感和清晰的信息表达，如图 4-29 所示。

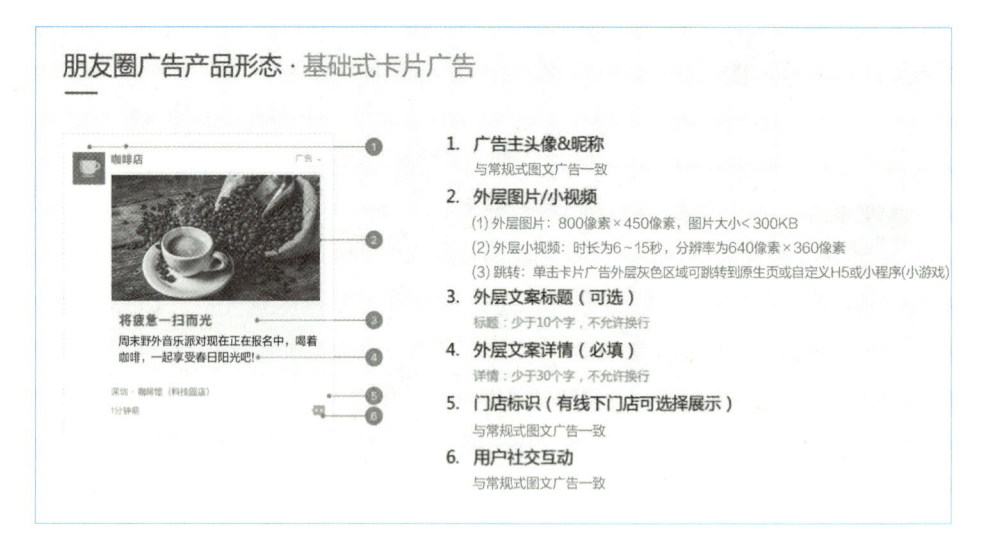

图 4-28　基础式卡片广告

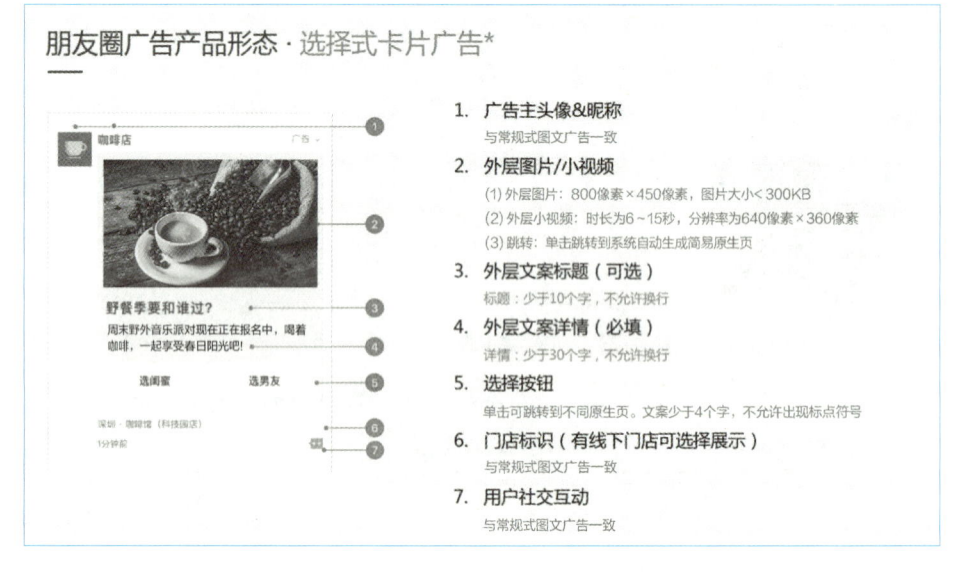

图 4-29　选择式卡片广告

（5）标签式卡片广告。

标签式卡片广告利用标签外显关键信息，精准吸引感兴趣的用户。该广告的特点是具有丰富的行业标签，快速传递广告卖点。统一的展示形态具有官方感，增强可信度，如图 4-30 所示。

（6）全幅式卡片广告。

从图 4-31 可看到，全幅式卡片广告的尺寸更大，更吸引用户。采用更大的视觉尺寸，帮助商家讲述品牌故事。在移动时代，采用全幅式卡片广告可提升用户的沉浸体验感。

（7）全景式卡片广告。

全景即 360°沉浸体验，全方位展现推广产品。该形态的广告提供了创新互动形式，用户转动手机可以 360°了解产品。右上角全景标识可凸显广告的特殊性，如图 4-32 所示。

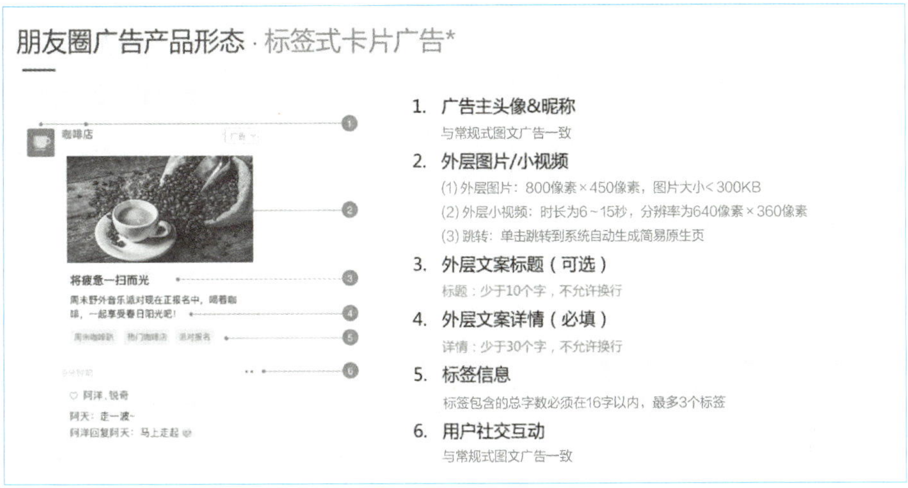

朋友圈广告产品形态·标签式卡片广告*

1. 广告主头像&昵称
   与常规式图文广告一致
2. 外层图片/小视频
   (1) 外层图片：800像素×450像素，图片大小＜300KB
   (2) 外层小视频：时长为6～15秒，分辨率为640像素×360像素
   (3) 跳转：单击跳转到系统自动生成简易原生页
3. 外层文案标题（可选）
   标题：少于10个字，不允许换行
4. 外层文案详情（必填）
   详情：少于30个字，不允许换行
5. 标签信息
   标签包含的总字数必须在16字以内，最多3个标签
6. 用户社交互动
   与常规式图文广告一致

图 4-30　标签式卡片广告

朋友圈广告产品形态·全幅式卡片广告*

1. 广告主头像&昵称
   与常规式图文广告一致
2. 外层小视频
   外层小视频：时长为6～15秒，分辨率为960像素×720像素
   跳转：单击跳转到顶部是全屏竖版视频的原生推广页
3. 外层文案标题（必填）
   标题：少于10个字，不允许换行
4. 外层文案详情（必填）
   详情：少于14个字，不允许换行
5. 门店标识（有线下门店可选择展示）
   与常规式图文广告一致
6. 用户社交互动
   与常规式图文广告一致

图 4-31　全幅式卡片广告

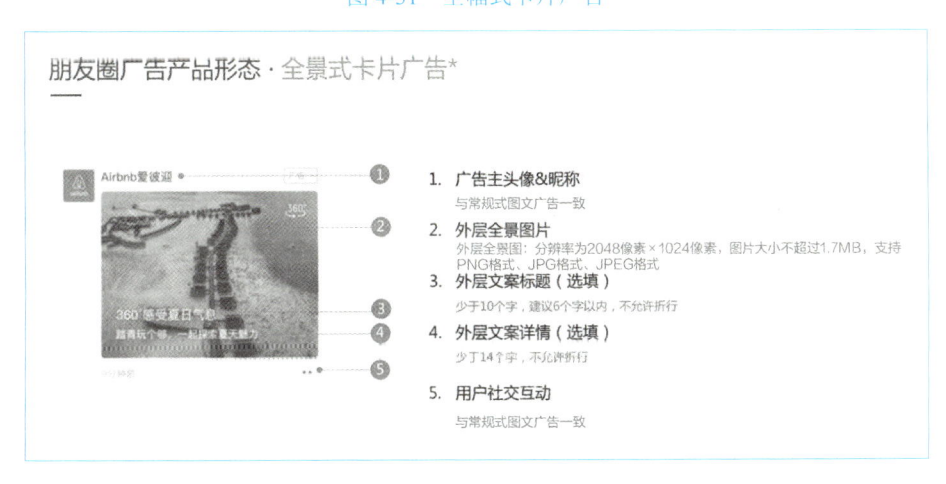

朋友圈广告产品形态·全景式卡片广告*

1. 广告主头像&昵称
   与常规式图文广告一致
2. 外层全景图片
   外层全景图：分辨率为2048像素×1024像素，图片大小不超过1.7MB，支持PNG格式、JPG格式、JPEG格式
3. 外层文案标题（选填）
   少于10个字，建议6个字以内，不允许折行
4. 外层文案详情（选填）
   少于14个字，不允许折行
5. 用户社交互动
   与常规式图文广告一致

图 4-32　全景式卡片广告

（8）视频轻互动广告。

全新的"长按"互动和朋友圈的氛围动效，使用户发现品牌彩蛋惊喜，感受品牌的爱意。该互动广告的特点是可贴合品牌故事设置长按互动，触发视频隐藏情节。用户在长按时，可触发品牌氛围动效，仅支持视频类型素材。图4-33所示为视频轻互动广告。

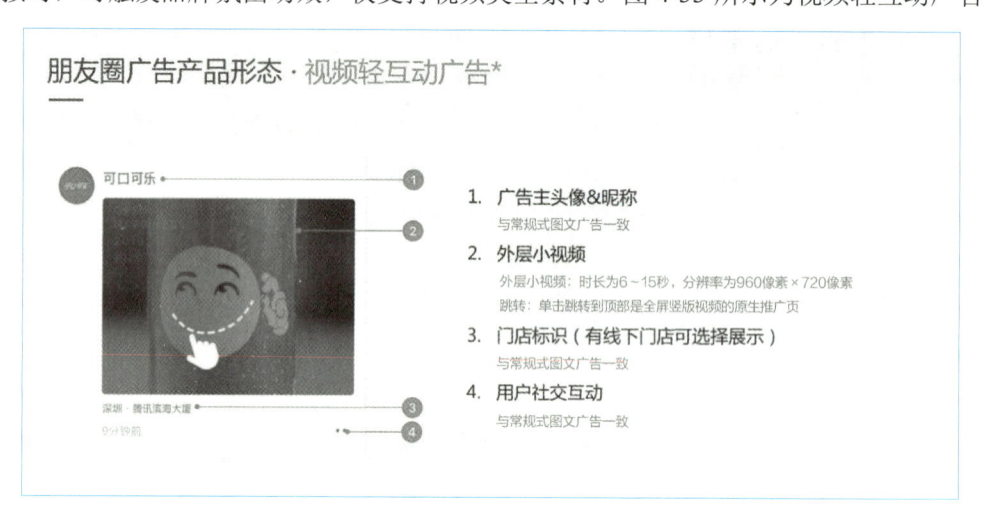

图 4-33　视频轻互动广告

（9）@广告主互动。

这种朋友圈广告的展现形态为：当用户有一些疑问时可以直接与广告主互动，极大地提高了广告的转化率，如图4-34所示。

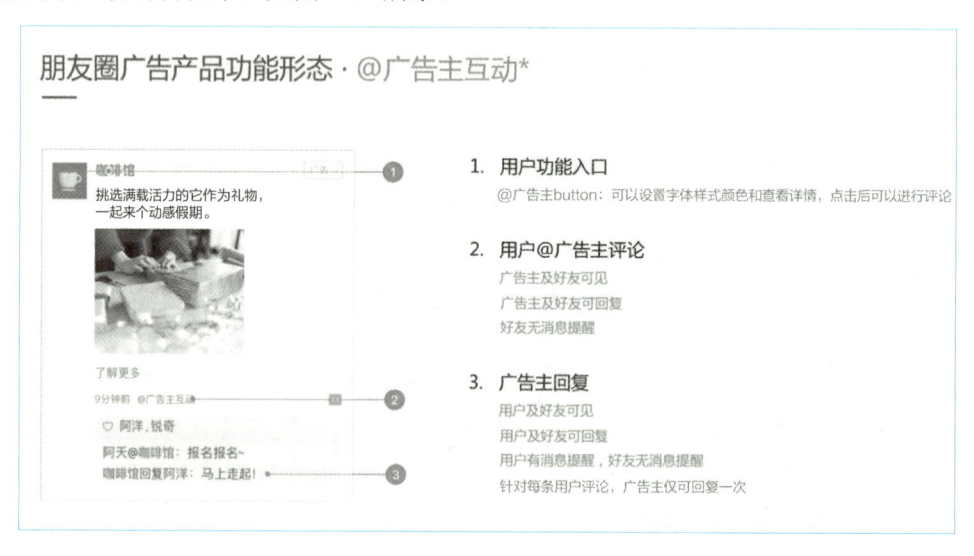

图 4-34　@广告主互动

（10）@好友评论互动。

这种广告的功能形态充分利用了朋友圈的好友功能，提升朋友圈裂变功能，好友之间可以分享好的产品，如图4-35所示。

图 4-35　@好友评论互动

（11）明星品牌合作式广告。

明星品牌合作式广告充分利用了粉丝经济，粉丝带货，这种广告形态主要是一些大品牌、大型企业，其门槛较高。

三）广告投放流程

朋友圈的广告投放在微信公众号平台，公众号认证通过后，即可开通广告主的功能。朋友圈广告的功能多样，可以推广品牌活动、推广我的门店、推广我的商品、推广我的应用、派发优惠券、推广公众号、收集销售线索、推广小游戏，如图 4-36 所示。

图 4-36　朋友圈广告的功能

一个完整的投放计划由投放计划信息、对应的广告设置（如投放时间、人群定向）和广告创意组成。

1. 创建投放计划

创建投放计划包括选择推广目标、选择投放位置、选择购买方式、命名投放计划，如图 4-37 所示。

选择推广目标：明确广告投放的营销目标，选择正确的推广目标，从而可以使用微信广告针对不同目标提供投放解决方案。目前微信广告提供了 8 种推广目标，分别为：推广品牌活动、推广我的门店、推广我的商品、推广我的应用、派发优惠券、推广公众号、收集销售线索、推广小游戏。

图 4-37　创建投放计划

选择投放位置：希望展现广告的位置。目前，微信广告提供按广告位投放和按形态投放两种方式。按广告位投放支持 8 个广告位，分别为朋友圈信息流、公众号文章底部、公众号文章中部、公众号互选广告、公众号文章视频贴片、小程序 banner 广告、激励式广告、小程序插屏广告，如图 4-38 所示。

图 4-38　朋友圈广告 8 个投放位置

按形态投放支持 4 个形态，分别为展示 banner 图片、优雅横版大图、沉浸式横版视频、横版聚合格子。

选择购买方式：广告主可根据实际情况，选择合适的购买方式。不同广告位对应不同的购买方式和售卖策略。广告主要有竞价购买广告和合约购买广告两种方式。竞价购买广告是指通过调整广告曝光单价和设计优质广告创意，与其他客户竞争广告展现机会，根据广告表现最大限度地提升广告效果。合约购买广告是一种保价、保量的合约购买方式，要提前 1~28 天锁定曝光量，同时提前冻结账户中所预订排期的账户金额。通过合约购买广告方式购买的朋友圈图文广告，单次投放最低预算为 5 万元，曝光单价由广告投放地域决定。竞价购买广告方式最为常见，便于广告主灵活调整广告设置，从而达到不断优化广告的投放效果。提前选择投放的目标人群（不保量）及投放日期，广告主对于广告的效果先做出一个评判，再给出一个价格，与其他广告主通过实时竞价的方式获取广告曝光量。

命名投放计划：在投放计划名称旁边输入自定义投放计划名称，或者使用系统默认的名称。

2. 设置广告

设置广告包括选择广告定向投放人群、设置广告投放时间、设置广告预算出价及命名广告。

选择广告定向投放人群：可以按照地域、性别、年龄、兴趣等标签选择定向投放广告的人群；也可以自定义人群，上传自定义的人群包。

设置广告投放时间：控制广告投放时间，与广告计划设置的购买方式有关，在按曝光排期购买、按点击竞价购买、按曝光竞价购买 3 种模式下，对应不同的广告投放时间控制策略。

设置广告预算出价：朋友圈信息流广告位和公众号文章视频贴片广告位支持曝光竞价购买，公众号文章底部广告支持曝光竞价/曝光排期/点击竞价购买，互选广告按单篇文章购买，公众号文章中部广告支持曝光排期/点击竞价购买，小程序 banner 广告支持点击竞价购买，激励式广告和小程序插屏广告按曝光竞价购买。

朋友圈信息流广告位，电商推广广告（推广目标为推广我的商品）仅支持按曝光竞价购买。除电商推广广告外，其他朋友圈图文广告/视频广告均支持排期购买和竞价购买。

下面按曝光竞价的广告来了解一下其出价情况。目前，朋友圈信息流、公众号文章底部、公众号文章视频贴片、激励式广告、小程序插屏广告 5 个广告位都支持按曝光竞价购买，详细售卖情况如表 4-5 所示。

表 4-5 微信曝光竞价收费情况表

广告位	售卖门槛	竞价范围	排期时间范围
朋友圈信息流	每日广告预算 50 元起	按千次曝光出价，出价范围为 1.5~999 元/千次曝光	投放开始时间：最早开始时间当日 投放持续时间：0.5 小时~60 天
公众号文章底部	每日广告预算 50 元起	视频按千次曝光出价，出价范围为 1.5~999 元/千次曝光	投放开始时间：最早开始时间当日 投放持续时间：0.5 小时~不限

续表

广告位	售卖门槛	竞价范围	排期时间范围
公众号文章视频贴片	每日广告预算 50 元起	按千次曝光出价，出价范围为 1.5～999 元/千次曝光	投放开始时间：最早开始时间当日 投放持续时间：0.5 小时～不限
激励式广告	每日广告预算 50 元起	按千次曝光出价，出价范围为 1.5～999 元/千次曝光	投放开始时间：最早开始时间当日 投放持续时间：0.5 小时～不限
小程序插屏广告	每日广告预算 50 元起	按千次曝光出价，出价范围为 1.5～999 元/千次曝光	投放开始时间：最早开始时间当日 投放持续时间：0.5 小时～不限

命名广告：在对广告进行命名时，广告名称支持输入自定义名称或使用系统默认的名称。

3. 设置创意与预览并提交审核

选择广告样式，并填写广告样式对应所需的内容。不同广告位所需填写的信息有所差异。设置完成后，进行广告预览；预览无误后，提交广告计划进入审核；审核通过后，即可按相应投放设置上线广告，如图 4-39 所示。

图 4-39　广告计划完成并进行预览

二、微信朋友圈营销案例

（一）和平精英推广品牌活动案例

1. 品牌介绍

《和平精英》由腾讯光子工作室群采用虚幻 4 引擎研发，超大实景地图打造指尖战场，全方面自由施展战术。百人同场竞技，真实弹道，为玩家全方位打造出极具真实感的军事竞赛体验手游。

2. 营销目标

竞技手游《和平精英》朋友圈投放营销目标主要宣布与特斯拉的跨界合作，特斯拉多款车型将登录该手游。广告创意主题为"超越时空探险",广告样式上选取长按互动卡片广告,带领用户开启探险之旅,引发用户参与互动。而用户在长按时,动态氛围图散落满屏汽车,再次突出特斯拉汽车。广告落地页中创意视频H5展示出"不敢"犹豫或迟疑的玩家,化身和平特种兵驾驶特斯拉新能源汽车,"闯入"精英战场勇敢尝试。智勇双全的人物与高科技的完美结合设计,希望带给用户无限的想象和力量,吸引更多用户加入游戏中,提升品牌曝光度,扩大品牌宣传力度。

3. 投放方案

表4-6所示为《和平精英》微信朋友圈广告投放方案。

表4-6 《和平精英》微信朋友圈广告投放方案

推广目标	推广品牌活动
投放位置	投放单个广告位
购买方式	排期购买(提前预定未来目标人群的广告展现机会,冻结对应广告金额,最终按照实际曝光情况结算广告费用)
投放时间	2021-07-17～2021-07-18
广告位	朋友圈广告(单次广告投放预算5万元起,按千次曝光定价,由投放地域和广告创意外层媒体类型共同决定)
广告样式	长按式卡片
点击跳转	自定义链接

4. 投放效果

《和平精英》与特斯拉的跨界合作,借用朋友圈长按广告样式,全幅视频呈现出在和平精英战场中特斯拉Cybertruck和ROadster一起并肩作战,长按互动带领用户进入"超越时空探险",完美突出推广主题。长按后进入炫酷的时空隧道,搭配彩蛋页跳转和平精英战场,H5完美展示英勇善战的战士开启一个装载特斯拉汽车的空投,进行一场反恐捍卫战。完美地呈现出双品牌联动,以及实现了品牌科技感及打造潮酷形象,高效助力双方品牌再次出圈。总互动点击率、点赞率和评论率均高于行业均值。

二)易选房收集销售线索案例

1. 品牌介绍

万科企业股份有限公司成立于1984年,经过30多年的发展,已成为国内领先的房地产公司,公司业务聚焦全国经济最具活力的三大经济圈及中西部重点城市。易选房是万科官方线上购房服务平台,该平台致力于为大家提供真房源、真价格、真优惠。

2. 营销目标

收集销售线索的目标为用户了解商家业务提供便利,同时高效收集意向客户商机,开发潜在客户。

易选房为了推广珠海万科臻湾府的项目,结合微信广告常住地定向功能,打点到更临近珠海地区的深圳市,并使用自动扩量不突破地域功能与综合销售线索智能优化目标,对投放广告系统进行智能优化,更精准触达高转化率的用户,为珠海万科臻湾府收集更多潜在用户。

3. 投放方案

表 4-7 所示为易选房朋友圈广告投放方案。

表 4-7　易选房朋友圈广告投放方案

推广目标	收集销售线索
投放位置	投放单个广告位
购买方式	竞价购买
投放时间	2021-10-12～长期
广告位	朋友圈广告(单次广告投放预算 5 万元起,按千次曝光定价,由投放地域和广告创意外层媒体类型共同决定)
广告样式	常规式广告
点击跳转	原生推广页

4. 投放效果

易选房在投放策略上,开启自动拓量但不突破地域功能,希望系统主动寻找符合优化目标和出价要求的目标用户,在保持广告原有的转化质量下,拓展更多的目标用户。

在落地页中,结合微信广告原生落地页独有的功能,使用一键填写功能快速拉取有意向用户的手机号,以及使用企业微信按钮组件与悬浮组件,点击直接跳转企业微信客服名片,两步即可添加企业微信客服,有助于客服 1V1 专业对接用户,利于长效运营。

最终效果点赞率高于行业均值,添加企业微信客服成本低于行业均值,转化率高于行业均值。

实训　微信营销

实训目的

(1)了解微信营销,掌握微信营销进行商业信息传递的方法,理解微信营销对提高产品关注度的作用。

(2)了解微信的常用功能,并能根据微信的功能掌握微信常见的营销方式。

(3)掌握微信公众号的注册、维护和运营方法。

(4)掌握微信公众号的群发功能、自动回复、自定义菜单、素材管理、用户管理、消息管理,合理规划微信营销内容。

(5)掌握使用个人微信号与公众微信号相结合的方法进行营销宣传。

实训要求

(1)分组进行:每 3～5 个人一组,选出一名组长(组内成员中注明)。

(2)作业形式:实训报告以小组为单位提交,最后一页要说明组内每个成员的具体工作任务。

实训所需仪器、设备

使用手机连接互联网。

实训内容

情景：圣诞节即将来临，某品牌的天猫商家想要给已有的老客户和潜在客户发送一份促销广告文案，进行一次微信营销。告诉这些老客户和潜在客户，天猫商家要在圣诞节举办大型的产品促销活动。活动时间长，促销力度大，望广大客户抓住时机。

（1）为以上情景设计微信营销方案或自选主题，写出对应的营销广告文案。要求微信内容文笔通顺，能吸引客户，能很好地推广信息并传递给客户。微信标题内容尽可能引起收件人的兴趣，体现出品牌或产品信息，含有丰富的关键词，不宜过于简单或过于复杂（要求图文并茂）。

（2）利用微信的"朋友圈"和"漂流瓶"把营销广告文案信息传递出去，提高其产品或品牌的关注度（要求截图证明）。

（3）以小组为单位，注册微信公众号（注册订阅号）（要求截图证明）。

（4）将策划好的营销广告文案编辑到微信公众号素材管理中，素材内容审核无误后向粉丝群发送营销内容。

（5）根据设计的营销广告文案，规划好自动回复（被添加自动回复、消息自动回复、关键词自动回复）和基本功能模块。

（6）设置自定义菜单将营销广告文案推送给粉丝群（要求截图证明）。

（7）小组成员在自己的朋友圈转发公众号群发的内容，可以开展集赞等活动（要求截图证明）。

第五章

社群运营

第一节 社群概述

2014年年末，小米通过创建社群开展社群营销，这一成功案例让更多人意识到社群经济的可行性。2015年，知识社群、创业社群、商业社群、亲子社群、校友社群等细分社群大量涌现。因此，这一年被称为"社群元年"。社群的野蛮生长经历了一个阶段的探索，现在迎来了有序的社群时代。

一、什么是社群

1. 了解社群

马斯洛的需求层次理论指出人类是有社交需求的。社群满足了人类对于社交的需求，社群是一群有相互关系的人形成的网络，其中人和人要产生交叉的关系和深入的情感链接。他们基于相同的爱好或需求，在一起分享信息、传递信息，共同做一件事，这群人的集合被称为"社群"。

随着互联网的快速发展与普及，人与人的关系打破了地域的局限。我们通过互联网接触到了各种各样的人，逐渐形成了自己的人脉网络，而这些人脉网络对于每个人来说，有些只是点头之交，有些只是业务关联，有些只是某种情谊关系。要想形成社群，就需要人与人之间的关系有更深度的链接，即同频链接，只有产生了同频链接才能有共同的价值理念，关系才能更能长久。这种关系要通过某个媒介的链接得到实现，如微信群就是一个容纳网络社群的媒介载体工具，QQ、陌陌等社交软件也可以成为媒介载体工具，其他很多直播软件也提供了群员集合的功能。所以有很多微信群，只是设置了一个助手，每天发送广告、文章与红包，连接率度很低，准确来说，他们只是通过微信这个社交工具集合在一起的群，并不是真正的社群。就像给自己贴标签为"吃货"的人有千千万万，他们是一个社群吗？答案是他们都不是社群。要想形成社群，还要具备诸多要素。

社群一定是一群人的连接，在连接人的过程中，通过有温度的内容、有价值的产品、有意义的活动、统一的价值观、共同的社群目标及全体群成员的共同利益，基于各种亚文化和互利机制、合作模式等手段，进一步让一群志同道合的人深度聚合和连接。

2. 社群的前提

社群是企业与用户建立连接比较快捷、经济的渠道，也是企业进行口碑传播、收集用户需求、提高用户忠诚度的有效方式，还可以通过社群销售产品、让用户参与研发。但是在创建社群前，要先对社群定位，明确提供什么价值，进而才能决定社群的优势与特点，才能吸引种子用户的加入。社群成员以内容为核心，拥有统一的价值观，具有强烈的身份认同和归属感，通过去中心化的社交和网络服务的方式，形成一个强链接关系的社交部落，并彼此建立圈层化互动和体验，从共享和体验中互利，每个人在社群中既是一个内容的贡献者，也是一个获得者。

社群的创建要建立在用户一致的需求上。用户的需求分为 3 类：文化需求、情感需求及理性需求，如图 5-1 所示。

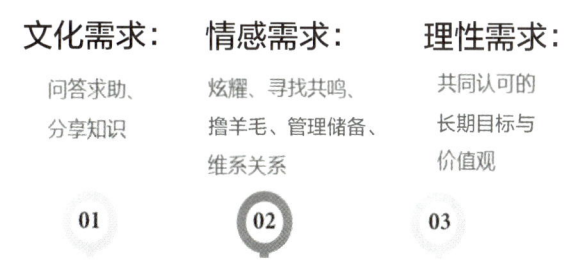

图 5-1　用户需求的分类

3. 社群的 5 个要素

社群的要素包含了 5 个方面，如图 5-2 所示。

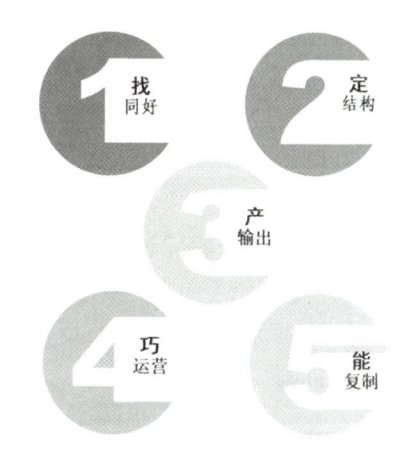

图 5-2　社群的 5 个要素

（1）同好。

在互联网时代，物以类聚，人以群分。相同的爱好是社群存在的前提，同好就是一群人对某种事物的共同认可或行为，它是社群构成的第一要素，组织社群一定要让进来的人知道他们因何进入这个社群。它可以基于一种兴趣爱好，如读书交流等；可以基于某一个产品，如平板、耳机等；可以基于某一个行为，如爱户外运动、爱玩游戏等；可以基于某一个标签，如八卦、购物等；可以基于某一个空间，如小区的业主等；可以基于某一种情感，如校友会等；也可以基于某一个三观，如"有种、有趣、有料"的"罗辑思维"。

同好越精准越好，如果范围太大，很容易导致人群定位不清晰。有了同好的基础，社群存活的时间才能更加长久，社群成员才会有大的情感慰藉、大的互动快乐，从中实现利益。

（2）结构。

社群构成的第二要素是结构，它决定了社群的存活时间。很多社群之所以很快走向沉寂，是因为最初就没有对社群的结构进行有效规划。这个结构包括组成成员、交流平台、加入原则、管理规范。这四个组成结构做得越好，社群的存活时间就越长。

① 组成成员：发现、号召那些有"同好"的人抱团形成金字塔或环形结构。最初的种子成员对社群的发展起到了很大的作用。

② 交流平台：找到成员后，需要将一个聚集地作为日常交流的载体，目前常见的有QQ、微信等。

③ 加入原则：当有了种子成员，也创建好载体平台后，通过吸粉运营，就会有更多的成员加入。成员加入需要一定的筛选机制作为门槛，确保社群的质量。

首先，在召集原始成员时，都要先私聊，确定都愿意为了社群而贡献自己的力量，如成为管理员承担管理责任。

其次，设置进群门槛，一方面保证社群质量，在运营时你会非常上心；另一方面就会让加入的成员都觉得这个群不错，愿意珍惜在群里的机会。

最后，要建立群规，并严格执行群规。无规矩不成方圆，社群有群规，不遵守群规的人，一定要将其剔除，并不得再让其进群。群规可以根据社群情况随时更新完善。

④ 管理规范：当成员越来越多后就必须加强管理，否则大量的广告与灌水行为会让很多成员选择将其屏蔽。所以，不仅要设立管理员，还要不断完善群规。

通常社群结构可以"中心化"和"去中心化"。中心化社群以早期的"罗辑思维"为例，整个社群以创始人罗振宇为核心进行搭建。"007不出局"是典型的"去中心化"社群，该社群设置了一定的门槛费，设置门槛的好处是可以确保入群的成员都有意愿改变自己，确保统一的价值观。在"007不出局"社群的结构设计上，一个班级由77个人组成，班长是表现优秀的老成员，每月还有值月生承担班级管理工作，另外组长管理8个组员，值月生和组长可以作为将来新班级班长储备。

（3）输出。

社群构成的第三要素是输出，它决定了社群的价值。所有的社群在成立之初往往都有一定的活跃度。如果社群不能持续提供价值，活跃度就会慢慢下降，最后成为广告群或死群。没有足够价值的社群迟早会成为"鸡肋"，而群主和群成员就会选择退群或解散群，也会有一些人再去加入一个新的"好"群或选择创建一个新群。社群必须要有稳定的输出，有输出才能向更多人传递社群的价值观，输出方式可以是PGC（视频网站）或

UGC（用户原创内容）。内容输出质量可以通过迭代来逐步提升，但是输出稳定性是前提保证。常见的输出形式除了线上的图文、音频、视频，还有线下的读书会和分享会活动等。"输出"还要衡量群员的输出成果，全员开花才是社群。输出平台有微信、微博、知乎、喜马拉雅、优酷、爱奇艺等。通常社群会关联不同的自媒体进行运营，即"媒体矩阵"，但是通过运营最终还是会将用户沉淀至微博、公众号或微信群。

（4）运营。

运营决定了社群的寿命。通常一个微信群有 3 个月的生命周期，超过 3 个月不运营，社群就会面临死亡的危机。一般来说，如果想要社群的生命周期长一些，那么群主和管理员，需要持续给成员建立"四感"，即"仪式感""参与感""组织感""归属感"。

仪式感会让成员感觉到被重视，被在乎。仪式感的表现包括加入群要通过申请，入群后要接受群规，行为有奖惩，确保社群规范。参与感表现为通过有组织的讨论、分享，确保群内有话题分享、有事做，群员有收获。组织感表现为建立群内义工，多层管理，或者对某主题事物进行分工、协作、执行等，保证社群的组织活力。归属感表现为通过线上与线下的互助、活动等，传递社群的价值观，不断提升社群凝聚力。

（5）复制。

复制决定了社群的规模，如果一个社群能够复制多个平行社群，就能通过标准化的运营模式来管理多个社群。一个人就可以管理几万人、几十万人，甚至更多人，会形成巨大的规模。但是想要复制社群，首先要明白社群的定位。不是所有社群都适合长期运营，有些社群只适合阶段性的短期存在（如小白体验营、快闪群、某些课程考试交流群等）。适合长期存在的社群，用户画像和社群主题都是非常清晰的，做好长期的规划，并及时了解僵尸用户，添加新鲜血液，这样社群的生命周期才能长久。然后要明白复制的目的，复制的目的往往有两种：一种是培养种子用户，使其不断裂变；另一种是精准服务老用户，以老带新。目的不同，复制运营方式也不同。最后，还要根据自身社群管理团队的规模和实力，不要盲目扩张，否则服务质量跟不上，社群群友体验不好，也容易流失用户。

复制社群需要社群提前做好相应的准备，如组织准备与财务准备。具备充足的人力、物力、财力，规模越人，需要的管理费用就越多。

还要有自己的核心群，引导社群往良性方向发展。最重要的是社群已经形成了自己的亚文化，这都是社群生命力的核心。比如，"罗辑思维"社群的核心价值观就是认同罗振宇的观念。

社群复制有 3 种模式。第一种是"俱乐部制"模式。社群就像线下的俱乐部一样，在一开始就约定好了起止时间和主要服务内容，到期后可以续费。并且每一期的内容都在上一期的基础上进行创新。这种模式随着时间不断深化内容。第二种是"加盟店制"模式。这是说社群有了口碑之后就在全国范围内建立多个分社，快速扩大。这种模式随着时间不断扩展规模。第三种是"旗舰店制"模式。这种模式不追求扩大规模，而是找对一批人之后，长期联系，不断向成员提供需要的新的产品和服务。

罗振宇的"罗辑思维"

"您不是嫌读书烦吗，这种苦事我来干，我替您读，读完了我给您讲，您玩您的游戏，给我一只耳朵就行。"这是罗振宇创建"罗辑思维"的初衷。他看到了人们在互联网时代碎片化的时间阅读状态下对求知的新的方式的需求。罗振宇曾担任中央电视台（以下简称"央视"）《对话》《经济与法》等节目制片人，从央视辞职后，他开始寻求出路。

罗振宇在央视做节目的时候认识了曾经担任《创业家》杂志主编的申音，两个人一拍即合，高调跨入自媒体这道门。罗振宇负责内容生产，申音负责外围营销。

2012年12月21日，"罗辑思维"问世。关注的人每天早上打开微信都会听到一个60秒的语音资讯，365天从未间断。用户每周五能在优酷上看到一期罗振宇主讲的视频，每次大概讲四五十分钟，反响极好。就这样"罗辑思维"创办起来，包括微信语音、视频、线下读书会等具体互动形式，内容涵盖故事、科学、文化、历史，甚至心灵鸡汤，可以说包罗万象。

罗振宇将自己社群输出的内容定义为"有种、有料、有趣"，将各种信息筛选之后发送给用户，满足了很多用户阅读的核心痛点——在互联网碎片化时代，如何从海量的信息中筛选出想要阅读的内容？罗振宇通过精心挑选内容，结合美国未来学家凯文·凯利的"一千个铁杆粉丝"理论，即任何艺术家拥有1000个铁杆粉丝便能糊口，在这里，铁杆粉丝是指无论你创造出什么作品，他都愿意付费购买。罗振宇挑选信息，经过加工后发送给用户，并对输出的内容不接受批评。

"罗辑思维"脱口秀主打产品是脱口秀，在优酷和网易平台上播出，每期的平均点击量在116万次左右，视频中罗振宇分享个人的读书心得，畅游古今，点评当下。其微信订阅号构建了一个庞大的知识型社群。除了每天发送一条60秒语音消息，还会推送有偿书目，平台上还设置了会员互动专区、领嫁妆和"会来事"、微商城板块。此外，"罗辑思维"充分利用现有资源制作延伸产品——图书和微刊，达到资源利用的最大化。2013年8月9日和12月29日，"罗辑思维"通过两次售卖会员资格，实现了"罗辑思维"最初的变现。

"罗辑思维"是一个凝聚力非常强的知识型社群，成员大多以年轻人为主，并且具有高学历。他们认同"罗辑思维""死磕自己，愉悦大家"的理念，喜爱"有种、有趣、有料"话题。面对这样一个有知识、有追求的知识型群体，罗振宇将社群中每个人对知识的渴望发展成像粉丝面对偶像的狂热，利用社群内外的深度互动，逐渐形成知名的知识型社群品牌。

2015年被称为"知识付费的元年"。罗振宇是第一批实践者与受益者，并把自己的讲台搬到了App，还邀请了很多大咖加入讲书的队伍。此时"罗辑思维"变成了一个平台的引流端口。

二、社群的类型

1. 消费型社群

以团购、秒杀、送券等福利组建社群的核心目的是购物消费。比如，淘客优惠券群、社区团购群、花小猪打车群、瑞幸咖啡门店群。这些群有一个共同的特征，即用户都是消费者，目的是领取福利和消费。这类社群的消费意愿极强，而且社群最大的吸引力就是优惠力度。而这样的社群，用户与用户之间大部分没必要产生任何联系，好比大家都要去商场买东西，人虽然聚在一起，但没必要认识，也很难互动。这类社群的唯一考核指标是领福利到消费的数据。该社群中是否有聊天不是必须关注的事项。用户不是冲着关系去的，而是冲着福利去的。所以，一旦社群中的福利减弱或消失，或者产品的质量/服务下降，就会流失用户，而不是群内容。

2. 知识型社群

以学习某项技能、实操案例为主要目的的社群，大家关注的是个人的自我成长。这样的社群可以由学习型的机构组建，也可以由一个有经验/权威的个人大咖组建。对于成长型的社群，具体表现可以是读书会、沙龙、教学、自律成长营等。对于这类社群，需要进行层次划分，如入门、中级、高级。如果群内的内容讲解得太过高深，那么普通小白完全没有机会交流，学习效率也低。而对于高级用户来说，基础常识实际价值不大。这种类型的社群不在于人多，也不在于讨论有多热烈，而在于后续有多少人愿意续费，以及购买其他知识性的服务。

3.（IP）品牌型社群

小米发烧友的社群、秋叶PPT、辉哥奇谭等品牌型社群都被IP的魅力所吸引，认同IP的产品、理念。这种类型的社群往往需要注意以下3个方面。

（1）需要持续输出高品质的产品。

该社群的用户是冲着品牌的产品去的，所以对于用户来说，需要持续性地接收IP输出高质量的产品（商品/服务/内容）。用户越得到满足，忠诚度就越高。

（2）要有一定的线下活动。

通过更多的线下活动来拉近社群用户之间的关系，以及增强品牌的认同感，以此来拉近与用户的距离，增加共情，如品牌粉丝同城会、粉丝见面会等。因为用户需要在情感上得到维系。

（3）要有归属感。

归属感往往因为用户在社群中得到了尊重与满足。对于喜爱品牌型社群的用户来说，是愿意免费提供多种服务的，包括宣传、答疑、组织等。因为他们认为自己找到了同频者，所以让用户有参与制作社群活动的机会，如一起发起某个事件、一起线下开展某项活动等（如小米的米粉年度家宴）。

总体来说，品牌型社群在线上/线下都需要有持续性的内容，而且要带领用户一起来参与，制造内容。现阶段头部社群都是知识型社群，如樊登读书会、黑马会、吴晓波读书会等都以优质内容作为引流或变现手段形成自己的社群圈子。这类社群的优势在于产品比较轻，变现的方式比较明晰，市面上的辅助工具也比较全面。

4. 兴趣型社群

以某个爱好汇集了一批对此感兴趣的人，可以是跑步群、健身群、写作群、短视频交流群、理财群等。这类社群因兴趣一致被组建起来，且社群种类繁多，各有不同。兴趣型社群之间是一个庞大的交叉体，一个人可能有多个兴趣，多个兴趣型社群可能有重合的人群，这就加速了兴趣型社群的裂变与传播，甚至不同兴趣型社群之间能够串联成一个整体。但这类社群难变现。除非基于某个 IP 的影响下，建立付费社群。比如，某个 IP 是健身达人，那么他创建的社群兴趣属性更多，收费也比较容易。如果兴趣型社群没有很好地组织丰富的内容，那么很容易变成死群。

兴趣型社群的优势在于门槛低，是冰箱、汽车这类低频消费产品的侧面切入方式。比如，冰箱的购买者通常是主妇，就可以通过厨艺兴趣群、花艺布艺群等与主妇相关的社群聚集精准用户，除了销售自家产品，还可以销售其他商家的产品。

5. 产品型社群

好的产品能直接吸引粉丝，产品的本质是连接的中介，人们因产品而聚合在一起，如黄太吉煎饼、雕爷牛腩、锤子手机等都是依托产品形成的产品型社群。产品型社群逐步发展会形成品牌型社群。消费者对产品的热衷逐步转向对品牌的认同，基于品牌产生品牌文化，由此形成品牌型社群。品牌型社群更多是建立在情感基础上的，如小米从小米手机出发，后来演变出"高性价比产品"的价值认同。正如人们想买空气净化器时会想到小米，想买扫地机器人时也会想到小米，这就使小米就形成了品牌型社群，获得了品牌价值。

第二节 了解社群运营

在社群运营之前，需完成社群载体选择、社群创建前的调研（如用户画像、竞品分析等）。这是最基本的工作，也是最重要的工作。对于一个社群来说，运营不是一件容易的事。社群的运营包括 3 个步骤：第一步构建社群（社群定位、社群规范、拉新引流、内容输出），第二步社群促活传播，第三步社群转化变现。

一、构建社群

1. 社群定位

定位是一个社群发展的指挥棒，也是创建社群的第一步。只有清晰的定位，社群才可能连接到拥有共同价值观或真正消费需求的目标用户，运营团队才可能明确后续整个社群运营及管理规则的设置，有的放矢，达到预期的社群运营效果。

社群定位最主要的是产品和用户。社群就是连接产品和用户之间的纽带。定位的方式往往从解决用户的需求点出发。找到用户的需求痛点，并细分对手的优缺点，从而可以形成差异化的特色和优势，找到自己擅长的方面。在一般情况下，按需求来定位社群的类别，如图 5-3 所示。从物质痛点与精神痛点出发，确定自己的社群用户，精准定位。比如，卖护肤品的——建群的目的是想让大家一起变美；卖水果的——想让大家每天都能够吃到新鲜、便宜的水果；卖家具日用的——想给大家提供一个团购福利社群。

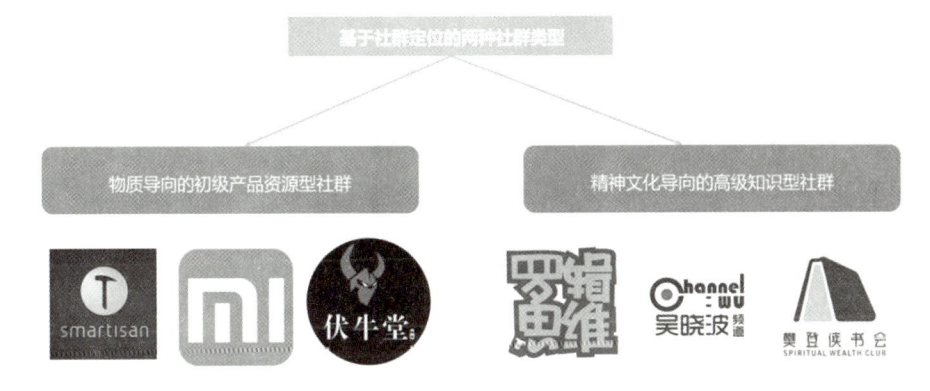

图 5-3　两类社群定位导向

图 5-4 所示为社群定位的 5W1H 方法。

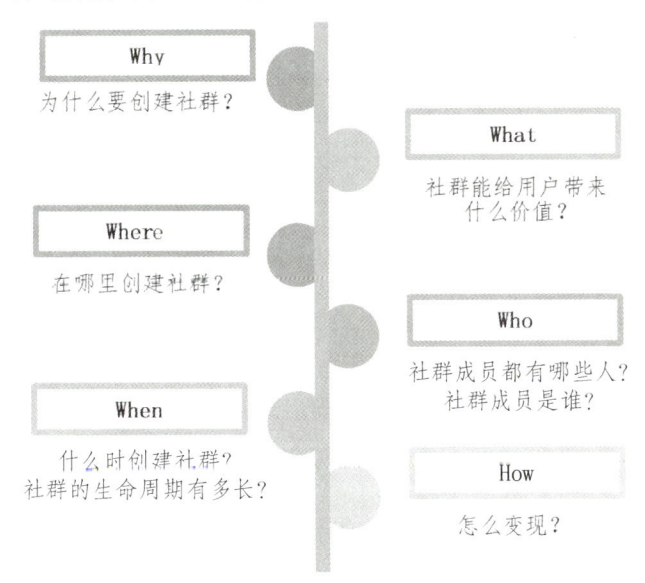

图 5-4　社群定位的 5W1H 方法

Why：为什么要创建社群？并不是所有的项目都需要创建社群，要通过了解目前的业务处于什么阶段，根据业务发展所处阶段来明确是否创建社群，何时创建。比如，在业务并不成熟期间是不适合创建社群的，不能形成连续高质量的输出，降低成员的信任，无法建立归属感，时间久了就会变为死群，再次唤醒是很难的。

Where：在哪里创建社群？能够创建社群的渠道有很多，如微信、QQ、论坛、贴吧、微博、抖音、淘宝、闲鱼等。具体在哪里创建社群，要根据目标用户群体所在的渠道。

Who：社群成员都有哪些人？社群成员是谁？群成员即社群的目标用户。比如，拉新的社群的主要目的是拉新（是否需要付费根据业务来定），那么进入该社群的人裂变性较强，通过奖励机制激发裂变属性，达到拉新效果；先通过外部拉新奖励机制拉入社群内，再实现新用户裂变拉新目的；潜在用户通过拉新奖励机制刺激转化潜在用户，实现拉新目的。

When：什么时候创建社群？群的生命周期有多长？根据所创建社群的功能而定。比如，拉新群的目的是让用户从陌生到新人的过程，这个过程很快，一旦时间长了，就会增加用户流失的概率，如何快速刺激用户成为新用户才是重点。如果是留存群就不一样了，它是可以长时间运营的，并根据运营效果进行等级分群运营。比如，有些用户在群内成长较快，为了能够让他们得到荣耀感，就可以将其拉入更高级别的社群中。

不同功能的社群创建一定不是一蹴而就的，而是从拉新——成长——成熟等时期形成漏斗型的，不可能等拉新群都拉满后才创建留存群，也不能只要有一个人下单了，就立刻创建留存群；要结合企业自身资源是否已经准备充分等因素来综合考虑；如果条件不允许，就先不要创建留存群，也可以考虑一对一服务等方式。

How：怎么变现？我们会在后文进行介绍。

2. 社群规范

社群规范包括人员结构与社群规则。在最初创建社群时都确立并执行社群的基本管理规范是一个社群良性发展的基础；在最初创建社群时就要经常性地重复社群规范，这样后期成员会主动维护。社群成员一般包括群主、管理员、KOL、内容输出成员、活跃成员、潜水成员。需要注意的是，KOL（Key Opinion Leader，关键意见领袖）通常被定义为拥有更多、更准确的产品信息，且为相关群体所接受或信任，并对该群体的购买行为有较大影响力的人。在本书中，KOL是指在某平台或某特定群体中，粉丝数量较多、影响力较大、覆盖用户较广的红人。

无规矩不成方圆，良性运转的社群是需要利用制度来管理的。任何的决策和创意，都需要有人去落地、执行，而在这个过程中一定要有社群制度。同时社群制度也是保障用户权益的一种体现，还能通过社群制度培养用户的使用习惯等。

社群管理制定包括入群规则、淘汰规则、奖励制度、成员分享规则，还包括群主发起的一些群内活动规则等；这些规则的制定还是需要根据企业对于社群定位，以及社群细分后的主要任务目标来确定。从团队中培养一个或两个意见领袖，协助管理社群；如何选拔管理者也是社群制度的一个重要内容。

3. 拉新引流

产品型社群，如小米，其发展轨迹首先从万千潜在用户中筛选100个KOL，第一批KOL只能靠创始人的人脉资源来定向邀请，或者从垂直论坛寻找大咖、达人，这些人名气不一定大，但在细分领域要有绝对话语权和影响力。更关键的是这些KOL都有一个共同的爱好，喜欢分享，晒个不停。"道不同，不相为谋"，因此第一批入群用户必须高度认可社群发起人，高度认可社群文化和社群目标。从某种程度上来讲，利用金钱来投票是甄别是否为同路人的一个有效方法。金钱既是一定的门槛，同时愿意为一个社群付出金钱的人，也愿意付出时间，愿意为社群付出时间的人才是真正的铁杆。当然并不是所有的社群都要用金钱来投票，但是加入社群必须有门槛，无门槛的社群，只是一味地拉人头追求数量，最终只是一个人群而已。

通过策划活动促进社群引流。社群需要通过一系列的活动对内聚拢用户，强化用户关系，对外宣扬社群核心价值，吸引新用户加入，以促进拉新，实现裂变，增加用户，扩大社群影响力。

拉新引流的方式有线下与线上两种。线下可以利用门店导流、社区地推等来实现裂变。线上可以通过朋友圈、短视频引流、各种鼓励方式裂变宣传。或者与其他社群互换粉丝等。通过裂变，可以达到快速拉新引流的效果。裂变的手段有以下 3 种。

① 任务宝裂变：对邀请进群的用户设计梯度诱饵奖励，如邀请 x 个人奖励 xx 元；邀请 y 个人奖励 yy 元，邀请 z 个人奖励 zz 元。常见的邀请统计工具有 wetool。

② 进群宝裂变：用户在海报中扫码，生成自己专属的海报，推广邀请 x 个人扫码关注才能添加小助手并领取相应的诱饵奖励。

③ 分销裂变：常用于线上课程推广。用户在海报中扫码，生成自己专属的海报，通过群发、私聊或微信群等渠道推广海报+文案，其他用户购买后可以获得相应的分销佣金。常见的工具有官推、小鹅通、推精灵等。

瑞幸咖啡的裂变拉新案例

——瑞幸咖啡老带新、社群福利等活动

瑞幸咖啡在遭遇停牌退市后，转变了之前的运营模式，开始通过社群进行私域流量运营，每天贡献直接单量约 3.5 万杯，通过群内信息提醒促单约 10 万杯。用户入群后月消费频次提升 30%，周复购人数提升 28%，MAU 提升 10%。现如今，瑞幸咖啡私域用户已达 180 万人左右，其中 110 万个用户加入了约 9100 个围绕门店组建的用户福利群，入群人数还以每月 60 万人左右的速度在新增。

本案例裂变目标：老带新得抵用券，新用户注册，利用新人礼包引导用户第一次消费，通过优惠券促使用户进行社群留存，平台折扣券持续领取，促使用户不断进行复购。

标签：新人注册大礼包、老带新、社群引流、拉新注册。

引流渠道：瑞幸咖啡线上点单会有比较大的优惠减免券，所以大家基本上都是线上点单。一般瑞幸通过 App、小程序和公众号 3 个渠道发布消息和活动。

老带新活动如下。

在通常情况下，引流渠道通过老用户邀请新用户的形式，邀请新用户注册后，新老用户双方都可以获得相应的优惠券。

（1）在 App 的"首页"界面中有一个"邀请有礼"的选项，点击后可以看到分享任务，如图 5-5 所示。在公众号中，用户也可以在菜单栏中点击"邀请好友"按钮。

（2）邀请奖励。

邀请新用户注册完成首单，即视为邀请成功，邀请成功后，新老用户都可以获得 20 元的饮品优惠券。

图 5-5　瑞幸咖啡 App

4. 内容输出

社群的内容输出其实就是社群的营养价值所在，社群的营养供给社群用户，而社群用户在给社群的建造者产能，形成一个商业变现的闭环。

社群运营的内容输出分为日常关怀、专业分享、生活分享、资源分享、其他内容五大类。

日常关怀：以培养、维系与用户之间的感情，增加用户对品牌的认知度。我们需要提供有温度的服务，输出日常关怀类内容，如早晚安问候、节日问候、天气变化提醒等，分享的形式主要是文案+海报，如图 5-6 所示。

专业分享：以树立专业品牌形象为目标，基于品牌定位和产品特点，分享相关知识，提高用户认知；分享行业干货，让用户获取更多行业资料，并能下载及转发，提高用户对社群价值的认可度，进而提高留存率；分享产品介绍，让用户及时知晓产品的动态，更好地了解产品，提高转化率。分享形式主要是文字+PDF/视频，如图 5-7 所示。

生活分享：筛选出最新的时事热点资讯，分享到

图 5-6　关怀类内容之文案海报形式

群里，可以让用户快速了解时事内容，以保持社群活跃度、培养用户参与社群；也可以立足社群定位，不限于产品内容分享，鼓励用户分享与产品相关的日常，增加用户黏性。此外，运营者或用户可以发起话题讨论，群主或管理员加以引导，营造良好的讨论气氛，吸引更多用户参与。

资源分享：以资源共享为目标，为满足社群用户的不同需求，解决社群用户的痛点，鼓励用户在社群发送资源需求或供给。在资源分享和相互转化的过程中，促使用户与社群之间、用户与用户之间互相产生信任和依赖，并且可以通过这种方式不断吸引更多人加入社群，保障社群的持久价值，如图5-8所示。

图5-7　内容输出之专业干货知识　　　　图5-8　内容输出之资源分享

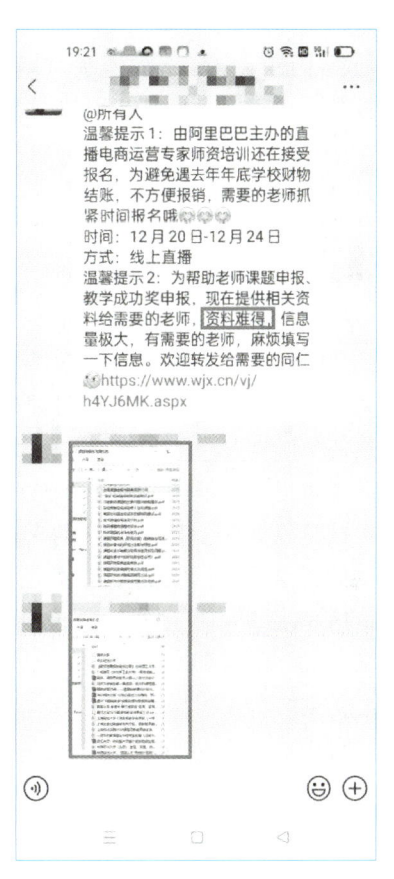

其他内容：主要是活动通知，如直播预告、会员日活动、优惠活动等，将活动方案、优惠折扣等提前预告和通知用户，力求触达所有用户，激活沉默用户，吸引更多用户参与活动，促进流量转化变现。

二、社群促活传播

促活社群是建立用户信任的需要，通过各种活动让用户活跃起来。用户越活跃，参与度越频繁，信任度就越高。促活还能使用户在参与过程中充分发挥自己的创造性，为社群贡献更多有价值、新颖的内容。另外，通过各种方式促活社群，引导用户投入更多的时间、精力,沉没成本就会越来越高,用户黏性就会越来越强。

1. 促活原则

促活有 3 个原则:促活要有目的、要有节奏、要有规划。促活不是为了活跃而活跃,而是为了建立信任、创造价值、营销变现等,每次活动都要有明确的目的。促活要把握好节奏,强行的高频率活动,反而会引起用户的反感,得不偿失。促活要做好整体规划,每天做什么,每周、每月做什么,有统筹的安排与计划。

2. 促活技巧

(1) 物质激励。

在社群中制定一套激励体系,运营者通过发放实体礼品/红包来激励用户踊跃发言并参与社群中的互动。比如,可以对每月社群中活跃用户进行排名,向前 3 名用户免费发送一些小礼品或书籍,也可以在社群开展讲座或进行互动时,让用户分享自己的观点及建议,并筛选出最好的礼品进行分发。这样,在激励获奖者的同时刺激了其他用户的参与。

(2) 不定期举行社群分享活动。

对于一些教育服务型或知识付费型的社群,可以在社群制定一些每周或每月固定的分享活动,如每周三安排一场讲座及专题分享。给用户产生一种固定社群内容价值输出的学习感,在生产优质内容的同时能形成一种固定品牌模式。每次在分享活动开始时做一波预热,如发送几个红包和活跃一下气氛,会达到更好的效果。

(3) 重点维护社群中 20%的高质量用户(二八理论)。

如果社群里有一批持续活跃的人,就撑起了整个群的活跃度。社群本身是需要有人持续说话的,这样不活跃的用户才有机会接入话题并参与讨论。因此,可以筛选出社群中 20%的活跃用户,重点维护,让他们对社群产生归属感,通过持续活跃来带动整个社群的氛围。

(4) 帮助社群用户做网状连接。

在社群中,用户与用户之间促成连接,形成一个网状结构,只有加强社群用户之间的连接,社群才会更有活力。如果社群关系链只是单点连接,如所有的用户只认识群主,彼此之间的社群社交并不强,当群主不在或退群后,此社群就几乎濒临死亡。

(5) 把握好活动节奏。

在互联网时代,人们的时间是碎片化的,要能够把握住社群用户最高峰的阅读时间,达到参与度高,活动效果好的目标。比如,利用好微信三大高峰期:早高峰(7:00~9:00)、午高峰(17:00~19:00)及晚高峰(21:00~23:00)。这是微信用户最闲暇及阅读最有效率的 3 个时间段。

(6) 注意仪式感。

仪式感会让社群用户感受到被重视,对社群产生情感依赖,便会提升社群生命力。比如,可以通过每日分享让社群用户有仪式感,每天看一看群里分享的是什么,如瘦身群分享瘦身知识,运营群分享运营早报等。还可以通过每日提问,诱发大家多多互动,各取所需,增强社群用户之间的关系。

三、社群转化变现

1. 社群经济

社群经济是指互联网时代，一群有共同兴趣、认知、价值观的用户在一起互动、交流、协作、感染，产生一定的价值。有了互动就会有社交，有了社交人群就会有市场，他们在感情上建立信任，从而形成消费。社群变现是社群商业化运营发展的终极目标，也是社群形成商业闭环的关键环节。社群变现就是将社群的凝聚力、向心力、购买力等无形资产转化为运营者所想要的价值。

2. 社群变现方式

（1）社群自身变现。

① 设立门槛。

社群变现最直接的方式通常是会员收费。社群用户要先支付一定的入群费用，这样才能正式入群并参加社群内部活动，享受一定的社群服务等。其实这种会员收费制度就是入群门槛，设置入群门槛是一种非常普遍的变现做法。

收费路径可分为以下 3 种。

a. 免费到付费。

许多社群一开始先创建免费社群，再通过后续的服务和分层，收取付费会员。

b. 付费到会员。

有些社群在前期的内容、服务投入上花费大量的时间，以此吸引用户直接付费，成为社群会员。

c. 初级到高级。

许多社群用户有初级、中级、高级之分，对应的可能是小白、经理、高管（创始人）相关的角色。不同等级因为提供服务的差异性，收取的费用也不同。一些中高端的私董会，年会费几万元起，这样的社群质量自然也就更高。

② 社群服务变现。

社群在本身的运营的过程中积累了各种资源，新入群的用户想要分享其中的资源，愿意支付相应的资源使用费，此时社群提供了相应的资源服务，变现获利。

比如，社群可以提供咨询服务。此类咨询费、服务费变现的社群，往往依赖于个人IP，可以按咨询服务次数收费，用户每咨询一次收取一定费用；也可以按服务时间收费，一般按照每小时收费，有的按照分钟收费。也有按照年费咨询的，年费咨询对于社群来说是高客单，但也意味着要付出更多的代价。

（2）产物变现。

产物变现有两种方式：一种是直接变现，另一种是间接变现。

① 直接变现。

a. 订阅专栏。

社群基于自己现有的粉丝，通过订阅专栏为用户分享更深入、更有价值的知识内容。

此部分内容只针对订阅用户开放,需要支付一定的订阅费,让用户受益,通过更好的内容让用户产生黏性,促使他们产生持续付费的动力。

b. 售卖课程。

另外一种直接变现方式就是售卖课程。在社群内为用户授课,课程形式可能是按年,也可能是一个周期几节课,对不同的人群进行不同方向的课程培训,通过授卖课程变现。通过售卖课程变现的社群多是行业群、兴趣群、技能群。社群付费的课程有两种:第一种是临时性、单次的学习课程,第二种是固定提前录制的系列课程。付费课程的内容可能是基础常识、营销知识、实操案例。课程也会有难易程度之分,如新手入门课、精英成长课、总裁课等。付费课程的好处是可以重复使用,多次收费。

② 间接变现。

间接变现是在直接变现基础上形成的,分为内容打赏、广告变现、电商变现 3 种形式。

a. 内容打赏。

社群通常都是配合公众号来使用的。公众号可以开启赞赏功能,同时分享到社群中,能为社群用户带来福利和价值,是社群变现的一个很普遍的方式。

b. 广告变现。

社群是一种广告投放渠道,一般投放的广告与社群形式要相匹配,才能最大化地发挥其价值。同时不会引起社群用户的反感,将广告作为社群内容和活动推送给用户,广告与内容合二为一。比如,社群可以收取冠名费,不管社群的活动做得多大,只要活动举办的有价值,就可以寻找冠名的伙伴。

c. 电商变现。

社群电商就是通过社群售卖商品,"罗辑思维"也曾提出过"社群当卖货"的观点。将社群作为一种工具,通过电商实现变现,比较常见的有各种美妆社群和母婴社群等。需要注意的是,在社群售卖和挑选商品时必须要与用户需求精准对接,还要以较为深度的社群运营为基础。如果没有前期运营基础,那么直接在社群中售卖商品,肯定会受到用户的抵制,难以实现变现的目的。

第三节 社群运营案例与用户解构

一、社群运营模式案例

按定位划分市场上主要的一些社群组织如图 5-9 所示。

1. 行业型社群——"蓝莓荟"

如图 5-10 所示,"蓝莓荟"专注于实战案例研究、提供热点案例分析、干货内容分享、品牌营销解读,目前约有 20 万个精英营销人士的关注。

灵魂人物:创始人陈特军。

行业型社群	产品型社群	兴趣型社群	创业型社群	教育型社群	学习型社群	品牌型社群	自媒体社群
蓝莓会	小米科技	十点读书	i黑马	凯叔讲故事	干货帮	趁早	罗辑思维

图 5-9　社群类型

图 5-10　"蓝莓荟"官网首页自我定位介绍

自我定义："蓝莓会"是我国首个企业公关品牌营销人与媒体人、创意人交流互动的社群。

愿景：成为我国领先的创意、传播、众享平台。

目标人群：汇集多家全球与中国知名企业的公关传播，品牌营销管理人员与国内主流媒体精英与主要创意机构大咖。

运营机制：

① 蓝莓沙龙：定期组织线下内容分享活动。

② 蓝莓群访：采访行业内的知名企业、名人大伽，进行高质量内容推广。

③ 蓝莓之夜。

④ 蓝莓大伽说：邀请知名营销人士开设讲座培训。

变现模式：

① 入会费。

② 课时费。

③ 培训费。

2. 产品型社群——"小米科技"

小米在最初推广自己开发的手机系统（MIUI）时，通过论坛做口碑，精心挑选了 100 个超级用户，参与 MIUI 的设计、研发、反馈等。借助这 100 个种子用户的口碑传播，MIUI 迅速得以推广。小米创始人雷军会每天花一个小时回复微博上的评论，即使是工程师也要按时回复论坛上的帖子。小米论坛每天约有 8000 个实质内容的帖子，平均每个工程师每天要回复 150 个帖子。在每一个帖子后面都会有一个状态，显示这个建议被采纳的程度及解决问题的工程师 ID，这就带给用户被重视的感觉。

社群运营每次借助线下活动"同城会"都能邀请 30~50 个用户到现场与工程师进行面对面交流，这就极大地增加了用户的黏性和参与感。除了营造参与感，小米还积极与米粉交朋友——这是小米的企业文化，也是一种全员行为，为此小米赋予了一线员工很大的权利。比如，当用户投诉时，客服有权利根据自己的判断，自行赠送贴膜或其他小配件。另外，小米也非常重视人性服务。除了赋予员工权利，小米还会赋予用户权利——成立"荣誉开发组"，让他们试用未发布的开发版，甚至参与绝密产品的开发。虽然这种方式存在一定风险，但带给用户极大的荣誉感和认同感。

想要做好产品型社群运营，需要了解产品运营社群的特点。

（1）好产品。

好产品或服务是创建社群的基础。如果是好产品，那么用户使用后会有亲身的感受，并进行评价，然后为产品说话（也就是会发声，如在社群、朋友圈或论坛等发表产品评论）。建议引导在社群中发声，因为社群是一种信任经济（成交的基础是信任）。

（2）产品具有高复购率特性。

产品或服务一定要被用户经常购买。如果产品被购买的次数少，甚至对于大部分人来说一年或几年只有一次购买，如家具产品、3C 电器等，这类产品或服务做社群效果往往不佳。

（3）刺激用户分享真实的产品体验感受。

让用户反馈真实用过产品后的体验是社群经济的重点。用户通过真实的体验可以从产品的多个角度来描述产品的特征与功能，将丰富的信息量与产品功能效果更全面地传递给其他社群用户。

（4）定期组织与产品相关的主题分享活动。

在社群运营中，可以设定时间组织主题活动，每周或每两周（具体时间可以自行设置）邀请一个行业里的大咖（一定要是行业中有实战经验的真实分享）进行主题分享。这个分享可以兼顾整个社群的主题，使整个社群的气氛活跃起来。社群中的用户是典型的受益者，新用户有什么问题，大咖看到后就会马上回答，此时，新用户就会感觉特别温馨，而且比社群管理员发声更容易让人产生依赖感。

3. 兴趣型社群——"十点读书"

定位：阅读。每晚十点推送文章。迎合读者的阅读习惯和阅读心理，选择阅读高峰期 21:00~23:00 推送内容，筛选温暖励志的文章（见图 5-11，公众号首页）。

图 5-11　"十点读书"公众号首页

愿景：读书第一大号。

灵魂人物：创始人兼 CEO 林少。

目标人群：爱读书的文艺青年、都市白领。

基本构成：

① 十点旗下公众号"她读"已拥有约 50 万个粉丝，专注女性阅读。

② 公众号"十点电影"已拥有约 60 万个粉丝，专注电影领域。

③ "十点读书"微博已拥有约 250 万个粉丝，每天会做一些新书的推荐、赠书的活动等。

④ "十点读书"受到众多文艺青年的热捧，位列全国读书类公众号第一位。

⑤ 当十点电台开通 1 年时，喜马拉雅、荔枝 FM 等 App 上已拥有 30 万个粉丝，每期播放量约为 50 万次，是比较早创建电台的公众号。

⑥ 除了拥有上述新媒体矩阵，"十点读书"目前还在打造"十点读书会（社群）""小柚子童书（亲子阅读）""疯狂鸟窝（动漫）""大块旅行西藏（旅行）"等公众号矩阵。

变现模式：

① 给品牌公司做广告，如德芙、哈根达斯等。

② 做签名书，出版图书。
③ 借助荐读，帮助出版社推荐新书。
④ 创建付费会员、付费社群等。

"十点读书"的运营模式通过多种媒体渠道推广品牌活动，增加品牌影响力，如图 5-12 所示。

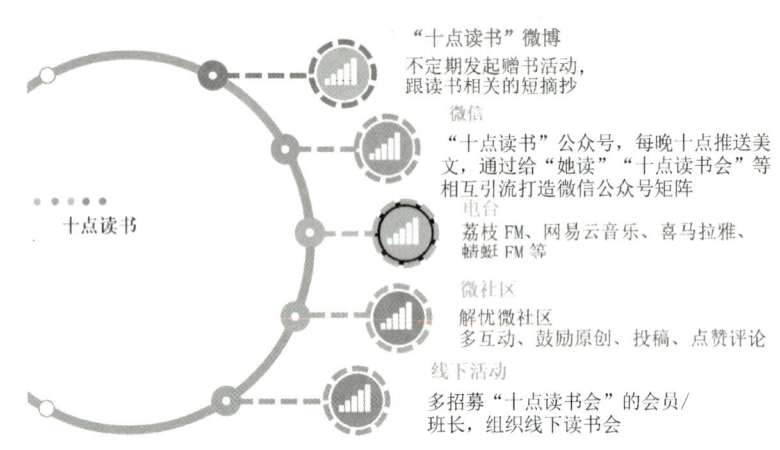

"十点读书"微博
不定期发起赠书活动，跟读书相关的短摘抄

微信
"十点读书"公众号，每晚十点推送美文，通过给"她读""十点读书会"等相互引流打造微信公众号矩阵

电台
荔枝 FM、网易云音乐、喜马拉雅、蜻蜓 FM 等

微社区
解忧微社区
多互动、鼓励原创、投稿、点赞评论

线下活动
多招募"十点读书会"的会员/班长，组织线下读书会

图 5-12　"十点读书"运营模式

兴趣型社群具有以下特点：
① 拥有特殊兴趣爱好的用户群体，如读书、摄影、旅行、户外、健身、钢琴/古筝、茶艺等。
② 社群用户的覆盖面广，用户持续稳定。
③ 内容围绕特定的兴趣主题，简单明确，用户易吸收。
④ 营销变现模式比较多样，转化效率高。

4. 创业型社群——"i 黑马"

创业黑马（北京）科技股份有限公司是一家针对高成长创新企业的综合创业服务机构。自 2008 年成立以来，现已发展成为一个集学习、推广、社交等为一体的 O2O 创业孵化加速器，涵盖创业教育和创业公关等创业服务，是中国创业型社群的领跑者。

基本构成：创业黑马公司旗下"i 黑马网""创业黑马学院""黑马基金""黑马会""黑马大赛"等多个业务均已成为具有中国影响力的创业服务品牌，每年深度培训孵化 300 个创业企业。

网站："i 黑马网"。
微信公众号："i 黑马（iheima）"/"黑马会 HMH（heima_hui）"。
定位：中国创业型社群领跑者。
愿景：中国最具活力的创业者成长社群。
灵魂人物：创业黑马董事长、创业黑马学院院长牛文文。
目标人群：创业者、各行业企业高管。

"i 黑马"采用内容运营的方式，通过与行业大咖开发精品课程产品，为会员提供高质量的内容，并通过开发"黑马会"收取入会年费开放课程资源。不断依据地方、行业、企业规模开设分会，吸引各行各业的创业者，方便创业者交流。"黑马会"依据地方、行业、企业发展规模不同类别的社群。多个行业社群包括移动互联、医疗健康、本地生活O2O、电商、企业级服务、互联网金融（筹）、文化创意、智能硬件、旅游、教育、房地产、餐饮（筹）、开店创业者分会（筹）。多个地方"黑马"社群包括杭州、南京、义乌、广州、宁波、上海、西安、泉州、成都、青岛、温州、大连、深圳、天津、厦门、重庆、沈阳、合肥、唐山、长沙、苏州、长春、海口、郑州、三亚等，通过行业赛等加强社群连接。地方分会定期举办落地活动，如每月一次，包括学习分享、项目路演、黑马集市等综合性会员线下交流，提升社群活力。盈利模式包括黑马学院培训费、黑马会入会费、黑马大赛参赛费、品牌投入广告费、商业路演演出费、黑马基金、投融资等。

创业型社群往往借助一个创业平台作为创业者寻找人员的渠道，并在平台中围绕创业、项目、投资、融资等话题提供高质量创业内容，开展创业活动、路演、赛事、众筹活动等。

5. 教育型社群——"凯叔讲故事"

"凯叔讲故事"（见图5-13）成立于2014年4月21日，创始人王凯。这是一个为儿童讲述优质儿童绘本故事的社群账号。微信公众账号、微博账号每两天更新一个新故事，听故事画画的"画剧"等活动为儿童提供了展示平台，每一个故事都有一个问题，并在下一个故事中由儿童来回答该问题，还有多种让儿童大胆展示自我的互动活动。

定位：生活类儿童故事自媒体。

目标人群：以爸爸、妈妈、孩子这类家庭为主。

运营机制：起步阶段是从创始人给女儿讲故事开始，然后把故事发布在微信上并与他人分享，最初由孩子的妈妈相互讨论传播，后来把主人翁变成孩子，让他们以说广告词的形式参与到节目中，在其他平台上引导他们关注微信，大家相互传播，以种子传播的形式不断扩大节目的影响力。

变现模式："凯叔讲故事"通过向家庭推荐故事书、绘本、图书及妈妈微课培训，引导听众去微商城购买书本。

图 5-13 "凯叔讲故事"微信公众号

6. 学习型社群——"干货帮"

"干货帮"被定位成专注于互联网知识分享的学习型社群（见图5-14），主要为创业者线下学习解决了两大突出问题：时间不方便和资金不充足。"干货帮"是专注于分享有趣、实用的互联网新知识的学习型社群，采用学习型社群+线上音频/视频+线下课程三位一体模式，践行终身学习、抱团成长的理念。目前，"干货帮"的业务主要在知识付费领域，内容聚焦在家庭教育、职场技能、个人提升、兴趣爱好四大类型。目前，"干货帮"在我国200多个城市约有400个分站、20万个用户，以及100多个行业大咖、企业家、创业者在此开讲。

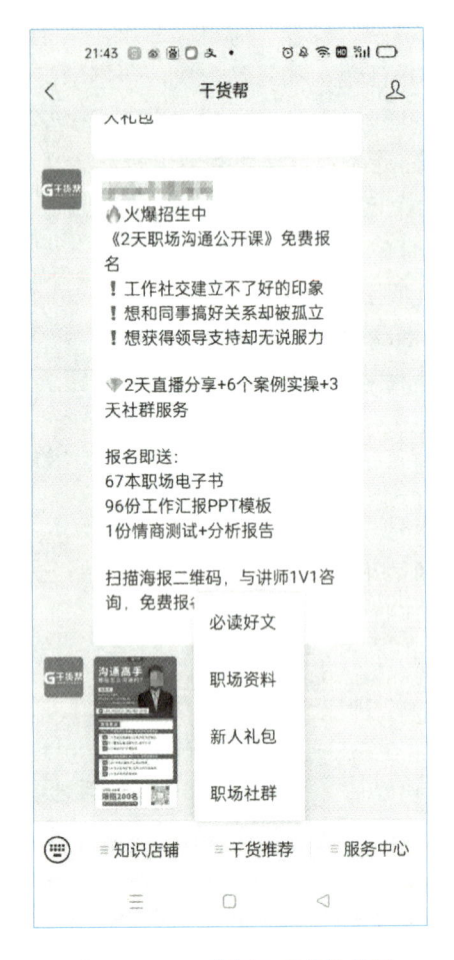

图5-14 "干货帮"公众号首页

目标人群：以"80后"或"90后"新生创业者为主，目前人群主要集中在移动互联网人群较广的一、二线城市。

运营机制：定期组织培训、授课，在全国各地开设分支社群。

变现模式：开讲吧和拼课团，以培训费、课时费为主。

学习型社群具有以下特点：

① 内容为主，干货分享。

② 变现模式以授课、讲座、培训为主。

③ 大多数用户热衷学习知识，因共同的需求形成某一类特定人群。

7. 品牌型社群——"趁早"

"趁早"这个品牌由王潇于 2013 年创立，名字取自王潇撰写的第一本出版著作《女人明白要趁早》。趁早网是"趁早"品牌旗下独立运营的网站，旨在"为对自己有期待的女性提供交流平台和自我管理工具"。在全国众多城市拥有"趁早读书会"，该读书会会自发策划一些活动，如职场分享、电影沙龙、心理讲座主题等。对于"趁早"社群用户来说，这些活动能够拓宽知识面，解决问题，认识一些志同道合的朋友等。"趁早"社群聚集了一部分拥有自律性、有追求、同频率的女性，并由此打响"趁早"品牌的知名度，两者之间更多的是平等的连接，共同进步。

基本构成：趁早学院、趁早读书会、趁早文创、趁早服饰、趁早话剧、趁早 party、趁早巡演、趁早跑团等。

定位：女性第一励志网站。

理念："趁早"提倡人性中的理性和自律，如图 5-15 所示。

图 5-15　趁早官网中的自我定位

目标人群：拥有自律性、有追求、同频率的女性组织社群。

运营机制：通过网站、社群、App、活动、网店、会员等各种形式，将用户聚拢起来。

变现模式：融资、卖书、巡演、会员费。

品牌型社群具有以下特点：

① 社群定位清楚，用户重在参与及体验，忠诚度高。
② 品牌内容及活动易于传播，更易形成口碑营销。
③ 变现模式多样化，且转化率高。
④ 群主起到意见领袖的作用，对运营者要求较高。

8. 自媒体社群——"罗辑思维"

"罗辑思维"是影响力较大的互联网知识社群，包括微信公众订阅号、知识类脱口秀视频及音频、会员体系、微商城、百度贴吧、微信群等具体互动形式，主要服务于"80 后"或"90 后"有"爱智求真"强烈需求的群体。"罗辑思维"的口号是"有种、有趣、有料"，倡导独立、理性的思考，推崇自由主义与互联网思维，凝聚爱智求真、积极上进、自由阳光、人格健全的年轻人，是微信营销的典范。

成立时间：2012 年 12 月 21 日。

灵魂人物：创始人罗振宇。

定位：互联网时代知识的服务商和运营商、互联网知识社群。

目标人群：勇于创新，喜欢看书的伙伴。

价值观："有种、有料、有趣"，在知识中寻找见识。

运营机制："罗辑思维"主要通过自媒体视频线上活动和用户建立互动关系；通过售卖书籍创建社群等方式和观众、会员保持互动；通过会员缴纳会费方式维持节目运营。

节目运营策略：心法一，用死磕自己唤醒尊重；心法二，用情感共鸣黏住用户；心法三，用人格思维凝结社群；心法四，用势能思维建立品牌；心法五，用社群力量拓展边界。

盈利模式：

① 利用核心内容"互联网"成功售卖书籍，如 App 中的电子书、纸质书、听书书籍。

② 通过会员缴纳会费，如图 5-16 所示。

图 5-16 "罗辑思维"变现模式举例

③ 高毛利商品的饥饿营销。第一种商品是礼品版的图书套装。第二种商品是月饼。

④ 年度最佳促销广告——"让我们来进行互联网试验"。

⑤ 企业家演讲、讲座收费。

自媒体社群具有以下特点：

① 群主即 KOL，起到意见领袖的作用，对运营者要求较高。
② 用户往往是群主的忠实粉丝，忠诚度高，转化率高。
③ 覆盖面广，易引发话题讨论。

二、社群用户解构

（一）社群用户分类

美国数字营销专家 Lave 和 Wenger 根据网络社群中"居民"的参与度及变化将社区用户分成以下 5 种。

① 潜水者（Lurker）：外围用户、松散的参与者。
② 入门或新手（Novice）：应邀而来的新用户，向着积极参与和分享努力。
③ 常客或熟悉内情的人（Regul）：非常坚定的社群从业者。
④ 领导或成长的人（Leader）：支撑用户参与互动管理。
⑤ 出走的人或资格老人（Outbound Elder）：因为新关系，定位或其他原因而离开。

典型社区用户的成长轨迹为：发现并注册成为社群用户——潜水一段时间，熟悉社群环境——开始积极参与社群活动，为社群做贡献。如果极度专注和投入，那么有可能成为网络社群的领导，获得网络上的地位——因为时间、兴趣或其他原因远离社群，迁移到新的社群。

每一个互联网产品和品牌社群用户的成长都有类似的轨迹，这是社群发展的生命周期。如何建立干预机制，增加社群新活力，形成下一个迭代，是一个社群能否长久生存的核心要点。

著名的咨询公司 Forrester 根据网络用户的行为，将社群角色分成以下 6 种。

① 创造者：是指经常写微博、博客、上传视频等提供内容的网民。
② 评论者：是指在网络上对内容做出回应的人。
③ 收集者：是指使用 RSS（简易信息聚合）、社会化书签等工具来收集信息，负责收集整理网络上相关信息并进行编辑的人。
④ 参与者：是指参与社会化媒体维护个人主页，维护个人信息的更新者。
⑤ 观看者：是指信息的消费者，他们一般观看微博或公众号的文章，并进行在线视频、论坛留言等。
⑥ 不活跃分子：是指参与度低的人。

Nancy White 和 Elliot Volkman 从另一个角度来拆解网络社群中不同的用户类型，分为以下 7 种。

① 社群建构师：为网络社群设置目标，他们规划网络社群的未来和影响力。
② 社群管理者：监督管理社群。
③ 付费用户：为社群提供资金的用户，也是直接评价社群建设的用户。
④ 核心参与者：经常访问社群，参与活动，代表了绝大多数为社群做贡献的网民。
⑤ 潜水者：并不积极分享观点，只观看不评论。

⑥ 统治者：超级用户，在社群中有影响力，在社群议事中拥有很大的话语权和众多的追随者。

⑦ 联结者：他们会跨界参与多个群组的讨论，并积极参与沟通，是社群与社群之间连接的中心，能将不同的群组串联在一起，未来的互联网将更加"部落化"。企业的营销传播可以精准找到关键用户群，找到网络社群中的目标用户，将之前广播式的营销转化为定向歼灭。

二）社群运营

对初创企业来说，核心用户就是全部贡献用户，其中冷启动的种子用户可以确保产品一直有用户在活跃，从而了解产品与市场需求的匹配度；让用户参与运营，可以进一步获得知识和创意，更好地提升用户的忠诚度；核心用户认可产品后，会持续对外进行正面宣传，影响更多人。

1. 社群的生命周期

一个社群的生命周期包括萌芽期、高速成长期、活跃互动期、衰亡期、沉寂期，如图 5-17 所示。

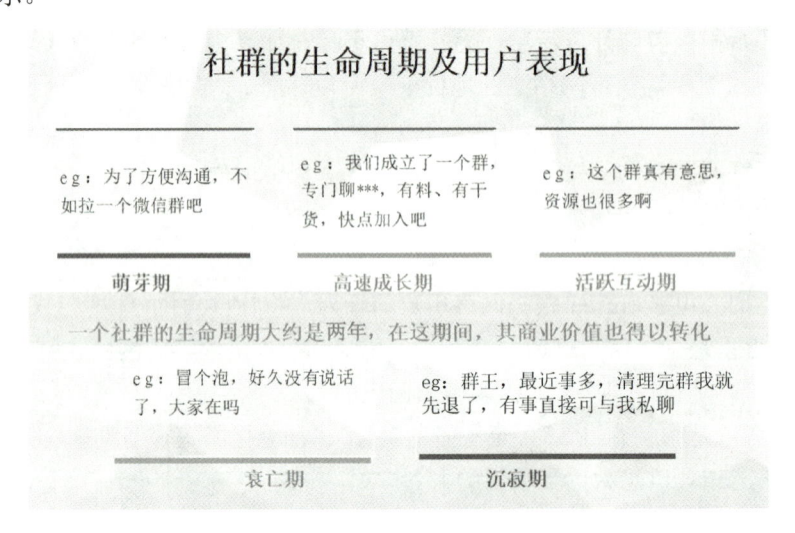

图 5-17　社群的生命周期

2. 社群运营要点

（1）社群成功的要素。

一个成功的社群往往具备一些优质的特点与要素，如图 5-18 所示。

（2）社群运营的核心。

一个运营成功的社群一定具有牢固的共同价值观与使命。只有共同的爱好的人才能聚合成群，并由此衍生出粉丝经济产业链。粉丝社群的构建基础是产品，提供高质量的产品或服务并且具有成员参与度高、推广效果好的运营模式，如图 5-19 所示。

比如产品型社群，以小米为案例，是典型的粉丝经济运作模式：先推出超出消费者预期的高质量的产品，使对品牌产生强烈认同感的用户聚集在企业构建的社区平台。小米再与粉丝通过社区平台积极互动,增加粉丝的活跃度与归属感,培养粉丝的忠诚度,打造"米粉"。总结小米的经验,其社群运营模式为"产品聚合用户,平台沉淀粉丝,营销互动助推发展"。

成功的社群具备哪些要素

明晰的社群定位
- 满足用户的特定需求而建立,如学习、教育、理财、创业、投资、交友、生活等。

稳定的内容输出
- 给用户提供有品、有味、有料的内容。

去中心化社群互动
- 人人都是自媒体,每个社群用户都希望得到发挥的空间,也都有被尊重、被关注、被认可的需求。

自传播的互动运营
- 通过社群运营,引导用户自发组织、自主传播,培养用户的黏性和忠诚度。

圈子价值取向的认同
- 一个成功的社群,一定要有用户共同追寻的信仰和所实现的价值。

多渠道整合,资源共享
- 只有将更多的渠道和资源整合起来,才能改变单一渠道和模式带来的局限。

图 5-18　社群成功的要素

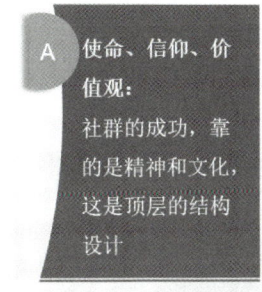

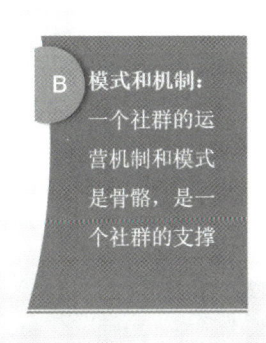

A　使命、信仰、价值观:
社群的成功,靠的是精神和文化,这是顶层的结构设计

B　模式和机制:
一个社群的运营机制和模式是骨骼,是一个社群的支撑

C　产品和服务:
社群的产品和服务是最基本和基础的

图 5-19　社群运营的核心

(3) 社群运营的五大要点。

① 明确社群定位。

首先清楚社群的用户是谁、用户在社群想得到什么、用户能为社群贡献些什么。然后明确对象及其需求,根据产品/项目的目标,合理定位社群,即确定社群的核心目标。

② 设定社群规则。

根据社群定位,设定社群规则,可以以群公告告知,也可以在添加用户审核时告知,筛选用户,降低用户流失率。

③ 高质量价值输出。

一方面社群管理者需要整理和收集高质量的内容、话题;另一方面多挖掘社群中的用户,帮助价值用户树立专业权威形象,促使这些用户更愿意参与分享和解答疑惑。

④ 激励机制设计。

激励机制的核心：奖励是大家喜欢的、想去争取的。我们可以先从签到、参与、拉新、分享等方面设计积分规则，再设立排行榜，带动竞争。

⑤ 核心用户运营。

根据二八原则，社群运营者需要抓好核心用户。要与用户真诚互动、给予荣誉感，充分挖掘活跃用户的价值。

三、社群运营裂变

社群运营的本质为持续优质的内容输出+社群用户之间的互动+优秀的变现闭环。社群用户之间的互动需要具有一定活跃的方法，裂变是最有效的一种方法。在物理学中，裂变是指一个原子核经过轰击后分裂出两个到多个原子的过程。在营销圈中，利用物理学的原理产生了裂变营销、倍增型增长等独特的名词。古人云："道生一，一生二，二生三，三生万物"。由此可见，裂变是一种通过一个用户分享给两个用户，两个用户分享给四个用户，这是一种快速传播增长、变化的模式。裂变的核心是老用户带来新用户。

目前，许多互联网公司已经牢牢占据了互联网流量的入口。电商、搜索、支付、应用商店、新媒体等流量入口获得的红利越来越小。比如，我国大型的社群——微信体系内，红利也越来越少，公众号涨粉越来越难，广告的获客成本由0.1元～0.2元变为1元～2元，如果单独使用个人账号也较难发挥出最大的用途。如果在公众号上诱导分享，一则容易被系统识别出来限制分享发送的机会；二则有被警告甚至封号的风险。而通过社群来引导用户传播就可以避免这一风险。

社群裂变成本低，社群裂变的成本主要有3个：工具成本、活动奖励成本和人力成本。

一）裂变逻辑

社群裂变的3个核心是用户裂变流程、用户参与流程和运营操作流程。

用户裂变流程是指在社群裂变过程中，用户与用户之间传播的路径，如用户A传播给用户B和用户C，用户B又传播给用户D和用户E，依次类推。整个传播路径类似涟漪效应，信息以人为中心进行扩散，每个圈层中只要有1个人分享，就会传播到外面的圈层。

1. 形变增长原理及流程逻辑

第一步：用户在朋友圈或微信群中看到了一张裂变海报。

第二步：用户A扫码进群。

第三步：机器人自动@用户A，引导转发海报和广告语。

第四步：用户分享朋友圈后，截图发到群内审核。

第五步：机器人自动检测截图，并告知验证结果。

第六步：此人的好友在朋友圈看到后参与活动。循环裂变。

社群裂变逻辑如图 5-20 所示。

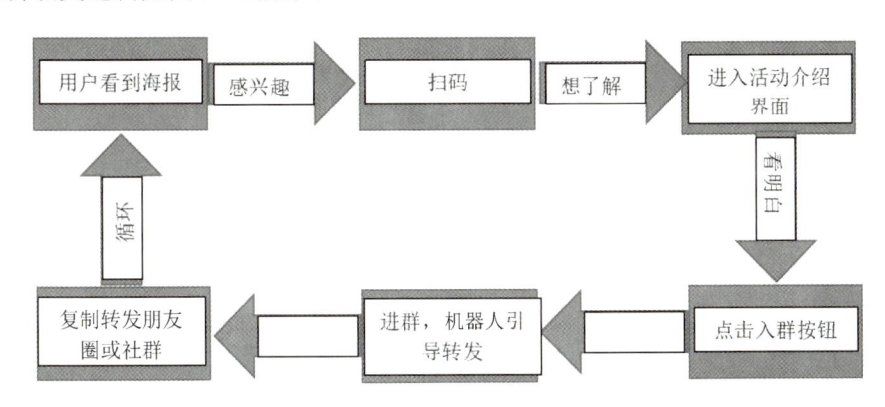

图 5-20 社群裂变逻辑

2. 裂变的要诀

（1）任务类裂变——发挥人与人交互的属性。

"帮"是指利用微信的社交关系链，就是人际关系，帮助他人，互帮共赢是加强社交关系的绝佳方式。"拼"是指向用户传递信号，因为在一起拼单、拼团可以共同获利，属于利己又利他的行为，群体性价值，拼单获利得优惠。

（2）游戏类裂变——发挥人爱玩的属性。

"比"是指攀比思维，将"比"这个字应用在活动排行榜中，引导用户参与排行榜比拼，与其他用户分享游戏，刺激用户参与排行榜比拼，刺激用户的互相攀比心理，尤其适合游戏类型的裂变活动。"邀"表示被重视、荣耀感，裂变活动中应用比较多的是邀请函，通过仪式感的邀请形式，将用户的尊属感展现出来，从而促进用户自主转发、分享。

（3）利息类裂变——发挥人贪婪的属性。

"送"是指免费、无须花钱，比较通用的裂变活动形式为包邮免费。"赚"是指带用户赚钱，能够通过裂变活动帮用户赚钱，将利他主义发挥到极致。常见于分销裂变、二级分销机制，借助金钱收入刺激裂变，让用户在参与活动中边分享、边赚钱。

二）裂变的流程

裂变的流程包括活动策划准备、裂变活动设计、裂变海报的设计原则、活动上线进行线上推广、活动结束后续处理。

1. 活动策划准备

活动策划准备包括选择奖品、确定活动规则、准备小裂变系统、准备活动推广渠道、预估活动效果、裂变活动成本等，与其他线上活动并无太大差异，它的作用是帮助运营者厘清思路、分清重点，进而从容不迫地按照计划执行活动。

在准备阶段还有一个重要的任务是明确裂变的目标。缺乏目标可能导致裂变活动中掺杂了过多的运营目标，从而影响最终的裂变效果。最常见的是把付费转化和裂变拉新掺杂在一起。如果客单价较低，如 200 元以内，那么可以考虑将付费转化和裂变拉新一起做。如果本身的产品付费中还存在一些分销机制，那么付费转化反而会提升裂变。如果客单价较高，用户决策周期较长，就要把付费转化和裂变分开，裂变就是裂变，不需要用户付费。把付费转化去掉，裂变会变得顺畅很多。

2. 裂变活动设计

裂变活动一般包括活动入口、裂变物料领取、奖励用户。

活动入口：让用户看到裂变活动，并参与裂变活动。

裂变物料领取：让用户领取海报、红包等，并通过一定的裂变激励用户进行分享。

奖励用户：用户完成裂变后，进行用户奖励。

根据活动方案，先提炼出海报文案，再设计裂变海报。海报是裂变的重要载体，在整个裂变活动中的重要性占据了 70%的比重。在朋友圈和群里看到海报的人，与文章标题一样，平均点击的概率一般不会超过 0.3 秒。如果海报的信息不能引起用户的兴趣，那么用户会马上关掉或跳出。裂变海报六大要素：主标题、副标题、卖点、背书、促行动文案、活码。图 5-21 所示为常见裂变海报的版式。

图 5-21　常见裂变海报的版式

主题描述的是用户核心需求和痛点，作为一级文案往往字号较大，能让用户一目了然。副标题是对主标题的补充，充当补充说明的角色。在图 5-21 的左侧海报中，主标题可以使用户一看就知道通过读一本书，可以获得一本书。通过副标题可以更清楚地知道这是一本对小学生升学非常重要的书。副标题对主标题起到了很好的延伸解释说明的作用，补充了适用人群。

对于海报的尺寸，考虑到受众的阅读耐心和转化率，我们选择常见的"手机海报"（720 像素×1280 像素）尺寸比较合适，因为这种尺寸的版面承载的内容刚好接近或等于一屏，比较适合受众接收信息，而且第一印象的整体感也比较好。

标题字号足够大，直击痛点或欲望。海报在微信聊天窗口或朋友圈的小图模式时，能大致看到标题内容，是吸引目标受众的第一步。

裂变最核心的关键点是诱饵的设计，诱饵要切中受众的要害，抓住痛点。在内容表现上，摆数据胜于空洞的陈述，使用名词胜于形容词，描述事实胜于画大饼，实物配图胜于卡通配图。但是为了突出核心内容的可信度，就要有背书，即佐证点，以此证明内容的可信性，进而行动。贴上平台LOGO会让受众知道你的出处是可靠的；列出专家、行家、有影响力的人的形象和成就，让受众相信你的品质和实力；还可以列出朋友的头像和昵称，让受众感受到身边的朋友也在关注和行动。根据内容设定裂变让用户付出行动步骤，即促行动文案。

裂变海报所有的设计都是为了说服（潜在）用户行动。在临门一脚的部分，可以使用稀缺性原理制造紧迫感，"限时""限量"是常见的用词，告诉受众，时间不等人，错过就没有了，手慢就没有了。也可以使用价格锚点的方式强调价值，如原价为199元，限时优惠价为9.9元，甚至免费，在受众感知价值的前提下，满足受众喜欢占便宜的心理。转化的本质可以用"转化=欲望-摩擦"公式来体现。

根据上述公式，除了要尽可能激发受众的欲望，还要尽量减少受众行动的摩擦阻力。比如，一个产品的售价为199999元，如果远远超出消费者的消费能力，那么消费者自然会退缩，这是购买力阻力。此外，时间成本、人情成本都是受众在行动之前进行思考的，如果领取一本书要等3个月，那么消费者可能没有耐心。如果要拉拢一些朋友助力，那么人情消耗太重，消费者也可能放弃。

总之，如果受众的欲望没有强烈到愿意克服这些摩擦阻力，那么他就会放弃，这是在策划方案时要进行反复推敲的。

3. 裂变海报的设计原则

① 简洁性。即使为了营造氛围，也不建议将海报设计得太花哨，因为会影响受众接收主体信息，也不宜使用太多颜色，不必过多装饰点缀，文案要尽量反复斟酌，精简优化。

② 层次感。不同级别或不同类型的内容之间要有明显的层次区分，这样可以便于受众阅读。可以搭配使用线框、分割线、背景颜色、符号等元素合理布局整体内容，使其层次分明。

③ 突出重点。观看海报的人难免会有走马观花的，所以要凸显重点内容，要强调关键词，如颜色高亮、字体加粗等，这样才能抓住受众的眼球，以防受众放弃。

④ 比例协调。比例控制得当，整张海报看起来才不会出现头重脚轻、局部空白过多、局部内容过于密集、逻辑混乱等问题。

我们以常见的邀请VIP的裂变海报为例来看一下裂变海报的制作思维，可以把文案做成如下形式。

主标题——价值1200元的视频软件免费送。

副标题——八大视频平台电影、电视剧随意看。

卖点——你还在每个月花钱购买视频会员吗？你还在忍受 120 秒的广告吗？你还在为了追一部电视剧购买会员而感觉不值吗？现赠送一款软件马上解决你的苦恼，花一分钱也能免广告观看，想看什么就看什么。

促行动文案——给一个时间和数量的限制，如只送 100 个人，先到先得；或者截止到某个时间点，增加一种急迫感，有一种争先恐后来领取的感觉。侧面表现出所提供的是非常有价值的东西。另外，还要有要求，虽然是免费的，但是需要帮个小忙，只需要将这张海报发送到朋友圈即可领取，好东西当然要分享给好朋友。

活码是指二维码——万事俱备，二维码必不可缺。无论是群二维码，还是个人二维码，至少有一个。标注扫码（进群）领取即可。

通过上面分析可知，主标题、副标题、卖点、促行动文案、活码是裂变海报设计的必要元素。

4. 活动上线进行线上推广

活动推广前要进行测试，检查所有文案，确保活动闭环正常。推广可利用线上渠道与线下渠道。线上渠道自有流量，如自己的公众号、自建的社群、客服号，以及公司员工、公司自身网站与 App；也可利用外部流量，如大 V 公众号、微博号、其他网站等。线下渠道有门店海报宣传、线上传单发放、线上活动、线下广告牌推广等。

推广过程裂变转化原则可以用裂变漏斗来说明，裂变漏斗的宗旨是裂变要具备连贯性。即在裂变环节，从用户进入活动到完成分享这一环节必须是连贯的。如果不连贯，就会造成裂变漏斗变窄，从而影响最终的裂变效果。为了保证连贯性，就需要拓宽漏斗，从上往下，梳理裂变漏斗中的每一层，在现有的预算内，采取办法把每一层漏斗拓宽。漏斗越上一层，做得越宽，裂变效果越好。举例来说，裂变漏斗顶层使用户进入裂变活动，如果这层进入的用户是 10 个人，那么裂变的效果小于或等于 10 个人的老带新。如果这层进入的用户是 1000 个人，那么裂变的效果小于或等于 1000 个人的老带新。

5. 活动结束后续处理

当活动结束时，文案要明确告知用户活动结束的期限，避免疑问。对于奖品的发放，要及时收集数据发货，不拖延，防止失去信任感。活动结束后要感谢用户参与并进行后续活动预告，让用户对企业或品牌提升信赖感及期待感。

对活动数据进行复盘，为下次活动提供经验。

四、裂变运营案例

案例背景：

小王从事人寿保险行业，保额从几千元到上万元不等。用户可以在微信端直接付费完成投保。在投保之前，用户的身份证等相关信息是必须要填写的。

裂变思路：

小王希望以海报的方式在朋友圈传播从而达到裂变效果。同时策划了一个保险金，即用户可以先领取一个初始额度的保险金，再通过裂变实现老带新，可以提升保险金额度。保险金可以用来直接兑换低额的保险，或者以红包形式抵扣高额保险。

小王设想的裂变流程分为 5 个步骤：①老用户通过微信进入裂变活动；②老用户在活动页面可以直接领取保险金，每个用户均为固定额度；③老用户需要先填写身份证信息，再进行投保，因为在领取保险金时，需要个人身份证信息；④如果老用户不生成海报，那么只能领取固定额度的保险金；如果老用户生成海报分销，那么可以增加保险金额度；⑤通过一个老带新的玩法，可以把海报发送到朋友圈，也可以发送给微信好友。如果每拉新一个好友领取了保险金，那么视为有效拉新，老用户可以提升一定额度的保险金。

通过分析我们发现上述裂变流程存在以下两个问题。

裂变目标不清晰，运营指标掺杂在一起。整个流程的设计目的是进行裂变。但是其中掺杂了一个提升付费转化的运营目标，就是填写身份证信息，这是在用户拿着保险金最终做投保，也就是所谓付费转化时才需要做的工作。

裂变的流程不是越长越好，而是越短越好。如果裂变的流程越长，就意味着裂变漏斗层数会增多，从而导致最终裂变效果大打折扣。上述裂变流程转化为漏斗结构如图 5-22 所示。我们可以看到第 3 层，老用户需要填写身份证信息才可以生成海报，这就意味着这一层的漏斗会变窄，而整个裂变活动最终的目标拉新流量的效果就会变差。

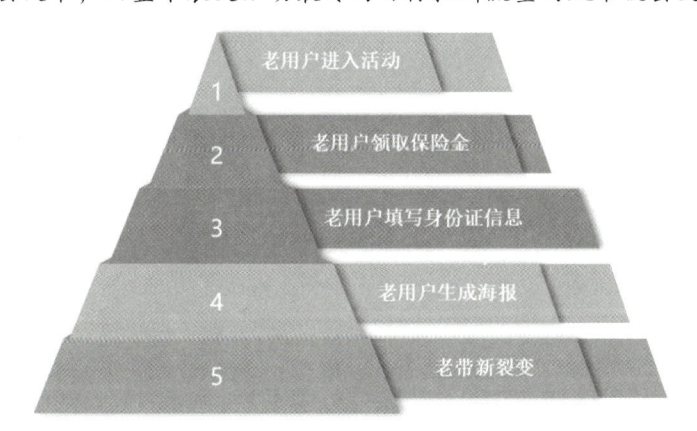

图 5-22　保险海报裂变流程

裂变优化：

裂变的优化其实是一个流程的优化。直接删除填写老用户身份证信息环节。当用户领取保险金后，想要获取更多保险金很简单，成本也很低，生成海报去拉新。整个裂变环节删除付费转化。因为保险是价格较高的产品，付费转化的用户决策周期较长，不要放在裂变流程中影响转化，如图 5-23 所示。

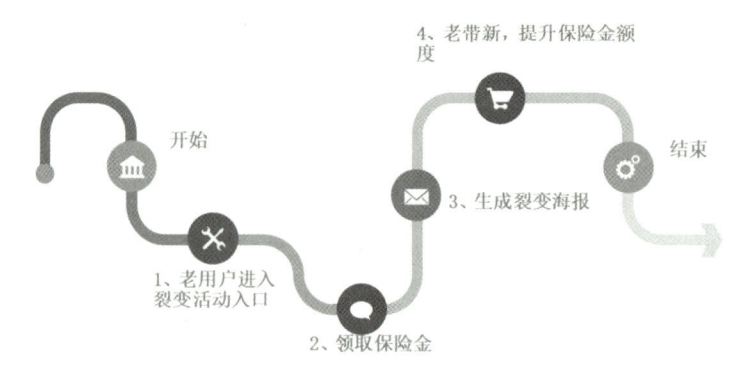

图 5-23　更改后的保险海报裂变流程

实训　社群运营实训

一、社群规则设置

假设你是某汉服社群的管理员，现在要求在原有社群规则的基础上，增加一些内容，对社群规则进行完善。原有社群规则如表 5-1 所示。

欢迎各位加入××汉服爱好者协会，希望大家在社群中多交流与汉服相关的事情，互相尊重，共建文明有礼的社群。

表 5-1　原有社群规则

实训要求	（1）要求从原有社群规则中提炼出可用部分。 （2）要求新规则包括加群规则、日常规则和淘汰规则
实训步骤	（1）分析原有规则。结合本章所讲知识，分析原有社群规则中的可用部分，以及该规则所欠缺的内容。例如，原有社群规则明确了社群定位——交流与汉服相关的事情，缺少加群规则、名称规则、交流规则和淘汰规则等。 （2）完善社群规则。分析汉服社群的特点，结合本章知识，设置加群规则、名称规则、分享交流规则和淘汰规则。一般来说，汉服类社群中可能同时包含汉服爱好者、裁缝和绣娘等不同角色的社群成员，且社群成员可能来自五湖四海，也可能彼此之间产生过交易行为等。在设置社群规则时，需要考虑各方面的内容，事先定好规则以避免产生各种问题。因此，社群规则可设定为"进群请根据擅长的领域修改群名片，如爱好者-××、裁缝-××、绣娘-××。""社群成员之间不允许私下交易，如果造成损失，那么社群官方概不负责；交易发起者给予严重警告，再犯逐出群聊；交易接受者给予警告一次，取消当年××资格。"

二、发起一次有奖征集

假设你是某宠物用品企业的社群营销人员，现在企业希望举办一场线下活动，需要在 QQ 群中，征集社群成员对活动形式、活动奖励、活动时间、活动名称和活动口号等的意见，并允许选择价值为 1000 元内的产品作为此次征集活动的奖品。有奖征集规则如表 5-2 所示。

表 5-2　有奖征集规则

实训要求	（1）编辑并发布有奖征集的群公告。 （2）发布群投票，吸引社群成员参与，增加社群凝聚力
实训步骤	（1）分析线下活动所包含的基本内容。结合企业特点，分析举办线下活动事先应该确定的内容，即需要征集的内容。其中，活动时间、地点、奖励等基本内容等可由社群成员率先发表意见，遵循少数服从多数的原则。因此，需要征集社群成员意见的内容大致有：活动形式（举办什么样的活动）、活动名称、活动口号等。 （2）确定征集奖品，编辑群公告并发布。结合企业的产品——宠物用品，分析社群成员的需求，针对不同的征集主题，选择不同产品作为奖品。既然是宠物用品企业，那么其社群成员也应该是养猫、狗等宠物的用户，此次征集活动的奖品可以为消毒液、除臭剂、罐头等宠物常用物品或宠物零食等。例如，群公告内容为：圣诞来临，××宠物用品企业预计举办一次线下活动，现需征集各位群友的意见，决定举办什么样的活动、活动的名字和口号等内容，有想法的群友可联系××管理员，将自己的创意发送给企业，创意被采取的群友可获得一套宠物大礼包！养猫用户大礼包（猫砂、猫砂盆、逗猫棒、猫玩具、罐头、猫零食等）和养狗用户大礼包（遛狗绳、狗粮、狗玩具、罐头、营养膏等）任选其一，其他不同类型的用户也参照上述奖品标准。 （3）发布群投票。浏览社群成员发送的创意，选出可执行性强、较有创意的内容，在群聊设置中，发布群投票。需要注意的是，每项内容可选的创意都应在 15 个以下

第六章

短视频营销

短视频社交平台在近几年快速发展，创造了一个集视听媒介、社交网络和精准传播为一体的新型社会信息交互渠道，为各类社会活动的互联网化提供了新契机。短视频作为当下正新兴的热门行业，以短视频为主的自媒体平台用户数量迅速增长，是新媒体人要去关注的新阵地。因此，掌握短视频制作技巧是学生学习新媒体知识的重要部分。

第一节 认识短视频营销

一、短视频的发展趋势

扫一扫，看微课

随着网红经济的出现，视频行业逐渐崛起一批优质 UGC 内容制作者，如微博、秒拍、快手、今日头条等纷纷进入短视频行业，募集一批优秀的内容制作团队入驻。截止到 2017 年，短视频行业竞争进入白热化阶段，内容制作者也偏向 PGC 化专业运作。

2018 年，我国短视频用户数量约达到 5.01 亿人，而且仍将保持稳定增长态势。截止到 2020 年 12 月，我国短视频用户数量约达到 8.73 亿人，较 2020 年 3 月约增长了 1 亿人，占网民整体的 88.3%。

极光数据统计，2021 年 9 月抖音/快手的主站+极速版 MAU 规模分别约达到 8.53/5.87 亿人（未去重），主站用户日均使用时长分别约为 138/113 分钟。抖音和快手平台用户画像各有侧重，快手在一线城市用户占比提升，而抖音则通过极速版向下沉市场突破。

短视频消耗了用户大量的碎片时间，具有更强的时间黏性、更年轻的用户群、更好的变现方式。在短视频行业里，"南抖音、北快手"的竞争格局基本形成，美图的美拍、新浪的秒拍、今日头条的火山小视频、西瓜视频等产品基本瓜分了剩余的市场份额。

据统计，仅一个抖音 App 在 2018 年春节期间下载量就高达 3000 万次，连续 16 天霸占应用中心下载量的榜首。

目前，我国发展较为成熟的短视频平台主要分为以抖音、快手为代表的社交媒体类；以西瓜视频、秒拍为代表的资讯媒体类；以 B 站（哔哩哔哩）、A 站（AcFun）为代表的 BBS 类；以陌陌、朋友圈视频为代表的 SNS 类；以淘宝、京东主图视频为代表的电商类；

以小影、VUE 为代表的工具类这六大类别。在这六大类别中，抖音、快手牢牢占据了目前短视频市场的龙头地位。无论是抖音的"记录美好生活"，还是快手的"记录生活记录你"的口号，都标志着目前移动短视频应用大多都还是定位在生活分享和社交互动的泛娱乐领域。

除了头部市场，新晋入门的 App 也都各自将泛娱乐内容作为自己的垂直领域主打。比如，奶糖致力于构建属于年轻人的音乐短视频区；超能界注重录制真人特效短视频；美拍专注打造"女生最爱的潮流短视频社区"。总体来看，虽然短视频内容在深耕垂直发展中呈现出"百花齐放"的发展形势，但泛娱乐内容仍是当前短视频内容的主流。

二、短视频的定义

短视频是指在各种新媒体平台上播放的、适合在移动状态和短时休闲状态下观看的、高频推送的视频内容，几秒到几分钟不等。视频内容融合了技能分享、幽默搞怪、时尚潮流、社会热点、街头采访、公益教育、广告创意、商业定制等主题。由于视频内容较短，既可以单独成片，也可以成为系列栏目。

三、短视频营销的特点

近 10 年，短视频以迅雷不及掩耳之势迅速蹿红，成为人们日常生活中不可或缺的一种娱乐方式，也成为重要的营销推广方式。那么短视频营销的特点有哪些？

一）病毒式的传播速度，以及难以复制的原创优势

我们从当前各种热门的短视频平台就可以看出，比起传统营销模式，短视频营销病毒式的传播速度将互联网的优势发挥得淋漓尽致。重要的是，短视频"短"的特点，尤其受到快节奏生活下用户的青睐。只要内容好，就能大面积传播。

二）低成本简单营销

相比较传统广告营销的大量投入，短视频营销入驻门槛更低，成本也相对减少，这也是短视频营销的优势之一。短视频内容创作者可以是企业也可以是个人，其内容制作、用户自发传播及粉丝维护的成本相对较低，但是制作短视频需要有好的内容创意。

三）数据效果可视化

短视频营销比传统营销的一个明显特点就是，可以对短视频的传播范围及效果进行数据分析，如多少人关注、多少人浏览、转载多少次、评论多少次、多少人互动等，可以直观地看到各项数据。同时可以通过数据分析、观察，掌握行业风向，及时调整并优化短视频内容。

四）可持续发展性的传播时限

短视频一旦受到了用户的关注和喜欢，系统就会持续不断地将短视频推送给更多的人，有效地提高短视频的展现量。

五）高互动性提升短视频传播速度和范围

网络营销具有高互动性的特点，而短视频营销则很好地利用了这一点，几乎所有的短视频都可以进行单向、双向甚至多向的互动交流。

六）指向明确，用户精准

做短视频运营之前，要先做一件事：账号定位。根据账号的垂直定位制作相关短视频，针对垂直领域的目标用户制作短视频，指向性明确。

四、短视频的类型

短视频的流行首先离不开短视频内容策划方向。短视频内容策划的确需要灵感，但是灵感更加依托于生活观察，观察中分类汇总，更有利于内容具象化。

根据制作类型，短视频可分为剧情短剧、测评推荐、网红分享、草根搞笑、美食教程等。根据制作题材，短视频可分为娱乐类、知识类、情感励志类、生活类、时尚类、新闻热点类，每个类别之下又有不同的流派。只有真正找到适合自己的定位，才能使短视频脱颖而出。

目前，比较受欢迎的短视频"爆款"类题材如下。

（1）搞笑型短视频内容题材。

搞笑型短视频内容题材几乎包含了大多数的娱乐类型，如相声、小品、段子、笑话、脱口秀、哗众取宠、剧情反转、失误镜头、奇葩事件等。

（2）颜值型短视频内容题材。

颜值高的网红在短视频中往往更受欢迎。当然，这个颜值不仅包括长相，还包括会化妆、会打扮、有气质、有魅力。因此"颜值高+才艺展示"类短视频更受欢迎。

（3）萌宠型短视频内容题材。

可爱的小猫、小狗、小兔子等，这种非常可爱的动物也很吸引眼球，视频主要突出"萌"。通过一个动作、一个表情、一句配音，让观众觉得短视频内容很可爱、很治愈。

（4）才艺型短视频内容题材。

这种短视频内容题材就是指某项才能突出，或者普通人做不到的事情你能做到，或者别人没有见到过的事情。比如，在抖音上被人戏称为"无用爱迪生"的手工耿，擅长发明和制作各种有趣、脑洞大开的手工艺术品。他的手工短视频单个播放量约达到1000万次，拥有上百万个粉丝。

（5）风景型短视频内容题材。

先拍一段壮美恢宏的大自然景观，如大海、高山、冰雪、温泉、高原、沙漠、城市、乡村等景色；再配上一段合适的音乐就能充分调动用户的情绪。现在，很多旅行类的大V都是依靠这样的短视频内容题材火起来的。

无论制作什么样的短视频内容题材，优质的短视频内容始终是最为重要的流量入口。在选择短视频拍摄题材之前，关注用户喜欢的短视频内容题材仍是运营的关键环节。无论是用短视频内容引流，还是深耕短视频内容，通过购物车的形式来"种草"带货，好内容仍是前提。

五、平台算法与规则（以抖音、快手、西瓜视频为例）

很多玩抖音的人都不知道抖音平台的运营规则，发短视频踩雷、带货踩雷、直播踩雷，导致账号收到各种处罚通知。抖音违规处罚有哪些？账号评级通知是什么？为何有些账号会出现降权、重置或封号等问题？

想要了解平台的运营规则，需要从以下 3 个方面入手。

一）平台定位

抖音定位：主打的定位是媒体，与微博类似，平台不会关心你是谁，而是关注你创作的什么内容受到了大量用户的欢迎。这里的重点是"内容"，而不是"人"。

快手定位：主打的定位是社区，每个人都可以用短视频内容来表达自己对于这个世界的看法。所以，我们只需要了解在快手上能够受欢迎的短视频前提是"人"，是一个呈现给大家什么样的人。围绕"人"这个命题，通过内容逐层展开。

西瓜视频定位：西瓜视频是典型的 PGC 分享平台，主打就是精彩内容的分享与传递，可以理解为是爱奇艺、腾讯、优酷的"缩小版"。

由于各短视频平台的定位不同，因此各平台的算法与规则在细节方面也会有所不同。

二）算法推荐机制

快手的算法推荐机制围绕的是"人"，也就是让更多的人发布的短视频内容有曝光的机会，而非单独只针对某几类的短视频内容进行推荐，避免极少数的精品短视频内容一直被置顶。

抖音的算法推荐机制与快手是不同的，它是把大量的流量集中输送给用户喜欢看的内容上，用户越喜欢看，短视频内容的流量就越大。它是以"内容"为先的，而不是首先考虑的是以"人"为重。图 6-1 所示为抖音热搜榜。

西瓜视频与抖音都属于今日头条体系内，其算法推荐机制与抖音如出一辙，也是以用户受欢迎的内容为重点推荐对象，越是受欢迎，流量倾斜的力度就越大。

三）平台的发展趋势

快手的发展趋势，可以参考腾讯的发展历程。腾讯的产品大多是通过社交的方式绑定用户的，让用户留在平台上，然后围绕用户需求去服务、变现。快手也是如此，通过短视频内容将"人"与"人"的关系搭建，甚至打造成一种强关系的社交模式。快手 App 内的"同城"一栏就是典型的证明，使用户能看到基于地理位置最近陌生人的短视频或直播。

图 6-1　抖音热搜榜

抖音则不一样，由于抖音母体来自资讯分发的今日头条，因此抖音本身的发展趋势还是以精彩内容推荐为先，不以群体平时的生活记录为重。即使要做社交也必须另辟蹊径，于是多闪 App 诞生了。因为抖音内用户无法做到点到点社交。

西瓜视频同样如此，只要平台制作用户喜欢看的精彩内容，就可以持续不断地得到青睐。

知识链接

抖音的三大违规处罚

抖音的三大违规处罚如下。

1. 限制流量，屏蔽热门

（1）发送太多的广告视频。
（2）当搬运太多的短视频时，系统会通知。

发送广告一定要适度，千万不要发送太多广告。在抖音，99%是贡献价值，创造优质作品，剩余的1%用来发送广告。限制流量、屏蔽热门是这几个处罚中最严重的，因为没有了热门和流量，基本上没什么人观看了，或者观看的人很少。

2. 屏蔽功能，限制使用

当某一个功能被恶意频繁使用，如恶意广告、恶意营销等，严重时都会被限制使用。有时一旦违规，可能就无法开通。比如，经常频繁使用私信给客户发送个人微信号，频繁使用评论发送个人微信号，不按规则使用抖音的商品功能，这些都可能会被限制使用。

3. 删除短视频，封号数日

广告发送得太多，或者发送了违规的短视频，都可能被删除。如果严重触碰抖音规则，哪怕只有一次，那么可能直接封号。

（1）慎搬运。有盗用他人作品嫌疑。抖音大号基本都是原创的，搬运的规则越来越严格，坚持原创才是长久之计。

（2）慎广告。不能出现其他 App 水印、包括微信号、手机号、网址等，不仅流量少，甚至可能影响其他作品的热门。

（3）慎非正能量。涉及负面消息要慎重，平台鼓励传播正能量、记录美好生活，围绕这些题材去制作短视频才能更容易出圈。

（4）关键词违规。凡是添加的关键词，用户必须认真检查，不能出现违规，如账号昵称、个性签名、视频介绍、私信、评论等，这些位置填写的文字一定要仔细检查、核校，查看是否涉及一些敏感词。

短视频平台的运营规则背后带给我们的思考是，该如何利用这些运营规则更好地服务于我们的短视频账号。

第二节　短视频创作的流程及准备

一、账号定位

在做抖音之前，需要为抖音账号做好规划，这个规划就是定位。定位明确的账号可以令你的账号或"人设"与众不同。对受众而言，形成记忆点，带来自然流量，具备更大的竞争力。账号定位越明确、领域越垂直，粉丝就会越精准，商业变现也就越轻松。

那么对于刚开始做内容的抖音运营来说，可参考"表现形式+表现领域/类目"公式来定位账号。它可以快速确定账号的主攻领域，给用户一个明确的第一印象。比如，土味王家卫风格+无厘头喜剧开拓者的抖音账号"冷少"。

在实际操作中，账号的定位主要体现在账号名字、头像、个人介绍、背景墙及账号简介等方面。

1. 账号名字

账号名字要避免低俗，尽量个性化，这样更容易让别人记住。最好昵称能客观地体现出账号的定位。关于账号的名字，大家可以参考两种格式：①可以设置为"名字+目的"的形式，如"说车老王""老杨说历史""老张游北京"等，如图 6-2 所示。②可以设置为"名字+领域"的形式，如"刘姐手织""小黑测评""大白健身"等。

图 6-2 "名字+目的"的形式

2. 头像

头像可以是真人照片，或者具有代表性的 LOGO，也可以把账户名称设置为文字图片，保证图片的清晰度。最好是经过设计的图案，给人一种专业的感觉，更容易让粉丝信任。

3. 个人介绍

可以用比较简洁的一句话，或者能体现账号特点、特色的一句话，如"喜欢手工制作"，如图 6-3 所示。很多人会在个人介绍一栏放置联系方式，或者广告性质明显的内容，作者不建议这样做。新账号不建议马上放置联系方式、敏感字或明显的营销广告文字。新账号需要先运行一段时间且有一定数量的粉丝之后，再考虑添加商务内容，这样做可以避免被限流。

图 6-3 简洁的个人介绍

4. 背景墙

背景墙可以放置与内容相关的海报，或者吸引人的精美图片。背景图尽量干净、整洁，不要杂乱，不要放置公司 LOGO、微信号、手机号等。

5. 账号简介

以抖音号为例：每个月只能修改一次，建议修改成人们容易记住的号码或与微信号同号。但是前提是你要确定用哪个微信号，一旦确定下来，后面不建议频繁修改。

6. 绑定其他账号

如果你有今日头条账号，那么一定要绑定该账号。也可以绑定火山小视频、微博、西瓜视频等第三方账号，这样可以将短视频同步发送到所绑定的平台上，提升曝光率，如图 6-4 所示。

图 6-4 抖音的第三方账号绑定页面

7. 资料完善

资料越完整，账号权重越高，最好完成实名认证等一系列操作。关于实名认证，通常一个身份证号只能认证一个账号。需要注意的是，身份证号不可以换绑，但可以注销。

二、选 题

1. 选题四大原则

选题是一个好的短视频的开始。短视频的选题通常遵循以下四大原则。

（1）关联性。选题内容要与账号定位一致，如房琪的短视频账号是旅行情感类账号，短视频的所有内容都是和旅行或情感相关的。

（2）热门性。选择最热门的题材，如将最近很火的音乐《月亮不睡你不睡》运用到自己的短视频当中，短视频会吸引更多的人观看。

（3）新鲜感。稀缺性、生活少见，如无敌灏克将 rap（说唱）与夸张的动作结合起来，产生了很好的吸粉效果。

（4）人设感。基本符合抖音号的 IP 人设定位，最好设置独一无二的标语或口号。比如，

papi酱每次的短视频开端是"大家好，我是papi酱，一个集美貌与才华于一身的女子"。

2. 选题方法

想要做好短视频的选题工作，需要从以下几个方面入手。

（1）寻找创作灵感。

要保持短视频账号的活跃度，短视频更新的频率就会比较高，也就意味着短视频创作者需要持续地输出内容、创意等，但难免会遇到没有灵感的时候。当完全没有灵感时，短视频创作者该怎么办呢？下面介绍几种获取创作灵感的方法。

① 模仿：模仿或翻拍热门短视频，在原短视频的基础上根据情况融入自己的风格特色，可能会获得更好的效果，提升曝光率。

② 二次创作：与模仿法相比，二次创作的形式更加深入，也需要融入更多自己的想法特色。可以根据当下的热搜事件、新闻、影视剧作等进行发散创作，与热点挂钩，也能赢得不错的流量。

③ 专业提取：制作短视频集合，将自己擅长的知识通过短视频的方式呈现，给用户进行简单易懂的科普。尤其是对于想要打造垂直领域创作的账号来说，很容易获取精准、黏度高的粉丝。

④ 反转：这不仅是创作内容的一个方向，也是吸引用户观看短视频的方法，对于提升短视频的完播率等数据非常有帮助。常见的套路有，大家预想的时间发展为A，但创作者可以另辟蹊径，发展出一条B的故事线。这类短视频做出的爆款概率也是很高的，内容发展越多，剧情的可看性越高，越容易引起用户的兴趣。

（2）利用"创作灵感"。

比如，在抖音上搜索"创作灵感"，点击顶部图片后可以进入推荐页面，系统会根据你的作品内容，推荐属于你的热门创作主题。拍摄完的视频作品，需要在"创作灵感"页面点击"拍摄"按钮进行上传，可以获得更多精准的流量曝光。

3. 参考同行播放量高的短视频

同行不一定是对手，而是可以互相学习的对象。很多企业都是看见同行在做什么，自己跟着做。

如果你是做装修的，那么注册一个抖音小号。首先把抖音上做装修的质量比较好的账号，尤其是点赞、评论比较高的账号，全部关注一遍。然后把所有账号点赞高的内容作品进行研究，学习别人日常拍摄的短视频内容都有哪些特点，如选题、形式、人物、拍摄的场景等。最后结合自己现有的情况，确定几个账号作为自己的对标账号。

当我们不知道如何去做选题时，其实很多大V的账号都有做好的内容合集，前期可以根据合集的内容进行模仿、翻拍，后期输出内容时再进行打磨，慢慢制作属于自己的原创内容。

除了关注同行，还可以关注一些抖音的头部账号，如拥有1000万个粉丝以上的账号，这些头部账号能够第一时间预判到平台的变化，而我们也可以从中借鉴与学习。

（1）粉丝的评论、私信。

如果你的账号已经有一定的粉丝量，那么一定要多多与粉丝互动，不仅可以增加粉丝的活跃度，还可以从大量的评论、私信里找到用户最关心的问题，作为下一期内容的选题。如果你的账号没有那么多粉丝评论，那么可以去同行或大 V 的作品中查看评论，寻找合适的选题。

（2）结合各平台优质话题。

各平台都有热搜榜，如微博、微信、知乎、哔哩哔哩等，这些都是网友比较关心的时事，遇到合适的话题可以作为选题创作短视频。这里推荐一个导航网站——今日热榜，聚合了各个平台、类目的热搜，非常方便查找。

热点内容固然是好，但不一定都适合作为内容选题。大部分平台都会有话题的分类，可以找到与自己相关的话题，查看高点赞、高回复的内容，可以将其作为内容选题。比如知乎，可以搜索关键词，查看精华内容。很多大 V 的回答就是现成的脚本。

（3）结合各平台的热搜。

持续关注平台的热搜榜单、热门短视频榜单、实时上升的热点，当遇到与自己相关的话题时，可以快速借势宣传，因为热点内容更容易获得流量。

三、撰写脚本

脚本作为短视频拍摄的重要依据，所有参与短视频拍摄的工作人员的行为、动作都要根据脚本来开展。在拍摄短视频之前，就已经确定了拍摄设备、道服化、环境、角色、场景、旁白等元素。如果把盖房子比喻成拍摄短视频，那么脚本就是房子的图纸。脚本为短视频的拍摄、剪辑提供了一个精细的流程指导。因此，脚本可以提前统筹安排好每一个人每一步要做的事情，提高拍摄人员的工作效率，并保证完成高质量的短视频。

1. 短视频脚本的分类

按照撰写短视频脚本的形式可分为 3 类：提纲脚本、分镜头脚本和文学脚本。其中，提纲脚本最适用于简单短视频的拍摄，尤其适合在抖音、快手上发布的短视频拍摄。

提纲脚本是指为拍摄的短视频制定的拍摄内容要点。摄影者在拍摄之前对将要拍摄的现场和事件情况并没有太可靠的把握，因此无法做到非常精准策划预案。如果没有预案，那么拍摄出的短视频逻辑性会非常差。因此，摄影者要根据拍摄现场或事件可能发生的过程，把必须拍摄的要点写成拍摄过程以保证短视频的质量。

这种形式的脚本主要应用在短视频或纪实拍摄中。由于短视频的篇幅短，因此短视频的脚步通常只需要以提纲的形式，记录需要拍摄的镜头、情节或环节。纪实拍摄是以记录生活现实为主的摄影方式，素材来源于生活，如实反映我们所看到的。比如，景点讲解类、街头采访类、美食探访类短视频采用的都是纪实的拍摄手法。

分镜头脚本是指通过连续的文字来描述短视频场景的一连串镜头，相当于整个短视频的制作说明书，是把短视频情节翻译成镜头的过程，与提纲脚本相比，分镜头脚本要详细和精致很多。每一个镜头里面要包含许多拍摄和制作上的细节，如画面、光线、镜头运动、声音和字幕等。分镜头脚本对拍摄者的要求相对较高，一般短视频拍摄者难以驾驭。

文学脚本是各种小说或故事改版以后，方便以镜头语言来完成的一种台本方式。它不像分镜头脚本那么细致，适用于不需要剧情的短视频创作。一般适用于教学短视频、测评短视频、拆快递短视频等。

2. 撰写脚本的步骤

在撰写短视频脚本时，我们可以按照以下 5 个步骤来撰写。

第一步：拟大纲，建框架。我们列大纲的目的在于提前设计好剧中人物和环境相互之间的联系。根据账号定位并确定好故事的选题，建立故事框架，确定好人物、场景、时间及所需要的道具，并根据这些道具开始创作故事。

第二步：定主线，有支撑。脚本是一个故事的灵魂，无论是搞笑类脚本，还是剧情类脚本，有价值的故事才能作为脚本的支撑力。

第三步：场景设计。在影视剧中常常有"绿布"等场景设置，而短视频不同于影视剧的一个特点在于，短、平、快、制作成本低，需要在几分钟内甚至一分钟以内讲完一个故事，利用真实场景拍摄更让人有代入感。比如，想要拍摄办公室故事，但是将拍摄场景设定在卧室，不仅没有代入感，而且也没有真实感，这样会让观众觉得很别扭，对视频没有欲望。如果制作成本没有上限，且团队的拍摄剪辑技术精良，那么可以尝试使用更多特效来丰富视频场景。

第四步：对时间的把控。这里所说的时间把控，主要是指留住用户看完短视频的技巧。如何撰写一个 1 分钟左右的短视频脚本？你需要在 15 秒左右的地方设置一个反转或爆点，吸引用户往下观看，从而留住用户。

第五步：主题升华。用户喜欢什么样的短视频？会给哪些内容点赞？当然是对他"有用"的。这里的"有用"可以指知识技能上的，也可以指情绪上的。比如，你的"鸡汤"让他感同身受，你的"干货"让他"受益匪浅"。只需要一个"价值点"，就有可能让用户点赞、评论甚至进行关注和转发。因此，在撰写短视频脚本时，一定要在内容上升华主题，让用户有所收获。

四、拍摄短视频

1. 拍摄工具

想要拍摄出完美的短视频，除了内容，还要拥有较好的拍摄工具，毕竟清晰的画质及声音能让用户感到舒适，因此拍摄工具也是至关重要的。下面介绍几种拍摄短视频的必备工具。

（1）拍摄设备。

目前短视频的拍摄设备有手机、单反相机、摄像机等。摄像机虽然拍摄短视频比较专业，但是功能单一；手机和单反相机相对便捷且用法多样，在短视频的拍摄中比较常用；而手机和单反相机的区别是前者更加方便，而后者比较专业。单反相机是专业的摄影设备，而手机是涵盖摄影在内的多功能设备，在定位上是完全不同的。

此外，单反相机和手机最明显的区别在于其画质和可操作性。手机拍摄的短视频远不如单反相机拍摄出来的短视频高清。虽然现在的手机已经升级到能装载几千万像素的镜头，貌似能和单反相机一决高下，但实际上那仅仅是拍照的像素，在短视频上手机依然只有几百万的像素。

(2) 收音设备。

目前，市面上所使用的短视频拍摄设备都具备录音功能，但录音效果往往达不到预期。拍摄设备自带的录音功能会将周围环境的声音也一并录进去，就会产生许多噪声。虽然噪声在后期剪辑时可以通过音频剪辑软件进行降噪处理，但是效果并不理想。所以最好的解决方法就是在拍摄短视频时，运用收音设备进行录音，这种音频也被称为"同期声"。收音设备不仅能让声源更近，而且录进去的声音更加有指向性，大大降低了噪声，这样就能得到比较完美的音频。

(3) 辅助工具。

除了拍摄设备和收音设备，在进行短视频拍摄时还会用到很多其他辅助工具，最常见的就是三脚架和稳定器。如果没有三脚架和稳定器，那么拍摄短视频只能通过手持或放在某个固定的位置，这样不仅影响画面质量，还限制了拍摄。

2. 拍摄手法

按照故事呈现的镜头讲述类型，基本可以划分为5种拍摄模式：第一，自拍模式（见图 6-5）。一般是手持自拍杆拍摄，如带领别人去参观或网购开箱拍摄。第二，讲述加画面模式。画外音讲述配合相应的图解性画面。第三，讲解模式。拍摄者出现在视频中进行讲解、展示，这种模式适宜很多知识性短视频的创作。第四，剧情模式。一般是创作一个短剧，运用多种拍摄技巧来呈现一个相对完整的故事，多用于趣味、搞笑等视频的创作。第五，采访模式。类似于电视新闻中的拍摄模式，呈现出拍摄者与他人在视频中的交谈、互动。

图 6-5 常见的自拍模式

具体到镜头语言上，拍摄者要有意识运用不同的景别来表现不同的内容，主要分为5种类型：第一远景，用于展示空间背景或环境气氛，在风景类拍摄中比较常见。远景不容易吸引注意力，信息冲击力不强，在短视频上一般不适合大量适用。第二全景，用于表现场景的全貌或人物的全身动作，常用于表现人物之间、人与环境之间的关系，主体全部出现在画面中，能够直观地表现主体人物之间的关系，情节类短视频使用较多。第三中景，是指拍摄时取人物小腿以上部分的镜头，多采用标准等中焦段镜头进行拍摄，能够达到主体突出的效果。第四近景，取景一般在人物胸部以上或物体的局部细节。近景能够突出表现人物的面部表情，传达人物的内心世界，是刻画人物性格最有力的景别。

在拍摄短视频时，应该较多使用中景和近景，以快速表达内容。第五特写，是视距最近的景别，能有效地交代事物的细节特点。它具有冲击力强的特点，运用在故事情节的拍摄上，能够通过对人物细节的拍摄，揭露人物的心理。

在短视频创作中，拍摄者还经常交叉使用如下多种镜头运动方式。

（1）推：镜头向前推，被摄物体不需要移动，而被摄物逐渐放大。

（2）拉：与推相反，镜头往后拉，画面中的被摄物逐渐缩小。

（3）摇：拍摄设备进行上下、左右、旋转等模仿主观观察的运动，使观看者有身临其境的感觉。

（4）移：移动拍摄，是指沿水平面移动拍摄。

（5）升：上升拍摄，镜头垂直上拉，可以利用无人机拍摄，常用于短视频的结尾。

（6）降：下降拍摄，与上升相反，从宏观环境下降到具体人物，常用于短视频的开头。

（7）俯：俯拍，常用于宏观展现环境的整体面貌。

（8）仰：仰拍，能呈现对象高大、庄严的特征。

（9）甩：是指从一个被摄体甩向另一个被摄体，表现急剧的变化，多用于模拟运动感。

（10）跟：是指跟踪拍摄。纪录片常用的拍摄方式，在短视频中能营造一种真实感。

（11）反打：一般采用双机位拍摄，先从两个方向拍摄交谈中的两人，再交叉剪辑构成完整的片段。

（12）变焦拍摄：通过镜头焦距的变化和景深的控制，实现远景、近景之间的虚实交替。

五、剪辑

剪辑是短视频的后期制作环节，这部分的一般流程如下。

（1）前期准备：整理素材和明确短视频主题。

（2）剪辑工作：首先厘清思路、明确剪辑风格；然后初剪，把有用的镜头放在轨道上，按照顺序进行排列；最后精剪，精心设计每个镜头与镜头之间的衔接转场。

（3）补充完善：包括添加短视频特效、配音、配乐、配字幕等。

目前，短视频剪辑软件有很多，既有简便易上手的在线剪辑软件，也有复杂但功能强大的专业剪辑软件，如图 6-6 所示。

图 6-6 常用的短视频剪辑软件

短视频拍摄者应根据自己的需要选择相应的软件。下面分别介绍 3 类剪辑软件。

1. 在线剪辑

在线剪辑是指不需要安装任何应用，用户可以在线进行的剪辑软件。优点是方便快捷，可以满足日常简单剪辑的需要。这里简单介绍几种在线剪辑软件。第一，傲软在线视频编辑。这是一个基于浏览器和网络使用的云端视频剪辑平台，在 Windows 或 macOS 上都能随意处理视频文件，其功能包括视频转 GIF、提取音频、视频合并、视频裁剪、视频旋转、视频截取等，支持 MP4、MOV、AVI、WEBM 等丰富的视频格式。第二，哔哩哔哩云剪辑。它是哔哩哔哩官方推荐的剪辑助手，优点是容易上手，操作简单，除了具有翻转视频、添加和去水印、裁剪等基本剪辑功能，还提供了滤镜、转场、变速、变声、字幕、贴纸、粒子、特效等功能；支持云端渲染，无须导出，可以直接投稿；支持多种音频/视频格式，最高可生成 1080 像素的视频文件。

2. 手机 App 剪辑

手机 App 剪辑是短视频拍摄者在实践中使用较多的非专业剪辑软件。这里简单介绍几种手机 App 剪辑软件。第一，由深圳脸萌科技有限公司开发的剪映，又被称为"抖音官方剪辑神器"。优点是简单好用，快速自由分割剪切视频，支持交叉互溶、闪黑、擦除等多种效果等。缺点是成品只能分享到抖音。第二，快影。它是快手指定的视频编辑软件。与剪映类似，功能全面，操作简单。拍摄者可以利用模板一键制作视频，也以直接制作文字视频。第三，Bigshot 大片。它是一款具有个性化和时尚感的短视频剪辑软件，适用面广，具有丰富的模板，支持抓取相册，一键视频，可以帮用户免除烦琐复杂的剪辑流程。其他类似的 App 还有很多，此处不再逐一介绍。

3. 计算机剪辑软件

如果要完成较为复杂的剪辑工作，就要用到各种专业计算机剪辑软件。下面简单介绍几种计算机剪辑软件。第一，Adobe Premiere Pro。这是一款由 Adobe 公司发布的专业视频编辑处理软件，其拥有各种强大且丰富的视频编辑功能，能够快速地将原始素材转变为完美的作品。第二，After Effects，简称"AE"。它属于层类型后期软件，功能强大，操作也相对专业复杂，可以创建各种动态图形和视觉效果，实现 2D 和 3D 合成及各种动画效果，适用于从事设计和视频特技的机构，如电视台、动画制作公司、个人后期制作工作室及自媒体工作室。第三，爱剪辑。这是一款适合国内用户的使用习惯与功能需求的非专业剪辑软件。它的特点是功能设计人性化，操作简单、便捷、易上手，又兼顾丰富的功能，匹配了大量的特效手段和滤镜功能。第四，万兴神剪手。它提供桌面版和 App 两个版本，实现了 PC 端和移动端自由切换，拥有丰富的音乐、字幕特效包，可以直接把编辑好的视频分享到网站上，对于不熟悉 Adobe Premiere Pro 等专业编辑软件的人来说，万兴神剪手是一个很好的选择。

六、短视频发布

短视频制作完成后，就可以发布到各个平台上。一般来说，各个平台都有相应的发布指引，按照平台的说明操作，即可完成发布。如果想要快捷地实现同一个短视频同时在多个平台发布分享，那么可以使用融媒宝软件，它可以减少登录不同平台账号带来的麻烦。其基本的操作流程是，进入工作台的账号管理页面；添加自媒体短视频平台账号；打开发布短视频管理，选择发布短视频的平台；导入短视频和添加短视频封面；选择发布。

第三节 短视频营销的手段

一、如何提高短视频点击量和播放量

扫一扫，看微课

点赞率、评论率、转发率、完播率和复播率都会影响短视频内容的推荐量，也直接影响点击量和播放量。自媒体平台都有相关的推荐机制，如快手与抖音，一般来说，都根据用户的喜好来决定推荐权重，如图 6-7 所示。因此，短视频创作者要研究各平台的推荐机制，针对性地符合其要求。下面介绍影响短视频点击量和播放量的因素。

图 6-7　抖音推荐机制中的五大要素

1. 短视频时长和完播率

一般来说，短视频宜简短精悍，时间控制在 30 秒以内较好，注意一开始要抓住观众的眼球，短视频开头的几秒能否吸引受众十分关键。在已经具有一定粉丝群和知名度的前提下，可以增加短视频长度。保持作品较高的完播率，能够获得较高的推荐权重。

2. 短视频内容

短视频内容包括标题、封面、主体内容和配乐。第一，标题需要简洁明了，击中用户的兴趣点，但不要夸大其词。注意与社会热点的关联，添加平台的话题有助于短视频获得关注。第二，短视频封面非常重要，作为短视频内容的第一眼信息，短视频封面将影响用户的点击意愿。一般来说，封面图片要清晰醒目，要让用户一眼就能看到重点。第三，短视频的内容，这是短视频创作的主体和核心竞争力。作品要有看点、有亮点、有反转、有独创性。真正吸引人的短视频必定是精心创作的，一味抄袭模仿无法持久吸引用户的关注。第四，配乐也很重要，尽量选择一些当下比较火的、平台中常推的配乐。创作者可以根据短视频内容音乐榜单，从榜单排名中来选择热门配乐。

3. 短视频引流

短视频引流的常用手段包括：第一，结合热点。根据短视频算法推荐机制，热点会

获得流量加持。因此要多参与官方活动，它可以有效地节约短视频运营成本，提高内容成为爆款的概率。但是并不是所有的热点都能跟，这需要根据短视频运营的领域合理地进行选择，切忌盲目跟热点。第二，定期更新。需要根据用户特点，总结出短视频投放的最佳时间段。一般来说，最佳的短视频上传时间为晚上 6 点～8 点。因为此时是用户刷短视频频率最高的时段，也可以提前半个小时进行发布，以为短视频审核预留时间。

4. 粉丝运营

稳定的粉丝群是长期流量的保证，且决定了点击量的下限。亲密的人际关系建立要比单纯内容的吸引更牢靠。因此，需要让粉丝获得互动感，产生被重视的感觉，这样粉丝才会经常关注你、观看你的短视频。在日常短视频运营中，要善于发现一些高互动的粉丝，保证与粉丝之间的沟通交流，同时要理性听取粉丝的建议。

总之，短视频运营要坚持内容至上的原则。而优质的短视频内容，则是建立在过硬的文案之上的，这样才能吸引更多的目标用户群体，同时配合做好短视频运营以稳固受众群体。

二、如何提高短视频互动量和涨粉

想要提高短视频互动量和涨粉，关键是要分析目标受众群体，根据他们的需求和兴趣点来设定互动话题。这里要注意如下基本原则。

第一，要打造自己的特色，与同类型的短视频号展开错位竞争。从粉丝要求出发，量身打造符合粉丝喜好、具有自身鲜明特色标签的人设，并维持这个人设。

第二，要精准地揣摩和迎合粉丝的兴趣，对受众心理学的研究是热烈与否的关键。绝大部分受众都不愿意接受理智的分析，更愿意获得感性的刺激。因此，要用激烈的情绪去刺激受众，满足他们隐秘的欲望，适当地挑动受众的敏感点，但又要保持适度，不要冒犯受众。要在短视频创造者和粉丝及粉丝群体之间实现共情。社会的热议事件通常反映了大多数人的共同价值观和情绪取向，及时关注和分析这些事件背后折射的群体心理，挖掘普通人都经历过的共同情绪。

第三，要体现正能量，体现大众的共同心声和价值观。大众传播学中有"沉默的螺旋"的理论，是指所有人都倾向于沉默地跟随社会主流观点和价值取向，害怕自己被孤立。短视频创作者要积极融入和把握这个螺旋，不能游离在这个螺旋之外。也就是说，短视频创作者要有良好的"网感"。所谓网感，意味着一个东西出来后，短视频创作者要能一眼判断出它是否能火，预判受众会有怎样的反应。符合主流价值观，符合法律法规，不仅是内容受欢迎的关键，也是短视频创作者的社会责任。比如，短视频内容要关注和关怀不同群体，如农民工、环卫工人、外卖小哥等。这种关怀要真诚实在，切忌单纯跟风炒作、虚假造作。

第四，通过数据分析引导内容创作和话题讨论。很多短视频运营者都曾遇到这样的困境，即短视频的播放量很高，但是点赞、评论和涨粉的情况很不乐观。其原因就是短视频内容没有激起受众参与互动的欲望。因此，短视频运营者可以通过数据分析来找到粉丝的共情点和认同点。比如，善用大量数据分析平台，借此分析用户喜好。又如，善用爬虫软件分析用户评论，以及接收粉丝对内容的反馈，并整理成热词图，以此指导内容的创作。

根据上述原则，我们可以总结一些更具体的互动和涨粉策略。

第一，利用互赞涨粉。如果你点赞了某个短视频，那么你的朋友也会看到，所以裂变的机会也就更多。因此可以在各个互赞群里互相点赞，提高曝光度。

第二，利用@涨粉。这里主要是指@自己。比如，在标题里@自己后写上"点击看更多好视频"，就能起到一个引导用户查看你账号信息的作用。

第三，利用#涨粉。给自己的作品添加多个热门话题，以此提高作品的曝光度。

第四，利用热门搜索涨粉。使用#添加今天的热门搜索，就有更大的概率被其他用户发现作品。

第五，利用朋友圈导流涨粉。将视频号内容分享到朋友圈，能够简单、直接地添加关注成为粉丝，使吸粉的效率更高。

第六，利用其他平台的内容涨粉。利用一些与自己领域相关度高的平台发布优质内容为视频号引流。

第七，发掘经常评论并展开互动。充分利用群众的智慧，高质量的粉丝评论反馈有时比内容本身更吸引人。热评既可以调动粉丝参与的积极性，也可以提高账号的曝光度。

第八，积极互动涨粉。积极回复评论的用户，就会让用户产生亲切感，自然更愿意关注你并成为粉丝。

第九，利用账号包装涨粉。包装账号本质就是强化身份标签，让别人感受到你的专业性。比如，在账号简介部分写出自己最擅长的内容和一些职业成就等。

第十，利用内容诱导涨粉。比如，将连续的情节分成 3 个短视频，或者将电影解说分成多个短视频，提示观众关注并观看下一期内容。

第十一，利用公众号涨粉。可以把视频号内容引导到公众号里发布，让公众号的粉丝成为视频号的粉丝；也可以把公众号内容嵌入视频号中，实现两者的良性互动。

第十二，利用直播抽奖涨粉。视频号非常鼓励创作者进行直播，所以直播推荐度要比单个短视频更高。我们也可以通过关注发红包或者抽奖等方式，吸引更多的粉丝点击关注。当后期进行带货时，也可以专门以低价商品作为福利吸引粉丝关注。

第十三，利用拓展相关问题涨粉。具体方法是，准备一个小号，先利用小号提问拓展问题，再利用大号进行回复，吸引更多有着相同问题的人来关注大号发布的作品。

三、如何实现带货变现（以抖音为例）

短视频的兴起，使得企业和用户之间的"交互"工具逐渐由微信、微博，转变为抖音。

抖音的核心营销价值体现在"有毒魔性、年轻潮酷、消费力"上，它的 KOL 垂直细分度极高，包括音乐、舞蹈、情感、搞笑/段子、创意、汽车、美妆等多种垂直细分内容类别，使得用户对内容的包容性也更高。也正因如此，抖音具有超强的垂直领域带货特点。

1. 带货变现

第一步：开通商品橱窗。

以抖音为例，想要实现带货变现，首先需要开通商品分享功能。开通之后，就拥有了商品橱窗，相当于一个摊位。开通步骤：抖音主页右上角→创作者中心→进入商品橱窗→点击"添加商品"→搜索商品点击"加橱窗"添加商品→点击后发布。目前开通抖音商品橱窗需满足 3 个条件，①通过实名认证；②至少拥有 1000 个粉丝；③发布 10 条短视频。开通商品橱窗步骤如图 6-8 所示。

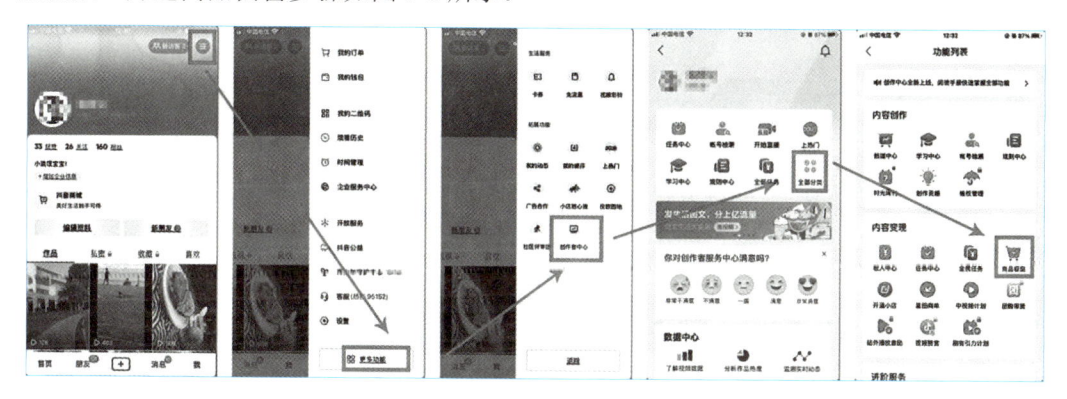

图 6-8　开通商品橱窗步骤

此外，我们还可以通过抖音官方举办的活动，免费开通商品橱窗。使用这种方式开通的条件需要满足抖音号必须是已认证的蓝 V。参与活动方法：打开企业创作中心，找到官方活动通知，报名参与活动，即可免费开通商品橱窗功能。

第二步：稳定的商品来源。

抖音上的商品可以通过天猫、淘宝、京东、唯品会、苏宁易购等渠道开通橱窗，采用与店铺合作赚取佣金。或者直接开通抖店，通过独立进货并销售的方式变现。

第三步：如何开通抖店。

开通抖店需通过以下 4 个步骤。

第一步：填写资质信息，登录后提交营业执照、法人/经营者身份证明、店铺 LOGO 等；在审核资质时请注意，目前生鲜类目不支持自助申请开通。

第二步：平台审核，平台进行资质审核。

第三步：账户验证，对私银行卡号+银行预留手机号或对公账户打款验证。

第四步：缴纳保证金，当经营多类目时仅按最高金额收取，不叠加，完成后即可成功开店正常营业。开通抖店步骤如图 6-9 所示。

2. 广告变现

广告变现对于自媒体中的账号来说，为商家提供广告是主流的变现方法。短短的一条视频可能卖到数十万元，收获颇丰。但其需求在于，不少商家为了推广商品或与产品形象相符合。想与群体相符的 KOL 合作，借助他的人气资源进行非常大的推广。一般来说，抖音的 KOL 发布的广告视频往往有两个来源：一个是由广告主提供视频，KOL 只发布而不创作；另一个是由 KOL 为广告主量身定做、推广并发布视频。

图 6-9　开通抖店步骤

目前，市面上的广告视频以第二个来源居多。首先，因为平台对广告的监控非常严格，如果广告痕迹过于明显，则不仅没有效果，还会导致账号被限流。这对于广告主和 KOL 双方来说都没有好处。其次，大多数抖音创作者具有内容创作能力，他们创作的短视频需要从自身人设出发，创作出更贴合自身账号特点的短视频，也更加符合大众的口味，而不是为了单纯地发送广告而进行蹩脚而又生硬的推广。

3. 知识付费变现

上述介绍了两种变现方式：橱窗和抖店，但这两种应用场景仅限于电商交易，而如今抖音已经成为一个涵盖各年龄人群的内容平台，在如此庞大的流量中，抖音中的内容付费也存在着巨大的变现空间。抖音中上百万个创作者在各垂直品类传授着知识和技能，这就为广大博主提供了内容变现的条件。小程序是一个从付费到获取知识的工具，并且有众多入口，可以充当内容的载体和付费的渠道，使得创作者可以在抖音上进行知识付费。

4. 线下引流变现

提到线下引流变现，可以从西安的摔碗酒开始聊起。伴随着中国风背景音乐的响起，端起一碗黄酒一饮而尽，痛快地摔碗，江湖豪情，岂不快哉。一个 15 秒的短视频引发了全民西安游，摔碗酒、肉夹馍、毛笔酥迅速在抖音传播，西安的旅游人数迅速攀升，甚至当地政府与抖音官方签订了战略合作。

我们纵观多个抖音线下引流案例不难发现，线下引流变现具有明显的地域局限性，也就是抖音本土化发展趋势。因此，线下引流变现的这种形式，更加偏向于旅游行业和餐饮行业。如今选择抖音做本土推广的企业越来越多，最重要的原因就是效果好。利用抖音做本土推广非常具有优势，主要体现在以下几个方面。

（1）广告曝光量大。

某数据显示，抖音的国内日活跃用户数量已突破约 3.2 亿人，而且这部分用户主要都是"90 后"，这个群体的特征就是新事物接受能力强。他们喜欢足不出户而享受各种便利，无论是吃的、穿的、用的都希望通过网上购物来解决，所以本土推广的核心用户与抖音用户群体高度契合。

（2）根据用户标签精准推荐。

由于抖音运用了今日头条中的优先算法，因此抖音也能实现广告的精准投放。抖音广告的推荐机制是根据抖音用户的标签来推荐的，可以快速找到精准的目标人群，这也是本土服务广告推广效果好的核心，如图6-10所示。

图6-10 利用标签实现精准投放

（3）用户黏性高。

无论是在大城市还是小城镇，刷抖音的用户非常多，"抖音5分钟人间2小时"是很多人的真实写照。用户在抖音上花费的时间越来越长，而且在不知不觉中才发现时间流逝了。抖音已经获得很多用户的喜爱和信赖，而本土推广能使抖音获得大量曝光流量，因为流量是转发变现的前提。

那么，我们如何才能实现抖音线下引流呢？

（1）设计好落地账号。

想要通过抖音视频进行线下引流，就必须要在制作的短视频中设计要植入的内容，如展示产品全貌、门店招牌、服务环节等，在抖音尾部还需要设计相应的宣传落地账号（抖音号/微信号等）。落地账号的设计非常重要，因为它涉及转化。

（2）场景植入。

由于很多本土服务是通过抖音引流到线下的门店，因此拍摄的抖音短视频要突出自家店铺或品牌的特色，通过巧妙的场景植入来让用户记住品牌。

（3）口碑营销。

用户在消费时容易被推荐和"种草"，所以首先可以突出产品的差异化优势，然后在抖音推广过程中多创造与消费者互动的机会，鼓励他们多分享产品的消费体验，在提高产品的可信度的同时，通过口碑营销来刺激其他用户购买。

想要获得便捷的线上推广，抖音是一个优质推广平台。除了可以借助自身账号进行推广，还可以寻找本地专业的抖音创作达人来助力宣传。专业的抖音运营机构不仅经验丰富，而且专业度高，无论是粉丝量，还是短视频的制作水准，以及账号的运营水平都会比非专业的抖音运营机构要高。另外，对于广告投放过程中的各种疑难问题也能迅速解决，省心、省力。

5. 重粉丝

这种方式太粗暴，而且只注重短期效果。一般来说，重粉丝可以分为以下3种类型。

第一种是交友粉。这类泛粉的产出特别容易。如果团队中的每个人都操作，那么每天一个人可以产出3000~8000个交友粉，每天利用固定的模式去套用，操作执行即可。

第二种是创业粉，这类粉丝有一个共性就是想赚钱。这类粉丝的单价也是非常高的，是交友粉价格的几十倍，难度相对要大点，操作也有一些讲究与技巧。

第三种是做产品粉，这类粉丝的产出比较难，这类粉丝多数指专门定向哪一类产品的粉丝。

6. 卖账号

卖账号适合初期操作。卖账号就是把你的账号做成热门，粉丝数量达到1000人以上。可以批量操作，大概3~5天就可以产出一个热门的千人粉账号。账号的垂直度越高，粉丝越精准，账号就越值钱。如果想要长期通过卖账号这种方式来盈利，那么在最开始注册账号时不建议进行实名认证。

四、如何借助企业蓝V账号实现营销目标

短视频作为这两年企业的流量必争之地，吸引了无数的企业入驻，各大平台的企业号类目也非常全面。我们所说的抖音蓝V认证即企业认证。个体商家、有限公司等可以在抖音上上传营业执照，填写相关的资料并将账号认证为官方的商家账号，在抖音名称下方会有一个蓝色的"V"标识，这就是蓝V账号。

那么，如何开通企业蓝V呢？首先需要注册一个账号，然后提交营业执照和认证公函等资料进行审核，通过审核后即完成企业蓝V认证，如图6-11所示。需要注意的是，一个营业执照可以认证两个蓝V账号。

企业通过蓝V认证后有什么好处？拥有官方认证标识后，相当于抖音官方对账号给予了一种身份认可，使得粉丝查看头像就知道该账号已经通过了官方认证，经过认证的账号自然能带给观众一种信任感，因此蓝V认证是平台给予账号的权威信用背书，区别企业账号和个人账号，同时帮助企业账号提升粉丝信任度和公信力。

如何利用企业蓝V账号实现营销目标呢？

图 6-11　在抖音上开通蓝 V 账号

（1）自定义主页的头图展示信息。这个权限对于企业账号来说是非常重要的，因为主页的头图展示可以对品牌进行很好的宣传，通过蓝 V 认证的企业可以在头图中放置一些品牌的信息或活动展示等，而个人号则没有这个权限，如果个人账号做了这些，那么可能会被限流警告。

（2）短视频置顶。虽然个人号也有这个功能，但是需要在开通商品橱窗之后，而开通商品橱窗又涉及其他一些要求。企业账号可以置顶 3 个短视频，将重点推荐或优质的短视频置顶，有利于二次加热和曝光。

（3）添加主页转化组件。企业账号可以在账号主页中设置拨打电话组件和外链跳转按钮，可以跳转到企业官网或淘宝店铺，还可以挂载链接/宣传内容，为品牌或产品提供更多的展示机会和访问量。通过审核后便可显示在抖音企业账号的主页。

（4）地址认领。这个权限对于拥有线下门店的企业来说是非常好的一个曝光引流。

（5）设置优惠券。很多时候优惠券都能够刺激用户进行消费，而个人账号没有这个权限。用户直接在抖音企业账号的主页就可以设置优惠券，点击即可领取并使用优惠券。

五、如何布局全网短视频平台

关于短视频的全网运营，现在比较火的做法是矩阵化营销，通过在同一个短视频平台下运营不同账号或在不同平台上运用相同账号，实现账号与账号之间互通，进行互推导流，实现多平台的展现，提升粉丝数量，为后期的变现做好准备。矩阵营销不仅使得短视频创作者拥有更多的流量入口，提升了粉丝数量，还可以带来以下好处。

1. 降低账号风险

违规、限流,对于短视频创作者来说可谓司空见惯。不要把鸡蛋放到同一个篮子里,经济学上著名的"组合投资理论"同样适合短视频运营。

2. 对用户人群进行细分

在任何一个平台中,评判一个账号的价值,除了它本身拥有的粉丝数量,我们还要看转化效果。用户越细分垂直,账号的价值就越高。

3. 更容易打造爆款短视频

做过短视频运营的企业应该知道,涨粉依靠上热门,粉丝留存依靠日常内容产出。因此爆款短视频对企业的价值是非常大的。

4. 降低获客成本,增加收益

我们做短视频是为了收益,一个账号的收益可能每天只会有 50 人左右,如果做了 10 个这样的账号,那么会带来较好的收益。

5. 打造 IP

通过运营短视频矩阵,可以打造个人品牌,扩大品牌的影响力,引流更多的粉丝,不让粉丝流失。

相比单平台或单账号的精深式运营,矩阵运营的缺点也比较明显,需要更多的人力和物力进行创作,以保证每个账号能够输出优质的内容,以及一定的更新频次。

实训　利用抖音短视频平台推广产品

假设你是某办公用品企业的新媒体营销人员,目前企业在抖音 App 上注册了短视频账号,需要选择合适的方向,发布抖音短视频,打造品牌账号,吸引抖音用户的注意,提高品牌知名度。

实训目的

(1) 了解短视频营销的发展趋势。
(2) 了解短视频及短视频营销的定义。
(3) 了解短视频营销的特点及类型。
(4) 了解短视频平台的算法及规则。
(5) 掌握短视频的创作流程。
(6) 掌握利用工具进行短视频创作。
(7) 掌握短视频营销手段。

实训要求

(1) 要求选择合适的方向对抖音账号进行定位。
(2) 策划一个短视频拍摄方案。

（3）制定品牌账号的打造方案。

实训步骤

（1）定位抖音账号。在对抖音账号进行定位前，营销人员应先分析该行业的目标用户，及其对办公用品的需求，找到自身的优势，再确定抖音营销的方向；还可以在抖音平台上搜索本行业的其他品牌，分析其定位方向，结合自身品牌特点进行定位。

比如，本实训所处行业为办公用品行业，其目标用户为办公室职员与学生群体，对办公用品的要求集中在实用与好看两个方向，产品也以耐用、颜值高为卖点，而"我"擅长讲故事、画简笔画，因此，抖音账号定位于"通过简笔画，讲述办公用品的故事"，并通过文案"文具王国不得不说的二三事"，将其展示在抖音账号首页简介中。

（2）策划拍摄方案。先根据抖音账号的定位，结合产品，选择合适的角度，构思短视频内容，确定拍摄的场景、道具、拍摄工具、背景音乐等；再根据短视频内容选择合适的滤镜，编辑短视频文案。比如，结合上述步骤的定位，选择企业主营产品——中性笔，作为短视频主角，从一个普通的文具王国居民的视角，向用户展示王国中的一角，为后期短视频内容奠定基础，选择干净的桌面作为拍摄场景，以笔袋、纸、书本等作为背景，选择较为舒缓的歌曲作为背景音乐；由于短视频是向用户介绍文具王国中的一角，因此选择"风景"分类中的"纯真"滤镜，以"我是一支笔，从小生活在我的家乡，安逸而平静，可有一天……"作为短视频文案。

（3）制定品牌账号的打造方案。打造品牌账号，需要申请官方认证，结合品牌文化，吸引抖音用户注意，并且通过与粉丝之间进行互动，增强粉丝黏性，达到更好的营销目的，并且在每一次营销活动结束之后，都对其进行分析总结，帮助下一次营销活动取得更好的效果。比如，营销人员可以从上述步骤中"笔"的角度，来发布短视频文案，调动粉丝积极性，回复粉丝评论等。

第七章

直播运营

第一节 了解直播

一、直播平台的类别

直播营销的常见平台主要有综合类直播平台、游戏类直播平台、秀场类与资讯类直播平台、商务类直播平台。

一）综合类直播平台

综合类直播平台是指一些垂直性不强，目标群体广泛的直播平台。综合类直播平台通常包含较多的直播类目，当用户进入平台后可选择余地较多，包括游戏直播、户外直播、校园直播、秀场直播等。比如，抖音、快手等就是比较典型的综合类直播平台，这样的直播平台也有自己的特点，其门槛低，谁都可以成为主播，谁都可以发布自己想要分享的内容。

1. 抖音直播

抖音是由字节跳动孵化的一款音乐创意短视频社交软件。该软件于 2016 年 9 月 20 日上线，是一个面向全年龄段的短视频社区平台。

如果想要直播带货与开通商品橱窗功能，那么申请要求为：①实名认证；②个人主页短视频数量要大于 10 个；③账号粉丝数量大于或等于 1000 个；目前抖音支持从抖音小店、淘宝、天猫、京东、考拉、唯品会和苏宁易购等第三方渠道加入商品。

2. 快手直播

快手是北京快手科技有限公司旗下的一款短视频 App，其前身为"GIF 快手"，诞生于 2011 年 3 月，最初是一款用来制作、分享 GIF 图片的手机应用软件。2012 年 11 月，快手从纯粹的应用工具转型为短视频社区，成为用户用于记录和分享生产、生活的平台。

快手直播是一款超人气的短视频 App。通过快手，用户不仅可以看到各种有趣的短视频，还可以亲自上阵做主播。

开通快手直播的操作步骤如下。

第一步：和其他平台不同，快手直播无须申请，只需要系统认定，如图 7-1 所示。符合以下资格即可开通权限：发布较多优质作品且被广大用户喜爱；平台形象正面积极且无违规、封禁等不良记录；账号绑定手机号可降低盗号风险。

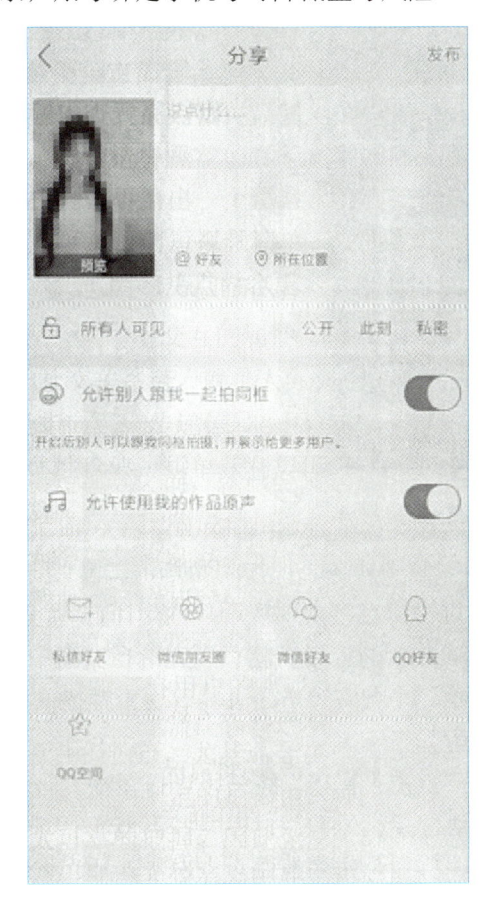

图 7-1　快手认证

第二步：达成以上条件后就会发现，拍摄视频界面右下角添加了一个"直播"按钮，如图 7-2 所示。此时，就有了一个申请直播权限，点击"下一步"按钮，如图 7-3 所示，通过以后即可直播。

3. 一直播

一直播是一个聚集超高人气明星大咖、热门网红、校花校草的手机直播社交平台，这里有明星直播、才艺展示、生活趣闻、聊天互动、唱歌等直播互动平台。

一直播是一款娱乐直播互动 App，并于 2016 年 5 月 13 日正式上线；一直播与微博达成了直播战略合作伙伴关系，承接了微博直播业务的功能。

图 7-2　进入直播通道　　　　　　　　图 7-3　开通直播权限

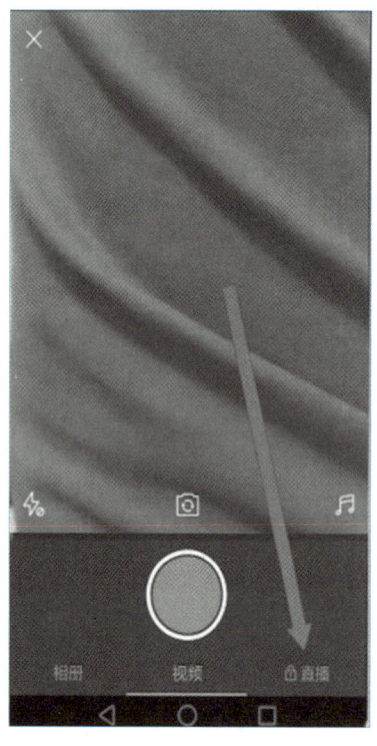

2018 年 10 月 13 日，一直播业务正式加入微博，微博用户可以通过一直播在微博内直接发起直播，也可以通过微博直接实现观看、互动和送礼。也就是说，明星、网红在使用一直播时，无须粉丝安装新的应用，就可以直接在微博中采用直播形式与粉丝进行互动。一直播与微博、秒拍、小咖秀等产品关联，为直播提供了更多的入口。

一直播的直播开通流程如下。

（1）打开一直播 App，点击"直播"按钮，选择直播。

（2）第一次直播先要绑定手机号和微博账号，再点击"下一步"按钮。

（3）在相册界面选择一张图片作为封面，点击"直播"按钮即可进行直播。

二）游戏类直播平台

游戏类直播平台主要是针对游戏的实时直播平台。以游戏直播为主，头部游戏主播带动平台的发展，其主要平台有斗鱼 TV、虎牙直播、战旗直播等，而且它们在直播行业占据着重要且不可替代的地位。

1. 斗鱼 TV

斗鱼 TV 是一家弹幕式直播分享网站，为用户提供视频直播和赛事直播服务。斗鱼 TV 的前身为 ACFUN 生放送直播，于 2014 年 1 月 1 日起正式更名为斗鱼 TV。斗鱼 TV 以游戏直播为主，涵盖了娱乐、综艺、体育、户外等多种直播类目。

2. 虎牙直播

虎牙直播是以游戏直播为主的弹幕式互动直播平台，累计注册用户数量约达 2 亿人，提供热门游戏直播、电竞赛事直播与游戏赛事直播、手游直播等，包括英雄联盟、王者荣耀、绝地求生等游戏直播。

虎牙直播早于斗鱼TV，并在2019年5月11日成功上市，虎牙直播为国内直播平台头部产品，与斗鱼TV在产品风格、用户群体等方面大部分重合，因此它们之间互相存在竞争关系。

由于虎牙直播平台的自身定位受众为年轻人，因此在直播的观感效果的建设方面更偏向于年轻人喜欢的风格——轻松、愉快，同时虎牙直播平台具有敏锐的嗅觉，能及早规避或查处不良现象。

3. 战旗直播

战旗游戏直播平台提供高清、流畅的视频直播和电子竞技游戏直播，包括三国杀直播、英雄联盟直播、炉石传说直播、DOTA2直播等各类热门游戏赛事。

战旗直播是由浙报传媒打造，杭州边锋网络技术有限公司旗下直属的一个弹幕式直播分享网站，成立于2014年1月20日。以游戏直播为主体，涵盖综艺、娱乐、体育等多种直播类目。

三）秀场类与资讯类直播平台

秀场类与资讯类直播平台主要有六间房、YY、新浪秀场、腾讯视频等。

1. 秀场类直播

秀场主播主要模仿传统选秀节目搭建的直播平台，以唱歌、跳舞为特长获得观众的喜欢，主要代表平台有一直播、新浪秀场等。这类直播平台的门槛相对较高，以美女主播居多。目前，正在由UCG转化为PUCG，越来越趋于专业化、垂直化，增强用户的黏性。

2. 资讯类直播

资讯类直播主要以新闻传播为主。这类直播平台主要有今日头条、腾讯直播等，在新闻直播中，最看重的就是时效性和准确性，在一些重要的时间节点和大事件的传播中，这种需求极为重要，资讯类直播就可以满足人们的这种需求。

四）商务类直播平台

1. 商务类直播的定义

商务类直播汲取和延续了互联网的优势，利用视频方式进行现场直播，可以将产品展示、相关会议、背景介绍、方案测评、网上调查、对话访谈、在线培训等内容现场发布到互联网上，利用互联网的直观、快速、表现形式好、内容丰富、交互性强、地域不受限制、受众可划分等特点，加强活动现场的推广效果。

商务类直播平台的主体多为企业、品牌运营商、实体商家、声视交互的内容输出平台，企业、实体商家或个人都可以成为主播进行商业直播。

与游戏类、秀场类等直播平台不同，商务类直播平台具有更多的商业属性，因此利用商务类直播平台进行直播的企业，通常带有一定的营销目的。利用商务类直播平台，企业可以尝试以更低的成本吸引观众,并产生交易。

2. 商务类直播的分类

商务类直播可以分为两大类,即常规商务直播和电子商务直播。

(1) 常规商务直播。

非传统的电子商务购物平台上做的商务类直播被称为"常规商务直播"。脉脉、微吼、抖音、快手、小红书等直播平台属于常规商务直播平台。

(2) 电子商务直播。

电子商务直播是指在电子商务购物平台上开展的直播。电商直播平台有淘宝直播、蘑菇街、红豆角直播、金荷包电商、微赞直播。优秀的电子商务直播平台是需要同时具备直播和电子商城两套系统的。所以,目前支持整套直播电商系统的平台有淘宝、天猫、京东、蘑菇街。

二、直播电商的发展及火爆的原因

一)直播电商的发展历史

1. 直播电商的兴起

业内公认的直播元年是 2016 年,这一年,国内接连出现了 300 多个网络直播平台,直播用户数量也快速增长。适逢电商平台遭遇流量瓶颈,各大平台积极寻求变革,尝试一种电商内容化、电商社区化的模式,直播平台的出现让这种尝试得以落实。

2016 年,淘宝、京东、蘑菇街、唯品会等电商平台纷纷推出直播功能,开启直播导购模式,而快手、斗鱼等直播平台则与电商平台或品牌商合作,布局直播电商业务。

2. 直播电商的发展历程

2016 年 3 月,蘑菇街上线;5 月,淘宝开通直播平台;9 月,京东上线直播功能。

2017 年 7 月,女装小程序加入蘑菇街直播功能;组建商家联盟解决供应链问题。12 月,淘宝推出"超级 IP 入淘计划"。

2018 年,抖音推出购物车直播功能,开启直播卖农货;6 月,快手推出"快手小店"。

2019 年 1 月,淘宝上线直播独立 App;同年 6 月,网易考拉推出"考拉 ONE 物全网招募计划";7 月,腾讯直播开始直播电商内测,并内嵌到微信小程序;11 月,拼多多直播首秀;12 月,斗鱼重启直播电商项目。

2020 年,某县的县长坐镇拼多多,直播卖农货;斗鱼头部流量主播为湖北农产品带货,解决农产品滞销问题。

二)直播电商火爆的原因

据商务部监测,2021 年上半年全国电商直播超过 1000 万场,活跃主播人数超过 40 万人,观看人次超过 500 亿次,上架商品数量超过 2000 万件;直播场景日益丰富。从日用品、农产品直播到产业带直播、老字号直播、非遗产品直播、文化旅游产品直播,各类直播场景层出不穷,满足了用户个性化、多样化的消费需求。在新冠疫情期间,各地通过开展形式多样的直播活动，让许多滞销的农产品直达千家万户，也保障了市场供应。

1. 国家和地方政策的推动

2020 年，直播电商的高效率带货模式成为带动消费、提振经济的新引擎，也成为平台、商家、主播等争相拥抱的模式，纷纷入局加码直播电商，市场竞争十分激烈。在各地各类扶持政策下，直播电商市场规模呈现持续上升的趋势，并且直接推动了主播岗位市场需求的增长。直播迅猛的发展进一步要求直播电商完善行业监管，健全诚信体系，加强行业自律，实现健康发展。

以青岛市——打造北方直播电商领先城市为例，推出了相应的直播电商政策《青岛市直播电商发展行动方案（2020 年—2022 年）》。2020 年，北京市印发实施《北京市促进新消费引领品质新生活行动方案》，共 22 条相关措施。2020 年上半年鼓励北京全市重点电商企业开展直播带货 600 余次，带货销售额约 80 亿元。2020 年，厦门市新出台了《厦门市直播电商发展行动方案（2020 年—2022 年）》（下称《行动方案》），从平台、主体、资金、人才和技术等方面着手，大力培育直播电商新经济。2020 年 3 月 24 日，广州市商务局出台《广州市直播电商发展行动方案（2020 年—2022 年）》，构建一批直播电商产业集聚区、扶持 10 个具有示范带动作用的头部直播机构、培育 100 个具有影响力的 MCN 机构、孵化 1000 个网红品牌（企业名牌、产地品牌、产品品牌、新品等）、培训 10000 个带货达人（带货网红、网红老板娘等），将广州打造成全国著名的直播电商之都。2020 年，各地共有 13 个市推出了电商行业直播扶持政策。

2. 在线直播用户规模的增长

iiMedia Research（艾媒咨询）数据显示，2020 年中国在线直播用户规模约为 5.87 亿人，预计未来继续保持持续增长态势，2022 年用户规模将达到 6.6 亿人。艾媒咨询分析师认为，电竞、电商、教育等新形态直播内容的兴起为行业注入了新的发展活力。各大平台积极推进直播与其他类型相结合，也使更多的内容形态相继出现，吸引更广泛的用户群体。

3. 5G、人工智能、AR、大数据等互联网技术的发展为直播电商的发展提供了技术支持

新技术多领域应用，全方位推动了行业的发展。相关数据显示，4K、8K 每年专利申请数量逐年增长，但在 2020 年有所下降。VR、AR、8K 视频画质等技术带来的"沉浸式"体验让用户观看直播体验也更加优良，大数据精准匹配、第三方支付的普及及其他技术带给了用户或主播更多的便利。随着技术不断创新，在线直播平台及技术服务商将继续借助技术支持，助力实现更多业务的布局，行业也将进一步发展。

4. 培训体系完善推动直播行业规范化发展

随着电商平台的兴起，直播相关的产业开始出现增长。2020 年年底，线下商业停摆、用户居家时间变长，又进一步加速了直播电商的发展。相关数据显示，截止到 2021 年第二季度，关于直播培训的企业已经增长至 2549 家，较去年增长 262.6%。艾媒咨询分析师认为，直播培训企业数量的增长对主播职业发展更加专业化，提高主播的整体素质，有

利于行业向规范化方向发展。

三）直播变现模式

历经 16 年的发展，直播的变现模式逐渐清晰、多元化。在初创期，直播平台的内容及变现模式都较为单一，变现依靠用户打赏分成；而在成长期，以导购分成为代表的增值业务、广告业务、游戏联运等业务也在逐渐壮大，主要有以下几种变现模式。

1. 直播带货模式

主播通过视频直播展示和介绍产品，让用户更直观地看到和体验产品。当用户观看直播时可以直接挑选购买产品，直播间可以此获得盈利。

（1）优点：如果量比较大，主播的收益要高于广告变现。同时可以加强和粉丝之间的联系，粉丝真的可以获利，会提升主播的好感度。

（2）缺点：比较看重直播主的渠道能力和选品能力，不能持久的稳定化。

2. 打赏模式

用户付费充值买礼物送给主播，平台将礼物转化成虚拟币。主播对虚拟币提现，由平台抽成。如果主播隶属于某个机构，那么由机构和直播平台统一结算，而主播则获取的是工资和部分抽成。这是最常见的直播类产品盈利模式。

随着直播平台的升级和优化，礼物系统也更加多元化，从普通礼物到豪华礼物，再到能够影响主播排名的热门礼物、VIP 用户专属的守护礼物，以及当下流行的幸运礼物，无一例外都是为了进一步刺激用户充值，提升平台收益。

3. 导购模式

电商一般会采取此种模式。还有一种是主播自己经营店铺，利用直播吸引人气，如某主播将自己的店铺包装成年销售额上亿元的网红店。又如，某店铺需要主播推广，主播负责在直播时推广店铺产品，以此来吸引顾客，当用户观看直播时可以直接挑选并购买产品，最终直播平台和主播/店铺进行分成。

4. 承接广告

一些主播拥有一定的名气之后，不少商家就会看中直播间的流量，委托主播对他们的产品进行宣传，而主播收取一定的推广费用。当然平台也可在 App、直播间、直播礼物中植入广告，按展示/点击和广告商结算费用，这也是一种变现形式。

5. 内容付费

目前，市场上的直播模式多种多样，一对一直播、私密直播、在线教育等付费模式的直播逐渐流行起来。付费模式对直播的私密性要求更高，粉丝通过购买门票、计时付费等方式进入直播间观看。付费直播的内容质量相对较高，可以有效地留住粉丝，为平台和主播增加新的变现方式。

6. 企业宣传

企业向直播平台付费申请直播，或者由直播平台提供技术支持。直播平台替企业进行会议宣传等服务，还可以给企业提供观看数据。

直播变现模式不仅包括上述提到的内容，联合举办活动、线下活动变现等都是有效的变现模式。正是由于视频直播开发平台中多种多样的变现功能及视频直播开发技术的稳步提升，才使得直播市场不断有新的入局者。

第二节　直播间的准备

一、直播前的准备

一）开始直播前检查直播设备是否正常

开始直播之前，主播主要检查直播设备的网络状态、计算机或手机等直播设备是否能正常连网。另外，还要检查麦克风的电池电量是否充足、声卡是否正常及音质是否完美等。

二）嗓子的保养和饮品的准备

在直播时，主播的语速不易过快，连续讲话的时间不宜过长。尽量不要因为激动而喊叫，尽量避免饮用酒、咖啡等刺激性饮品。

提前准备好饮品，减少起身离开直播间的次数，防止用户流失。不要在直播间说一些与直播无关的事情。

三）准备互动所需题材

以图文方式做好备案。标题主要依靠文字吸引用户，好奇、好玩、感同身受都可以让用户有点击的欲望。

四）直播背景音乐和相关互动音乐的准备

需要提前准备背景音乐及演唱曲目，可以选择擅长的曲目，编辑成演绎曲目单。这样，在直播中可以有效提升直播间气氛，减少尴尬及等待时间。如果有自己适合的直播方向，那么可以自行搭配。

二、直播设备

一）手机直播设备

1. 一个外置声卡

外置声卡需要兼容手机、计算机、平板电脑，支持双设备连接，也就是能支持两个麦克风、两部手机直播，这样能满足两个人同时直播或多平台直播，如图7-4所示。

图 7-4　外置声卡

2. 一个麦克风（话筒）

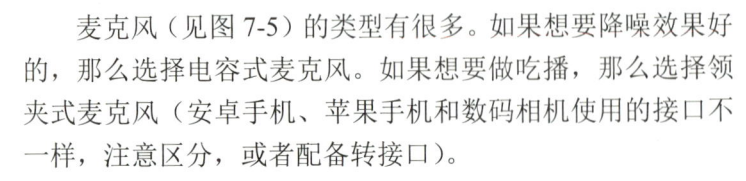

麦克风（见图 7-5）的类型有很多。如果想要降噪效果好的，那么选择电容式麦克风。如果想要做吃播，那么选择领夹式麦克风（安卓手机、苹果手机和数码相机使用的接口不一样，注意区分，或者配备转接口）。

3. 两部手机

一部手机用来直播，另一部手机用来做伴奏，带货的可以用来做客服。

4. 手机支架

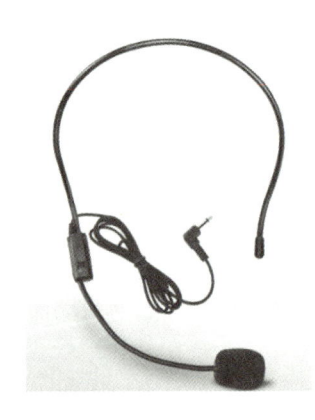

图 7-5　麦克风

手机支架的种类非常多，包括多个机位（手机+声卡+麦克风+补光灯）一体、分开单个独立、落地、台式等类型。主播可以根据自己的需求选择，重点考虑的是稳定性、占用较小的空间。

5. 耳机

耳机主要用来监听自己的声音，有入耳式、头戴式等类型，一般可以选择入耳式耳机。主播可以根据需要选择双插头、加长线的耳机。

6. 转换器

因为长时间直播会大量消耗直播设备的电量，所以要一边充电一边直播。主播可以选择兼容性强的声卡、安卓/苹果手机、耳机等通用转换器。

7. 补光灯

对于直播补光灯选择可以参考图 7-6。

当使用手机直播时，主播可以选择环形、可调节光（暖光、白光、柔光）的补光灯，俗称"美颜灯"，大小为 10～18 寸，可根据直播场景选择，如图 7-7 所示。

8. 插座

外接的设备较多，准备一个大的插座，方便充电。

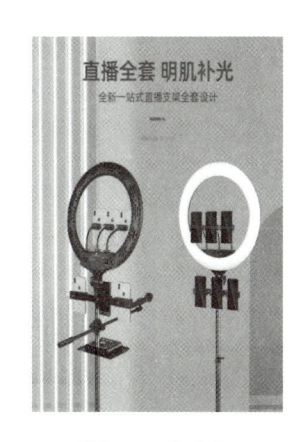

图 7-6　补光灯　　　　　　　　　图 7-7　手机直播环形补光灯

9. 网络

Wi-Fi 一定要稳定，保持直播不断线。

以上设备可以满足室内、室外直播。如果没有挑选到满意的直播设备，那么可以在电商网站进行挑选，有打包好的套餐，其价格为几百元到几千元不等（不包括手机）。如果是新人进行直播，那么在前期不建议购买太好的直播设备。

二）直播间设备

如果是职业主播，那么最好有一间固定的直播间，很多网红公司都会搭建直播间供主播使用。一个直播间需要配置以下设备。

1. 计算机、鼠标、键盘

如果不懂组装计算机，那么可以购买组装好的品牌机。其配置为：一般要求 Core i5 以上的 CPU，最好是 Core i7，8GB 内存，独立显卡和声卡，其他设备没有什么要求。

2. 高清摄像头

专业高清带 1080 像素的摄像头，且支持美颜功能。

3. 补光灯

前面一个白光灯，一个暖光灯；后面布灯方式也一样，这样打出来是立体的灯光，或者使用 LED 补光灯+柔光罩组合。

4. 电脑桌+椅子

根据自己的喜好挑选电脑桌和椅子。

5. 背景装饰

背景墙、壁画、窗帘、摆件、地毯、彩灯、娃娃、挂件等，可以根据主播的风格进行装饰，或者平时结合特殊的节日更换风格。

如果只是做抖音、快手短视频直播，那么一般不需要计算机，把直播间搭建完之后，使用手机进行直播即可。

三、直播间的布置

直播间的布置主要是准备直播设备和布置背景墙。

（1）一场直播带货需要的设备主要有两部手机、手机支架、补光灯、声卡、麦克风等。这些设备根据自己的需要到淘宝、京东等平台购买即可。

（2）背景墙的布置也很关键，依靠打赏的网红主播和直播带货的主播，直播间背景风格是不一样的。比如，做知识付费讲课的直播间，背景可以使用书架。做服装的直播间，如果店面属于高端装修，那么可以在实体店进行直播；如果店面装修不算很好，那么可以单独布置一个房间来做直播间。

四、直播预告设置

如何设置直播预告？下面以抖音为例介绍设置直播预告的操作步骤。

（1）打开抖音 App 后，点击页面下方的 按钮，如图 7-8 所示。

（2）点击"开直播"按钮进入预直播页面，如图 7-9 所示。

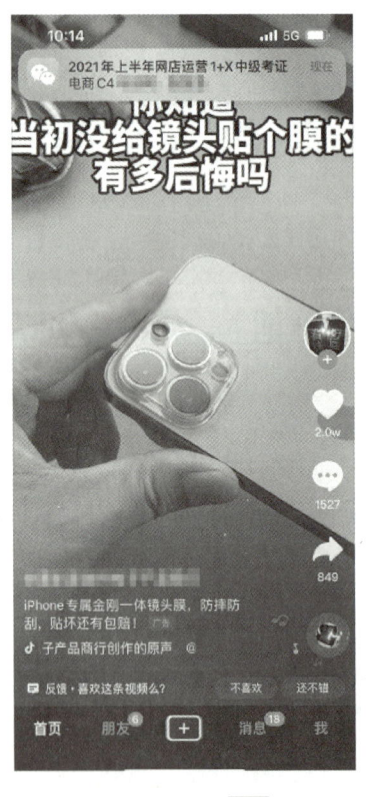

图 7-8　点击 按钮　　　　　　　　　　图 7-9　进入预直播页面

（3）进入预直播页面后，点击"设置"按钮，如图 7-10 所示。

（4）选择"预告开播时间"选项，如图 7-11 所示。

（5）选择直播的时间及预告展示方式后，点击"保存"按钮，如图 7-12 所示。

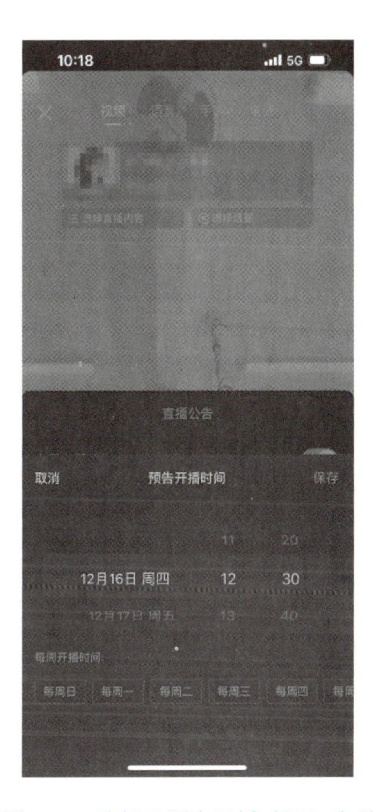

图 7-10 点击"设置"按钮　　　　　　　　图 7-11 选择"预告开播时间"选项

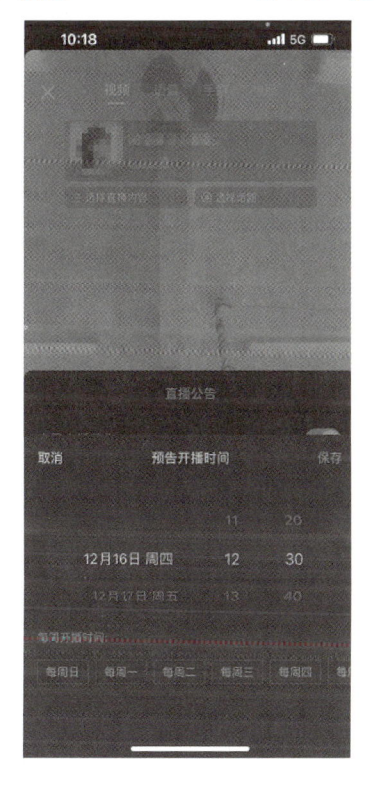

图 7-12 保存开播时间

五、直播产品的选择

一）选择性价比高的产品

直播的本质是团购，只不过这场团购类似于电视购物，还具备较强的互动性，既然是团购，就离不开性价比，东西好价格便宜，最好还是品牌。价格较高的产品仅依靠直播有可能不能完全卖出去，需要进行前期售卖铺垫，直播只是顺势地推一把。因此性价比是选品的重要维度。

二）选择具有不同款式的产品

除了性价比，还需要设置好不同的产品款式，哪怕是同一个品类的产品，也要有高低之分，就好像20多万元能购买宝马1系，200多万元能购买宝马M8一样。

一场直播所需要设置销售的产品款式有很多种，如引流款、跑量款、印象款等，不同的产品款式在直播脚本的设计中，出场的时间点不一样，担任的角色及目标不一样，甚至库存都不一样。

在直播前，预先考虑好自己的直播目标和产品选择，哪款产品准备用来引流到直播间，哪款产品具有良好体验准备拿来打造品牌，哪款产品是为了跑量赚钱的，哪款产品纯粹是不赚钱作为福利款回馈粉丝的。

这些产品款式不是固定的，每场直播后主播可根据数据进行调整，甚至有时在直播中也会进行临时调整，以上情况是自己做直播带货的情况下，所需要进行的设置。如果是企业或商家来找网红达人进行直播带货，那么单独上一个爆款即可；如果是网红达人做直播，那么可以挑选不同的品牌厂家，选择优势明显的款式产品。

三）选择容易进行内容输出的产品

直播也是在互联网上输出内容，那么拥有长内容的产品与拥有短内容的产品，其输出的难易程度，传播的效益是不同的。比如，化妆品，可以输出的内容有化妆品知识、皮肤知识、化妆技术知识；而一节5号电池输出产品特征和优势后，就很难做出好的或吸引性强的内容输出。

对于化妆品来说，介绍一项皮肤知识，其内容长度就能够写一本书。主播也容易在直播中侃侃而谈，再根据不同消费者的情况望、闻、问、切，内容输出一年都不是问题。而对于一节5号电池来说，消费者只关心电量是否充足、是否防爆、是否漏液、是否环保，主播10分钟就能介绍完，而根本不会关心电池背后的技术历史和发展进程。

第三节 直播脚本策划

一、直播脚本准备及主要内容

一）直播脚本的定义

直播脚本是指直播的剧本，以一篇稿件为基础形成直播的工作框架并引导直播有序地推进。在直播过程中，主播在没有脚本的情况下介绍产品容易因信息琐碎造成重点与卖点不突出，或者因时间控制不当造成产品介绍时间超时或剩余时间过多等一系列问题。

二）直播脚本的策划

直播脚本策划是指直播流程策划，提前安排好直播带货要走的每一个流程，包括时间、地点、产品数量、直播主题、主播、预告文案、直播场控、直播流程（时间段）等几个要素。

（1）安排好整场直播带货的产品顺序，注意各产品之间的关系。

（2）规划直播流程、直播节奏，合理安排和分配各产品的讲解时间。

（3）了解直播带货的产品信息。

① 了解直播带货产品的基础信息：品牌名、品牌背景文化、品牌大事件等。

② 根据直播带货产品基础信息，整理直播带货时的话术素材，避免介绍产品时硬推尴尬。

③ 了解直播带货产品的作用、功能、针对方向（归属品类、如何使用、主要针对人群等）。

④ 了解直播带货产品的卖点：产品特性、产品亮点，区别于同类产品的特性。

⑤ 了解直播带货产品的优惠机制（直播带货产品的日常价、直播间售卖价），并整理直播间价格和日常推送的区别，折扣折算。

（4）测试、试用直播带货产品。

① 直播前需要对直播带货产品进行测试和试用，记录试用感受与功效、总结话术。

② 测品过程中，至少保留一件完整的样品，便于在直播带货时向直播观众展示详解。

③ 根据测试感受为产品撰写上口、好记的关键词、关键短句，在展示该产品时不断重复（如口红类目：滋润不拔干，不挑皮巨显白）。

④ 直播前与工作伙伴确定递送流程及配合流程。

（5）将测试产品的感受、产品的卖点、产品的信息、直播话术等内容整理到直播带货台本中。

厘清这些内容后，根据直播的计划按各个环节的要求进行填充，就可以完成一份直播脚本策划方案。

三）直播脚本的主要内容

直播脚本最简单的写法是按流程来撰写，最终以流程的方式控制直播。直播脚本的主要内容如表 7-1 所示。

表 7-1　直播脚本的主要内容

序号	内容	具体脚本说明
1	直播目标	设定当日直播的考核标准，明确直播目的，方便过程管理及复盘，并形成闭环直播目标管理。比如，带货件数、带货金额、涨粉目标、流量目标等。 当设定目标时要充分考虑前期数据基础，结合当场直播的推广与外部支援情况，应是主播和团队共同努力才能达到的目标
2	直播人员	直播人员通常包括主播、助理、辅播、场控、客服、技术等人员。 直播脚本应是直播人设的强化内容，明确不同人员的职位、工作分配、协调方式、沟通渠道等
3	直播时间	确定直播的时间安排、各内容间的时间分配。 在一般情况下，主播应形成自己的时间规律，即每场直播时间大致上是固定的，不可任意调整
4	直播主题	直播主题也就是弄清楚本场直播的目的是什么？是回馈粉丝、新品上市？还是大型促销活动？ 明确直播主题的目的就是让粉丝明白，自己在这场直播里面能看到什么、获得什么？提前勾起粉丝兴趣
5	设计直播间互动活动	加强互动、沟通，避免信息传达的单向性，如粉丝福利、现金红包、送大额优惠券、抽免单、送其他各种各样的小礼品等。 在执行时间方面也要有特殊设计，保证活动不断、活动时间与观众可能出现的点必须安排互动活动。 变化相吻合（如离场、下单等），一般在开播、特殊时间节点、结束直播等时间
6	准备工作	准备工作是直播脚本中最全面、最细致、最具体的工作。 一般包括场景布置、氛围塑造、产品陈列、卖点提炼、销售话术、互动表达、关键问题回答、个性化与标签化词语重复等
7	特殊问题应急处理	在直播中可能面临的各类问题都需要提前准备，如流量的急剧变化、网络问题、平台链接问题、观众提出的特殊问题等。简单来说，特殊问题应急处理，是保证直播不"翻车"，少"翻车"，即使"翻车"也可以转危为安的预备性工作
8	细化每个时段	把以上 7 个内容细分到整场直播的每一个小时段中，确保每一个产品的介绍与推送

二、直播前预热

直播前预热可以吸引更多的粉丝进入直播间，只有这样才能更大限度地进行宣传。就像主播每次直播前发布的预告一样，目的就是让更多的粉丝知道直播的消息。下面介绍几种直播前的预热方法。

（1）文案预热，提前预告直播带货时间，可通过个人简介、朋友圈、视频号、企业微信、公众号等进行主题预告。只有稳定开播天数和时长，找到适合自己的开播时间段，观看直播的粉丝才会越来越多。

（2）短视频预热，直播带货前 3 小时发布一些短视频，当直播时，将会有更多的粉丝进入直播间。

（3）设置吸引眼球的直播封面，因为封面是决定粉丝进入直播间的第一要素。如果没有上传合格的封面，就会影响直播带货的曝光量。直播封面要清晰明了，突出主题，不要使用留白区域，尽量选择真人搭配产品合照。

（4）设置简短的直播标题。标题文案建议直接表明直播带货的亮点价值，明确当天直播的目的和活动特点。标题不宜太长，建议 12 个字以内，规避极限词。

三、主播人设包装

人设包装其实就是把主播标签化。建立标签和主播之间的强关联，当提到某主播时，用户第一反应就是那个非常有特点的标签。

主播标签化的流程分为 4 个步骤，分别是主体分析、人设呈现、信息传达、引发共鸣，如图 7-13 所示。

主体分析 → 人设呈现 → 信息传达 → 引发共鸣

图 7-13　主播标签化的流程

一）主体分析

从外貌、性格、行为、习惯话术等维度分析主播具有的特点，整个分析过程需要用文字描述出来。

电商 MCN 公司最近有 3 个主播来试镜，分别是 A、B、C。经过一天的试镜，运营者总结出 3 个主播的特点，如表 7-2 所示。

表 7-2　3 个主播的特点

主播	外貌	性格	行为
A	颜值型	高冷严肃	金句频出
B	亲民型	风趣幽默	表情丰富
C	生活型	热情真诚	手势多样

二）人设呈现

根据产品售卖目标群体需求和主播的特征进行匹配，包装出具有凝聚力的主播人设和口号。人设呈现思路如图 7-14 所示。

三）信息传达

在宣传过程中要高频率地曝光主播的人设，并用口号、文案、图片对用户进行宣传。经过长时间宣传，使得用户产生应激反应。

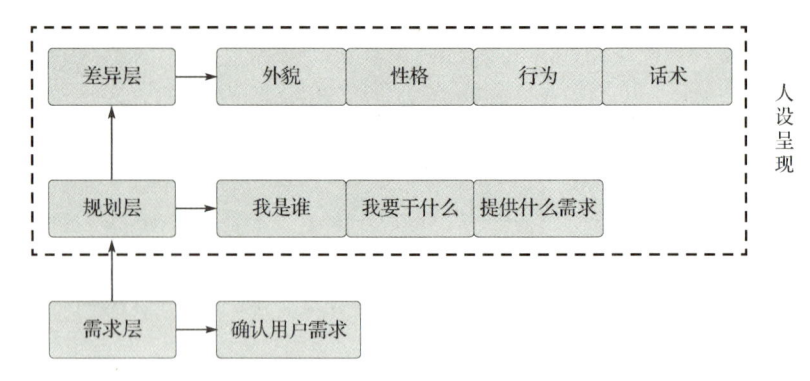

```
差异层 → 外貌  性格  行为  话术
  ↑
规划层 → 我是谁  我要干什么  提供什么需求
  ↑
需求层 → 确认用户需求
```
（人设呈现）

图 7-14 人设呈现思路

四）引发共鸣

"口号的巨人，行动的矮子"是不可取的。让用户发自内心地认同主播的理念，必须依靠高质量的产品。通过激励、诱导等方法引导购买产品的用户给出真实评价，进而带动直播间其他用户认可主播的人设。

四、直播常见话术

一）直播开场话术

直播前做得好与不好，会直接影响到粉丝在直播间的期待值，以及直播间里的人气累积。开场主要目的就是吸引眼球，利用各种气氛拉近与粉丝之间的距离感。

1. 好处开场

欢迎来到直播间的家人们，欢迎大家！我是××，从事××行业，今天我会给大家分享××内容，让你更好、更快地××（3个好处）。我们先稍等下，等到10个人以上时，就开始给大家分享今晚的干货。我们先来聊几个轻松的话题（生活、热点新闻等）。

主播聊一些轻松话题有时是避免冷场的好方法。冷场是很正常的，当新主播做直播时粉丝相对比较少，所以避免冷场是新主播最应该注意的。当冷场时，主播就应该与粉丝聊一些话题，或者询问一下他们喜欢听什么歌曲，给他们唱歌，聊一些家常等都是较好的办法。

2. 活动开场

各位家人们，大家好，我是做××，今天给大家带来××项目（产品），凡是今天在我直播间的家人们，都有机会获得××大奖，奖品是××，感兴趣的家人们千万不要走。

3. 提问开场

大家好，欢迎各位家人们来到我的直播间，我是××，这些年一直专注于××领域，现在人还不是很多，有任何关于××领域的问题可以随意提问。

①解读用户的账号名称，欢迎××来到直播间，××这名字有意思/很好听，是有什

么故事吗？②寻找共同话题，欢迎××进来捧场，我最近喜欢上一首歌，不知道你们是否听过？③借机传达直播内容，欢迎××来到直播间，今天要给大家介绍的是××的技巧，感兴趣的家人们记得关注。

二）直播宣传话术

要想让更多的粉丝熟悉、了解主播，主播就需要一定的宣传话术。

1. 宣传直播时间

非常感谢所有还停留在我直播间的朋友，我每天的直播时间是××点～××点，风雨不改，没点关注的记得点关注，点了关注的记得每天准时来观看。

2. 宣传直播内容

我是××，今天来给大家分享几个美妆的小技巧，学会了你也可以成为美妆达人，记得关注我，了解更多简单、易上手的美妆技巧。

三）直播营销话术

下面介绍几种直播营销话术。

1. 产品介绍话术

产品介绍话术是对每一款产品的基本属性、卖点、优势，以及产品所对应的用户群体特征等信息进行归纳。通过产品介绍话术可以拉近主播与用户之间的距离，建立信任感，提升用户的购买决策，拉动产品销售实现带货变现。除了产品本身的特点，我们还可以通过数据来告知用户关于产品的优势。

回购率：如有80%的用户都会进行回购，如果产品不好，怎么会有这么多用户进行回购呢？

好评率：这款产品有90%的好评率，基本是同类产品中最高的，请用户放心购买。

销售数据：老粉丝都知道，我们这款产品一周就卖了××份，今天是特地向厂家要了这批产品，卖完就不知道什么时候再能补货了。

顾客评分：我们小店的用户评分是×分，这是我们利用好产品、好服务换来的，请用户放心购买，我们不会自己砸了招牌。

2. 购物车点击话术

购物车点击话术是指用户对主播的介绍产生了兴趣，主播实时引导用户点击购物车。购物车点击是一个很重要的维度，一般在销售前和销售中都可以引导用户点击。主播需要不断强化点击购物车这件事，因为人都有被动心理，凡事说三遍好，用户就会被动地接受这个事实，就算还没有完全接受，但也一定会有想去了解的冲动，从而完成点击购物车的行为。

（1）销售前的引导话术：粉丝们，点击购物车，本场直播所有产品都能看到，不要错过你心仪的产品，进入直播间添加关注，加到购物车看一看，一定会有惊喜。

（2）销售中的引导话术：粉丝们，×号链接，本场福利折扣为××，3、2、1开始。

目前介绍的是×号链接产品，感兴趣的粉丝可以点击购物车了解详情，抢到优惠券的粉丝可以点击×号链接，直接购买产品。

3. 引导成交话术

引导成交话术是指从购物车进入产品详情介绍页面后，使用话术激发用户的下单欲望。用户在消费时会考虑很多风险，引导成交话术就是打消用户的忧虑。

4. 促单话术

促单话术是指主播使用话术促使用户提交订单。此类话术的关键就是要调动用户"抢"的心态，把"物以稀为贵"的道理用一句话传达给用户。就算这是一个较低的价格，也要让用户感到这是一年只有一次的机会，促使用户立即下单。比如，点击×号链接，今天只有×份，卖光就没了，粉丝们靠手速了，赶紧抢。今天这款限时产品，我们只卖 5 分钟，真的只有 5 分钟，运营者到时候一定会准时下架，需要的粉丝们千万不要错过。

这时用户考虑的不是产品的需要性，而是那种如果不买的损失性心理，这就是促单话术需要营造的最终氛围。

5. 促付话术

促付话术是指促使用户尽快完成付款。下单未付款会影响付款率和成交转化率，这时损失这个订单是非常可惜的，主播需要尽快促使用户付款。比如，拍下就抓紧时间付款，机会难得，稍纵即逝。刚拍下拼团产品的粉丝们，3 分钟没有付款，将失去预占名额。已经买到产品的粉丝们在公屏打上"买了"。

由购买者给未付款者进行引导，让用户觉得"已经有这么多人买了，估计买了也不会吃亏，反正到时候不满意就退货"。

以上 5 种营销话术遵循的原则是让用户了解产品——让用户需要产品——让用户购买产品。

四）直播结束话术

（1）主播可以使用顺口溜来做结束语，最好有一个属于自己的顺口溜，如果能让用户把主播的顺口溜无形之中挂在嘴边，那么主播就成功了一半，广告就已经打出去了，当用户说到这段顺口溜时就会想到主播。

（2）主播可以使用暖心结束语，让用户感受到主播是在用感恩回馈。比如，直播到一定热点下播时，主播可以什么都不说，对着视频，只要真诚地说出"感谢"两个字，一切尽在不言中，都可以给用户带来暖心的感受。

（3）主播可以使用幽默结束语。现在，大多数人的生活压力很大，每一个人都需要一个轻松的环境氛围。如果主播能使忙碌一天的用户因幽默的结束语，会心一笑、轻松一刻，那么会让用户倍感放松，有时这样一个闪光点就可以吸引一批需求用户。

（4）主播可以别出心裁，在每天准备下播时准备一个小段子或脑筋急转弯。总之可以多特别就多特别，这样才会拥有一个不一样的主播。

五、直播效果的测试

在正式直播开始之前，还要进行以下几个方面的调试，如果有助理或小组人员，那么应该进行团队作战，提升直播效果和效率。

（1）进行光线调整，确认环境光线。如果在室内，那么应该加强光照；如果在室外，那么应该避免阳光太过强烈，还要避免雷雨或黑暗的环境。

（2）进行对焦和曝光调整。对相机、手机进行对焦和曝光调试，确认画面效果让人感到舒适。

（3）进行美颜设置。多选择几款美颜软件进行测试，确认最适合自己和环境的一款美颜软件。

（4）进行横屏和公告设置。测试手机横屏观看效果，并提前将公告设置写好，在开播时可以第一时间发布。

第四节 直播粉丝运营

一、直播粉丝运营活动营销设计

扫一扫，看微课

一）直播营销前期

第一步：直播营销方案的准备。
第二步：直播营销方案的执行规划。
第三步：宣传与引流的方法。
第四步：硬件筹备的三大模块（场地、道具、设备）。

二）直播营销过程

第一步：直播活动的开场技巧。
直播活动的开场形式可以有以下几种。
（1）直白介绍。
（2）提出问题。
（3）抛出数据故事开场。
（4）道具开场。
（5）借助热点。
第二步：直播互动的常见方法。
直播互动的常见方法有直播发送红包、赠送礼物或打赏、发起任务剧情参与、弹幕互动，促使更多的人围观互动并积极加入互动，如图7-15所示。

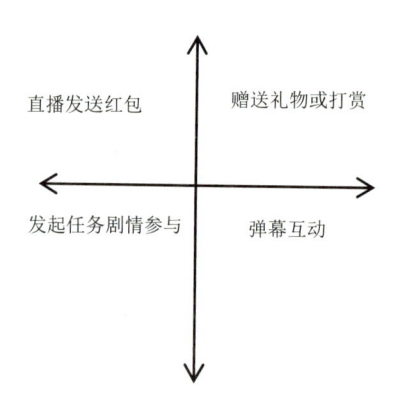

图 7-15　直播互动的常见方法

第三步：直播收尾的核心思路。

（1）销售转化。

（2）引导关注。

（3）邀请报名。

第四步：直播重点与注意事项。表 7-3 所示为直播营销重点。

表 7-3　直播营销重点

类别	营销重点
介绍	主播介绍、主办单位介绍、现场嘉宾介绍、产品介绍等
关注	引导关注直播间、微信公众号、微博等
销售	现场特价产品、观众专属产品、近期促销政策等
品牌	邀请点赞、邀请转发、邀请点评等

三）直播营销后期

第一步：做好直播活动总结。

第二步：做好粉丝维护。

对于通过直播加入的粉丝，在直播结束后，运营者可以通过策划线上活动、分享最新信息、邀请直播参与、发起线下活动 4 种方式来维护粉丝，如图 7-16 所示。

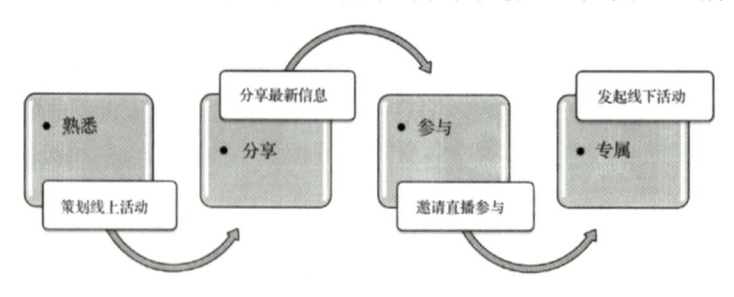

图 7-16　粉丝维护

四）粉丝运营直播的总流程

表 7-4 所示为粉丝运营直播的总流程。

表 7-4　粉丝运营直播的总流程

阶段	内容	目的/人员
筹备期	确定产品&促单方式	快速达到销售预期
	确定直播时间&直播内容	早期推广、后期准备工作
	确定直播账号	为产品推广提供平台
	执行直播方案，了解直播规则	——
	确定直播间主题&产品摆设	突出产品定位、特点等
	制定直播脚本	形成直播的工作框架
	确定物流运输	确保产品运输无误
预热推广期	发布预热短视频&宣传软文	扩大特定消费人群
	创建账号&发布朋友圈&创建福利微信群	增加话题度、扩大宣传范围
	炒作 BBS 话题	
	撰写直播流程（草案）	确保直播有序进行
直播彩排期	布置直播间	增加视觉感观、提高消费体验
	调试直播间设备	确保设备正常运行
	模拟试播	查缺补漏
	优化直播流程	确保直播顺利进行
直播中	发送消息提醒并转发链接	获取更多的直播流量
	实时根据产品调节灯光	为产品提供适宜的灯光环境
	及时处理突发状况	确保直播顺利进行
后期	剪辑&发布直播视频	突出产品卖点
	二次推广	扩大推广范围
	跟踪物流信息	确保产品如期送达
	跟踪后期顾客信息&收集点评	便于数据整理&后期选品
	复盘、总结、改进方案	重新定义产品的价值

二、直播带货的技巧

下面介绍 7 个直播带货的技巧。

一）真实体验

直播最大的优势是真实。在现场直播时，无论是产品试用，还是与粉丝互动，主播的一举一动都是及时呈现的。对于观众来说，也是最真实的。无论是推荐居家用品，还是美妆用品、美食，在直播过程中几乎全程都是主播在亲自试用、试吃。

二）专业度

网络购物与线下购物的主要区别在于，网络购物只能看、不能摸、不能试，体验性比较差。而直播购物可以通过主播对产品形象化的描述，在一定程度上解决这个问题。因此，主播带货一定要熟悉产品。

三）及时互动

及时互动性是直播的一大优势。在直播过程中，主播与粉丝的互动通常非常频繁。通过及时互动，主播与粉丝之间可以相互传递信息、沟通情感。

四）性价比

图文带货和短视频带货更适合常规的销售状态，直播带货非常适合一次性大额度促销的状态。促销力度的大小是影响直播带货效果的重要因素之一。全网最低价是主播的底气和实力。

五）羊群效应

随着主播"3、2、1"上货倒数结束，几万件产品瞬间售罄。观看直播的网友很难抵抗这种大规模群体一致行动的诱惑，消费冲动被激发。

这么多人都在买，自己也要买，感觉不下单，自己就没有融入群体中，会被群体"遗弃"。这就是典型的羊群效应，也被称为"羊群行为""从众心理"。

六）信任

当公域流量变得贵如金，广告投放的性价比越来越低时，品牌主纷纷转向"私域流量"的建设，而经营"私域流量"的核心正是与粉丝的信任关系。

信任是"私域流量"时代的命门。主播直播能销售产品，这些都是本着对粉丝的负责和信任，因为他们知道，一旦信任崩塌，想从头再来会非常难。

七）直播间人设

在直播带货中，人是其中一个非常重要的元素，也就是主播。

只有主播在直播间里不断地与粉丝互动，才能称得上是直播，否则官方会降权甚至直接关闭直播间。

第五节 直播复盘与数据指标分析

一、直播复盘概述

扫一扫，看微课

要想让下一次直播的效果更好，主播必须在下播后进行直播复盘。直播复盘是指对一场直播的整个流程进行分析，发现问题、总结优化的一个直播步骤。复盘总结至少包括直播数据分析、用户活跃度、直播间转粉率、调整改进等。主播分别对所有数据进行对比后，记下可以改进的地方，在下一次直播时实施。

一）直播复盘的作用和重要性

（1）强化目标：可以加快后期工作的进度，以及方便对工作进行量化。

（2）发现规律：通过总结规律可以使整个工作流程化，减少不必要的精力和时间消耗。

（3）复制技巧：汲取成功经验并复制经验，不断提高个人能力。

（4）避免失误：发现失败原因，避免下次再犯，让下次直播更成功。

二）直播复盘的步骤

（1）目标回顾：本场直播的目的是什么。首先试播、带货、宣传等，然后总结出结果。

（2）结果评估：对本场直播的结果进行打分，评估是否达到既定目标，如果没有达到既定目标，那么走到了哪一步，还缺少什么。

（3）原因分析：如果达到了既定目标，那么是如何达到的；如果没有达到既定目标，那么是哪方面的原因。

（4）总结规律：从原有分析中总结出经验，养成把好的文案变成自己的风格，汲取成功经验，了解成败中的关键原因。

三）直播复盘的内容

直播复盘的内容分为主观和客观两种。

1. 复盘的主观内容

主播个人发现的问题：主播个人在直播时的自我感觉、优点、缺点、一些操作上的问题、回答不上的问题、产品上架失误等。

协同直播人员发现的问题：主播直播时的状态、语气、语速、语调、互动的效果、主播上镜的情况。

2. 复盘的客观直播数据分析

通过直播数据分析客观问题。

直播的基础数据包括：观众总数、新增粉丝人数、付费人数、评论人数。

我们可以按照以下途径查看直播数据，如表 7-5 所示。

表 7-5　复盘的客观直播数指标

序号	直播数据指标	指标说明
1	流量指标：在线人数	观众总数：一场直播有多少人观看了你的直播；主要分析在线人数
2	人气指标：互动数量	新增粉丝人数：直播期间，有多少人关注了你的账号、粉丝的互动率、成交量
3	转化指标：成交单量	付费人数：有多少人愿意为你的直播内容进行付费；转化新粉的占比是指本场直播观众总数与新增粉丝人数的比例

二、直播复盘数据指标及优化分析

以抖音直播间为例，进行直播复盘数据指标及优化分析。

一）流量指标：在线人数

流量指标通常对应直播间的在线人数。在线人数是指同时在线观看直播间的用户数量。在线人数是直播间流量的核心指标，不同的直播平台有不同的流量评价指标，但通常最值得关注的流量指标就是在线人数。

1. 总观看人数、人数峰值

我们通过观看直播间人数趋势图（见图 7-17）可以发现，直播间人数峰值出现在直播前半小时，随着直播时长增加，直播间观看人数会慢慢下降。

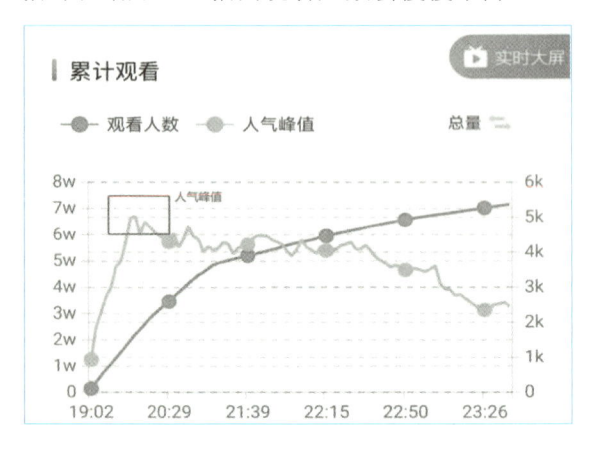

图 7-17　直播间观看人数趋势

2. 直播间观众来源——直播间流量运营措施调整

除此以外，部分主播也会通过 Dou+ 或 Feed 流提升人气，这就可以通过关注直播间的观众来源（见图 7-18）来判断直播间是否进行付费加热。

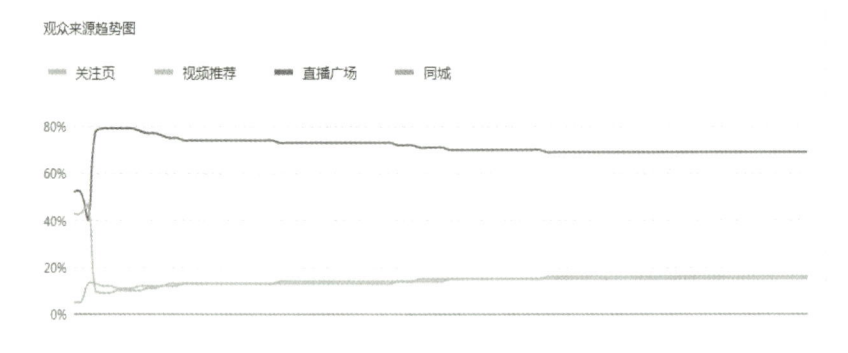

图 7-18　观众来源趋势

二）直播人气指标

人气指标对应直播间的互动数量。互动是指用户在直播间的评论区发起评论或参与直播间设置的话题。互动数量是直播间人气活跃程度的核心指标。

在正常情况下，交互活跃的直播间，意味着用户对直播内容的参与程度越高，主要由新增粉丝人数（见图7-19）、转粉率、点赞数、直播间控场人气、直播间留客能力等来衡量。

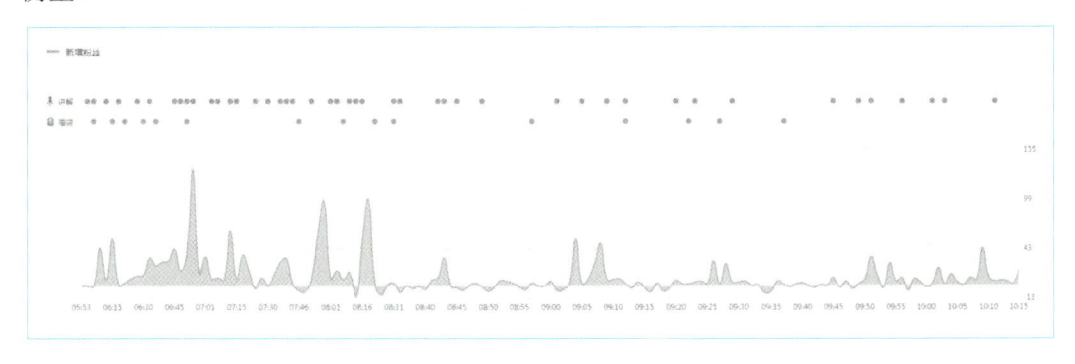

图7-19　交个朋友直播间新增粉丝人数

1. 直播间的控场人气

比如通过人气趋势图可以看到，直播间人数峰值出现在直播前半小时，随着直播时长增加，直播间人气逐渐下降。

2. 用户平均停留时间——直播间的留客能力

用户的停留时间越长，直播间的权重也就越大，受到直播广场推荐的机会也就越大。因此为了保证直播间热度，通常可以使用"整点抽奖""增加引流秒杀款投放比例"等互动方法来增强直播间趣味性，从而增加用户的停留时长。

三）直播转化指标

成交单量是考核直播电商转化的核心指标，代表直播内容和电商销售达成统一。结合流量指标和人气指标，成交单量要从以下两个维度进行分析。

（1）成交单量与在线人数。

直播间用户的精准程度可以用数值来衡量，公式如下。

$$直播间用户的精准程度=成交单量/在线人数\times100\%$$

计算出的数值越大，精准程度越低，如果用户不精准，就难以达成电商的销售转化。

（2）成交单量与互动数量。

衡量成交单量的第二个维度就是成交单量与互动数量。我们可以用数值来衡量直播间产品的内容策划质量，公式如下。

$$直播间产品的内容策划质量=成交单量/评论数据\times100\%$$

计算出的数值越大，表示策划质量越高；计算出的数值越小，表示策划质量越低。

如果根据上述公式计算出的数值越小，那么表示用户已经参与评论互动，但没有下单意愿，此时直播间就应该进行内容调整。除了转化指标，流量和成交也是直播数据复盘分析时要重点关注的两个方面。一般分析的逻辑是，如果直播的流量比较低，那么可以通过多种渠道提升流量；如果转化率比较低，那么可以查看产品，找到符合用户需求的产品；如果成交量比较低，那么主播可以自查播放风格与节奏是否有问题，并进行相应的改善。

实训　直播间运营

实训目的

（1）掌握直播间的搭建和直播背景设计。
（2）掌握直播的运营和维护技巧。
（3）掌握直播复盘与数据指标分析。

实训内容、实训步骤、实训要求及实训拓展作业

一）实训内容

（1）在抖音等主流直播平台搭建直播间，自行设计直播背景图或直播现场环境。

（2）根据校企业合作项目产品，如德庆贡柑、T恤等产品；或者围绕团队经营的产品，如服饰类、农产品类等进行选品，根据选品提炼卖点，并在直播中分享讲解，把握产品的特点和用户痛点。

（3）首先根据制定的直播方案进行直播间搭建及制作一段15~60秒的直播预告短视频，然后进行60分钟以上直播来拓展、维护粉丝并进行直播精彩片段录制。

（4）流畅地开展直播，使用直播话术强调直播重点。

（5）在直播中体现弹幕互动、产品组合推介、产品优惠、限时营销等直播营销技巧。

（6）录制后期可以用剪映进行编辑完善。要求在拍摄前，进行直播方案设计，提交3~5分钟的直播录制短视频，包括直播前、直播中、直播结尾部分。

二）实训步骤

（1）在拍摄、直播前要进行方案设计。

（2）进行直播间搭建。

① 根据互联网直播运营方法，自选题材制作一个直播间背景图。
② 根据要求完成选品，确定直播道具。
③ 拍摄一段15~60秒的直播预告短视频。
④ 做好直播间命名，将直播间背景图以"组长名+××直播间背景"命名并上传提交。
⑤ 要求在指定时间内根据考核题目完成网络直播间的设置，满足直播要求，直播预告短视频以"组长名+直播预告短视频"命名并上传提交。

（3）录制直播精彩片段。

① 围绕服饰类、农产品类进行选品，根据选品提炼卖点，并在直播中分享讲解，把握产品的特点和用户痛点。
② 根据制定的直播方案进行60分钟以上直播来拓展、维护粉丝并进行直播精彩片段录制。
③ 流畅地开展直播，使用直播话术强调直播重点。
④ 在直播中体现弹幕互动、产品组合推介、产品优惠、限时营销等直播营销技巧。

⑤ 录制后期可以用剪映进行编辑完善。要求在拍摄前，进行直播方案设计，提交 3～5 分钟的直播录播短视频，包括直播前、直播中、直播结尾部分。

三）实训要求

（1）以小组为单位，分工协作，建议 5～6 个人/组。

（2）提交项目资料要求：将电子版方案、直播背景图及直播预告短视频、直播视频打包压缩以小组为单位提交。文件夹命名要求为"班级+组长名+直播运营项目资料"。

（3）各小组对本实训工作情况进行汇报（汇报前要制作好幻灯片或汇报稿）。

（4）老师对每个小组成果展示的情况进行点评，当每个小组展示及总结完后，老师对整个项目实施情况进行总结。

四）实训拓展作业

参考抖音平台上拥有上千万个粉丝的用户进行研究学习。

模块三
实战高阶篇

第八章
新媒体运营案例拆解

案例一 可口可乐

一、案例背景

2012年,可口可乐在澳大利亚推出了一场名为Share a Coke的宣传活动,印在可乐瓶、可乐罐上的名字是澳大利亚最受欢迎的150个名字。于是,2013年夏季,可口可乐在中国推出了昵称瓶活动,在每个可口可乐瓶子上都写着"分享这瓶可口可乐,与你的××××"。昵称瓶迎合了中国的网络文化,以新媒体为主平台,开启了个性化的昵称瓶定制,实现了当季可口可乐独享装的销量较上年同期增长20%和超出10%的预期销量的目标。

二、昵称瓶项目执行

一)第一波

借助媒体、明星、微博、微信等关键意见领袖进行新媒体内容的传播。

2013年5月28日,悬念海报预热开启,合作的媒体、意见领袖、忠实粉丝放出一系列悬念图片,5月29日进行全网大揭秘。在5月29日之前,可口可乐陆续给一部分有影响力的明星或"草根"微博大号赠送了印有他们名字的昵称瓶,为了达到惊喜的效果,这些活动没有事先通知他们。于是他们纷纷在微信、微博等社交媒体上晒出自己独一无二的可口可乐定制昵称瓶。

二)第二波

围绕代言人持续在线下和线上新媒体平台炒热话题,使话题不断升温。2013年6月9日,五月天深圳"爽动红PA"演唱会正式公布快乐昵称瓶夏季活动全面展开。在五月天"爽动红 PA"演唱会现场，利用手机应用软件"啪啪"同步录音发布，并通过微博、微信等新媒体预告线下活动行程；同时活动现场摆放定制昵称瓶的机器，现场打印昵称瓶标签，而用户可以印上自己的名字、昵称等，实现了线上与线下的整合，从线上导流到线下，用户线下拿到瓶子后再到线上晒照片，二轮传播，形成了一个线上到线下再到线上的闭环。

三）第三波

衣、食、住、行等方面的跨界合作带动在线声量，实现全包围式传播。可口可乐与新浪微钱包合作，在活动的 7 天内，每天接受一定数量的定制瓶，邮费为 20 元。第一天放出 300 瓶，1 小时被抢光；第二天放出 500 瓶，半个小时被抢光；第三天放出 900 瓶，只用了 5 分钟就被抢光；第四天放出的 300 瓶，在 1 分内被抢光；后来的几天都是几秒内就被抢光。

可口可乐与快书包合作，24 瓶凑齐一起卖，满足那些有收藏爱好的人；与小肥羊合作，给当日进餐过生日的用户赠送定制瓶；与 1 号店合作，用户购买一定数量的可口可乐就可以在 1 号店免费定制属于自己或朋友的昵称瓶。

2013 年，昵称瓶获得了口碑与销量的巨大成功。2014 年夏季，可口可乐又推出了歌词瓶，将流行歌曲的歌词印在瓶身和易拉罐上。在歌词瓶的助推下，其中国业务增长达到了 9%，仅在 2014 年 6 月一个月内，在上一年同期双位数增长的基础上，歌词瓶为可口可乐的销量带来 10% 的增幅。

三、歌词瓶项目执行

（1）针对意见领袖进行定制化产品投放，利用明星的粉丝效应和关键意见领袖在新媒体社交网络的活跃度和影响力，制造信息传播热点。

（2）通过社交媒体引发活跃粉丝的跟进，进而利用新媒体的扩散作用影响更多潜在用户，用户在转发微博时加上"#可口可乐歌词瓶#"标签并@小伙伴就有机会获得一个专属定制瓶。用户也正围绕话题"最打动你的歌词"，自发地分享最喜爱的歌词，给自己带来美好回忆。

（3）在微信中，用户通过扫描可口可乐瓶子上的专属二维码进入微信页面，在听歌的同时能看到一段根据歌词创作的 Flash，短短数秒却充满新奇，激起用户购买第二瓶一探究竟的欲望。

四、从昵称瓶到歌词瓶的营销启示

（1）营销理念和品牌定位一脉相承。从昵称瓶到歌词瓶再到台词瓶，是可口可乐"流动性传播和策略性连接"营销理念的传承，把瓶身社交化做得越来越细、越来越深，同时始终秉持"快乐和分享"的品牌定位，塑造了个性化的统一品牌形象。

（2）以新媒体为主要传播阵地，让用户主动参与，实现从用户印象到用户表达，充分挖掘目标用户的想法、感受，将品牌理念与之建立连接，制造了更多的空间供用户讨论，维持话题热度，引导讨论但不生硬地主导舆论，而是让用户创造内容，自主参与帮助品牌扩大影响力，加强深度关系。

（3）利用明星效应和粉丝效应，发动自媒体参与新媒体平台传播，充分发挥关键意见领袖的影响力，形成口碑传播。在社交媒体上，每个人都是自媒体，关键意见领袖本身具有很大的影响力。除了有影响力的关键意见领袖和明星，可口可乐也非常重视与忠实粉丝的互动。

（4）跨界合作，线上与线下整合，形成O2O的营销闭环。在微博上定制一瓶属于自己的可口可乐，从"线上"微博定制瓶到"线下"用户收到定制瓶，进而通过用户拍照分享又回到"线上"，O2O模式让社交推广活动形成一种长尾效应。

（5）遍地撒网，全媒体覆盖，结合热点有节奏地维持话题热度。通过全网全覆盖的方式，可口可乐陆续推出各项活动，使面向的各个用户都成为品牌传播的一份子。新媒体具有话题易破碎的特点，用户不再是单纯的受众，而是已经完全参与到品牌的传播与塑造中，成为品牌的推广者。在话题热度下降时，可口可乐又持续推出新的活动方案，有节奏地维持话题热度。

（6）定制背后的逻辑是"与我相关"。昵称瓶可以定制自己的昵称，歌词瓶可以定制自己喜欢的歌词，所有定制设计和"疯抢"背后的支撑都是"与我相关"。包装定制是定制化的开始，人们往往会分享"与我相关"的事或物，由此会再引起一轮传播。

实战训练：

假设你是可口可乐中国区的市场负责人，现在要策划一个以2022"虎年"为主题的营销方案，目的是提高可口可乐在中国的知名度并彰显可口可乐年轻、有活力的精神，以瓶、罐包装为切入点想一个创意，并想一想如何执行及传播该项目。

案例二　海底捞

前些年，互联网突然出现了许多赞扬海底捞优质服务的各种夸张段子，如服务员送贺卡、送鲜花、免费擦皮鞋、免费做美甲等。图8-1、图8-2所示为海底捞的附加服务。这些段子通过在微博、微信等社交媒体上传播逐渐形成"海底捞体"。"人类已经无法阻止海底捞"的口碑神话，在新媒体上越传越广。

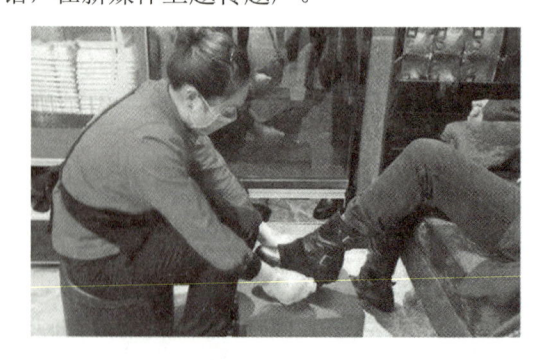

图8-1　海底捞提供的免费擦皮鞋服务

图 8-2　海底捞提供的免费美甲服务

"人类已经无法阻挡海底捞"这句话像病毒一样在网络上迅速扩散，逐渐成为一种风潮，有些网友编出了各种海底捞惊奇服务，出现了各种版本的海底捞服务传奇，从而引发了海底捞在新媒体上的传播热度。

此时，用户在海底捞前期的口碑营销中积累下来的对品牌的好感度渐渐转为疑惑，网友编写出的海底捞段子让部分用户在对海底捞的盲目推崇中醒悟过来，这个过程的转化耐人寻味。

海底捞无疑是利用社交媒体完成了一次典型的口碑营销，用户、广告、网友共同主演了一出"人类已经无法阻止海底捞"的戏。"极致产品与服务+适合"的营销手段，爆发了一场互联网上的营销狂欢，也算是一个成功的口碑营销案例。

从海底捞"不可阻挡"的信息源头来看，当口碑营销借势互联网社交媒体扩散后，信息传播就如虎添翼了。在新媒体平台上，信息的传播速度和广度非常惊人，一条信息能在几天之内引发几百万人浏览，众多网友在原有信息基础上进行二次加工并主动传播，造成二次甚至三次传播。微博上的一些大V用户对海底捞服务进行体验，主动转化传播，爆发了巨大的信息能量。

企业一方面可以通过微博进行口碑营销，另一方面也可以利用微博收集用户的负面评价，然后分析并予以解决。

口碑营销的前提是要有极致的产品及服务，再配合新媒体的传播扩散，用户就会主动参与到口碑营销中。口碑营销更加真实，普通人讲述消费过程更能赢得他人的信任。口碑营销对打造品牌的形象非常给力，尤其对品牌文化的传播至关重要。

案例三　松下马桶盖品牌的借势营销

一、案例背景

2015年1月初，著名财经作家吴晓波的一篇《去日本买马桶盖》激起千层浪，让很多不了解马桶盖这个细分品类的网友一下子关注到了这类产品。在这场势能中，松下洁乐马桶盖采用借势营销，成功让品牌脱颖而出，大火了一把。下面分析一下松下借势开展的新媒体营销案例。

从时间维度来看，吴晓波发布文章的第 2 天，松下洁乐就在微博、微信上迅速跟进热点，并拟名为《买马桶盖，何必去日本》，成功说出了广大网友的心声。

二、松下洁乐马桶盖借势营销

随着马桶盖事件的不断发酵，一些电视台也开始关注、报道此事。但是，电视台并未报道涉及的品牌，只针对这一现象进行了报道。显然，这个报道对松下洁乐没有直接的宣传作用，那么松下应该如何借助这个报道进行造势呢？

（一）微博大 V 借势营销

就在电视台报道的第 2 天，很多微博大 V 开始讨论此事，马桶盖事件经历了电视报道之后再度回到网络，热度更高。与电视报道没有联系品牌不同，在这次微博大 V 的讨论、发酵中，很多人将马桶盖事件与松下品牌进行了直接关联。

（二）网络新闻渠道追踪报道

紧接着就是铺天盖地的新闻报道和各大网络渠道的追踪报道，在这些报道中，很多人都将马桶盖与松下品牌直接关联起来。当时间推进到第 4 天时，传统媒体、社交媒体和网络媒体一并将马桶盖事件传播为当年最火爆的热点事件之一。众多媒体都将马桶盖的生产地址指向杭州，当事情进展到这个节点时，松下在微博上迅速跟进："是的，我们在杭州市钱塘区下沙街道建造了洁乐工厂，将生产出来的马桶盖出口到日本，又被大家背了回来。"仅这条微博，转发数量就超过了 9000 次，其中不乏大 V 和媒体。

三、松下洁乐马桶盖成功的启示

借助全民关注的热点事件，以最快的速度与自己的产品关联起来，成功地实现了产品与品牌的最大曝光，完成了品牌的借势营销。同时在与热点结合的过程中，要树立正能量，树立民众的爱国热潮，通过新媒体引导民众正确的消费观和审美观。

第九章

新媒体运营的操作

第一节 确定目标，选择平台

新媒体运营的最终目标是盈利，实现产品或品牌的可持续发展。如果想要做好新媒体运营，就必须制定具体的发展目标，制定目标的实质是要知道你的立场。在创建一个新的平台之前，运营商应该清楚地考虑打算用新媒体实现什么。

有的新媒体平台以传播原创内容为特色，有的以品牌宣传为运营主旨，有的为其他新媒体平台提供某种服务功能，有的把管理粉丝用户作为首要目标。运营良好的新媒体平台必然会集中力量实现主要目标，而不会东一拳西一脚地乱打一气。运营者在把握好自己的定位目标后，才能最大限度地用好手中的资源。

一、确定目标的依据

一）运营的目标客户

首先要搞清楚自己的目标客户是谁，明确他们需要哪些内容。比如，清博大数据的服务对象是所有的新媒体平台，提供的内容是大数据舆情分析报告。又如，丁香园的服务对象是广大医生、医药从业者及生命科学领域人士，提供的内容包括医学、医疗、药学、生命科学等相关领域的交流平台、专业知识、最新科研进展及技术服务。

二）运营活动的结果

新媒体账号运营目标主要来源于两个方面，一个方面，账号属性属于"个人"；另一个方面，账号属性属于"企业"。在一般情况下，个人新媒体账号的主要目的是，①准备转行、准备面试作品等；②兼职自媒体赚钱等；③个体商户、名人、个人公司等，如明星微博或企业高层人士微博等；④做自媒体小号，为企业大号与小号品牌形成互动等；⑤个人兴趣领域，如健身领域达人等。

大多数自媒体一开始只是记录博主的生活碎片，以自娱自乐为目标，并没有打算扩大影响力。后来，有些自媒体开始分享专业知识与各种经验，逐渐转化为某个领域的知识分享平台，而运营者的目标也变为向大众科普某类知识。无论发布什么内容，都会对互联网舆论产生不同程度的影响。发布者所期待的舆论反响，就是要寻找的发展方向。

在一般情况下，企业目标分为 3 个：第一个是总体性目标，新媒体是为了实现什么目的，如品牌宣传。第二个是阶段性目标，做新媒体需要账号粉丝拉新，以配合某个项目线上与线下结合引流。第三个是销售转化目标，进行客户维护。

企业新媒体运营目标按照企业或品牌发展周期的不同，目标选择也不同。图 9-1 所示为企业新媒体运营目标模型。

图 9-1　企业新媒体运营目标模型

目标设置不能太泛泛，要有具体数字。比如，当月目标为日均新增数量从 8000 人到 12000 人，注册转化率为 40%（建议略高于原本的期望值，效果会更好），而"提高品牌曝光度""增加用户黏性"这种泛泛的目标设置不利于实施具体的计划。

三）制作内容的方式

有的新媒体主要依靠自己制作内容，比如，各大报纸的新媒体平台主要发布自家的原创报道。而有的新媒体则是通过分享粉丝来信、读者投稿等方式来制作内容，如情感咨询树洞，每天都会从粉丝的咨询私信中寻找案例，隐去投稿者的名字，将问题截图再做点评。

一般来说，新媒体推送的内容主要包括以下 5 种类型：文字、图片、GIF 图、短视频、H5。文字的生产比较简单，生产速度也比较快。但是想要写好文字还有一定的难度。一篇好的文案不仅需要作者拥有清晰的表达和逻辑，还需要多年积累知识背景、引经据典、数据佐证等，文字风格或严肃、或幽默、或文艺都需要很长时间的打磨，不同的内容需要使用不同的文风来表达。图片和文字搭配会让表达更加明晰、有趣。配图能够让文章更具观赏性，变成文字的有效补充，与文章内容匹配度高的图片还能让文章变得更有生机活力，提高文章的质量；图片还可以调节阅读文字时带来的枯燥和疲惫，让用户在阅读时眼睛可以适当休息，加深对文章的理解和记忆。但要注意静态图片的呈现形式是固定的，很难产生互动效果，往往需要多张图片，从多个维度来展示信息。GIF 图可以记录较为完整的信息，比静态图片的信息量要大，其动态效果可以快速抓取眼球，吸引大家的注意，因此往往使用 GIF 图作为文章的亮点。不少专门做休闲娱乐类的账号，一张搞笑的 GIF 图就可以获得几十万人甚至上百万人阅读。短视频的信息更加丰富，3 分钟的短视频可以展示出 1500 字甚至更多的内容，并且使用户很容易产生代入感，不会被其他信息所打扰，加上每个短视频都有自己的独特风格，很容易形成品牌或 IP。但短视频制作是一件非常耗时、耗力的事，如 3 分钟左右的短视频大小约为 10MB，拍摄短视频对于剧本、拍摄环境、后期特效的要求都非常高。比如，某微博博主原是一名大学生，在没有团队之前一个月只能制作一个短视频，制作过程也非常艰难。H5 中不仅可以放置文字、图片，还可以插入动态效果、短视频、音乐等，同时能够记录相关的数据，比图文具有更全面翔实的数据。H5 具有很强的交互性。用户可以通过滑一滑、擦一擦、点一点、摇一摇等操作来触发相关的动作，让用户产生很强的操控感，也更容易在交互中集中注意力，留下较深刻的印象。

四）收益来源的渠道

不同的新媒体平台具有不同的收益来源。比如，有的新媒体平台以商业广告合作为主要收益来源，而有的新媒体平台则通过付费阅读来吸引用户打赏。

收益来源决定了新媒体运营的基本方式，如三微一端：微信、微博、微视频、客户端。客户端主要依靠内容运营，通过运营内容来积攒粉丝流量，利用流量优势变现。常见的有在微信公众号上穿插广告，推送广告文章。在微博上利用流量优势接推广。还有一些短视频类软件，当官方支持，达到一定流量时，官方给予奖励。又如，知乎上的支付费用回答问题，利用优质内容变现。小说的付费模式，免费体验+收费模式，前几章内容可以被免费观看，想知道后面的内容，用户只能付费购买。又如"罗辑思维"，打造个人魅力体，独特的专属 IP，从而去做衍生产品。传播点与共鸣点是内容运营的两个核心要素。传播点是受众感兴趣的话题，共鸣点是受众认可的观点。一篇文章被十万人阅读，首先从标题到内容要吸引人；用户阅读完文章才会形成共鸣效应，文章才能够转变成二次传播。

新媒体平台通过举办线上、线下活动来达到盈利目的，如天猫"双 11"，已经不再局限于一个网站的优惠促销活动，而是演变成了一个"双 11"的节日。

二、选择平台

新媒体运营根据自己的目标与定位选择合适的平台很重要。熟悉各大媒体的平台规则或特性，以便于后续发布的内容符合平台的特性，避免内容被限流等；还要了解各大新媒体平台的营销策略，从而有针对性地选择合适的平台。

表 9-1 所示为各大典型新媒体平台的营销策略及特征。

表 9-1　各大典型新媒体平台的营销策略及特征

平台类别	平台	营销策略	特征
社交类	微博	通过微博制造品牌或产品的相关话题，引发讨论；由 KOL 通过图文视频等形式引导用户进行消费转化	话题传播度广、用户参与度高
	微信	通过 KOL 发布公众号图文软广、内容长图等形式为品牌或产品打造故事线，在软广中融入购买渠道、方式等信息作为推荐，进而引导用户购买	内容信息呈现度深、内容展现模式多元化
短视频	抖音	将品牌或产品的宣传点融入 KOL 的短视频内容中，在 KOL 中进行产品展示、成分分析、购买方式等深度讲解，实现深度"种草"	内容信息呈现度深、内容展现模式多元化
	快手	将品牌或产品的宣传点融入 KOL 的短视频内容中，借助粉丝对 KOL 的强烈信任感，以接地气的宣传方式带货	内容信息呈现度深、内容展现模式多元
社区平台	小红书	借助 KOL 在平台上形成的分享推荐内容展现方式，将品牌或产品融入其中，以测评、使用分享等形式实现深度种草	内容信息呈现度深、种草拔草效率高
	知乎	通过发布优质内容对用户进行收费	通过问答互动，付费咨询
自媒体	头条号	通过投放优质文章吸引粉丝，获得广告分成及奖金收益	自媒体人人都可以发布优质文章

随着互联网的快速发展，新媒体平台也在不断更新。从最初的门户网站投稿模式，到后面的博客论坛，再到如今的微信、微博、今日头条等。目前的新媒体平台主要指微信、微博、今日头条这类平台。这类新媒体平台归纳为五大类，分别是半封闭平台、短信息平台、开放式推荐平台、视频类平台、问答式平台。

半封闭平台主要有微信公众号、QQ 公众号等。这类新媒体平台对内容、用户认同感要求较高；主要是针对关注自己公众号粉丝的内容传播，传播范围有一定局限性。半封闭平台的特征有，如果用户不关注这类平台，别人就无法接收到自己发布的信息。

短信息平台有微信的朋友圈，这类平台适合快速阅读，利用人们碎片化时间提供比较短小的内容并发布到平台，优质内容也会得到平台推荐。常见的有微博、今日头条的微头条等。

开放式推荐平台主要有趣头条、今日头条、搜狐自媒体、网易自媒体、一点资讯、UC 自媒体、百家号、企鹅号等。这类新媒体平台具有鼓励原创的各种奖励机制及推荐机制，适合自媒体人使用。

视频类平台分为长视频和短视频两种。常见的长视频平台主要有优酷、土豆、爱奇艺、腾讯视频等。常见的短视频平台有抖音、微视、快手、美拍、火牛视频、火山小视频等。其中，火牛视频、火山小视频对原创作者提供了资金扶持。

问答式平台主要有悟空问答、百度问答、知乎问答、微博问答、搜狗问答、360 问答、手百问答等。其中，百度问答、知乎问答、微博问答、搜狗问答、360 问答主要用于品牌宣传，软性植入品牌并推广品牌，从而获得粉丝流量。而悟空问答不仅用于获得粉丝流量、宣传品牌，还可以赚钱（平台提供了资金扶持，优质原创问答提供了红包奖励机制）。

第二节 组建团队，策划方案

一个企业拥有不同的部门，这些部门也被称为"团队"。从传统的市场部、品牌部、销售部，到这两年新兴起来的新零售部、社交电商部等，他们的组建方式各有不同，特别是新媒体团队，目前已经是军团化作战。如何组建团队，怎样更高效地组建团队，是做好新媒体运营的前提。

有了目标与计划，就要有相应的组织去执行目标、实现计划。组建团队、管理团队是第二步工作。那么如何组建与管理团队？如何根据目标做预算、写推广方案？怎么考核绩效？怎么去搭配团队岗位？下面针对这些问题进行介绍。

一、组建新媒体团队

一）新媒体团队的职能

在全民电商的大背景下，新媒体运营是企业运营的新的方向，而新媒体团队应该居于企业战略的核心位置。企业搭建自己的新媒体团队，将互联网思维融入企业的文化基因中。企业新媒体团队的职能主要分为三部分。

第一是品牌公关，第二是市场营销，第三是用户运营。品牌公关包括强化品牌认知、提升品牌影响力、减少负面信息、树立品牌形象、提高品牌曝光度等。新媒体运营团队需要收集和调节市场舆论，把控舆论走向。在有损害品牌或产品形象的事件发生时，第一时间制定针对性的公关方案，挽回企业形象，将企业损失控制在最小程度。市场营销的职能意味着新媒体团队承担了传统营销的功能，根据平台属性、运营需求和人群洞察，编辑有行业深度观察和干货视角的内容输出，独立完成高传播度的原创稿件，达到营销目的。还要根据产品属性，提炼产品卖点与优势，以客户视角对产品进行包装和推广。用户是新媒体运营的核心，以用户为中心搭建用户体系、开发需求产品、策划相关活动与内容，同时严格控制实施过程与结果，最终达到甚至超出用户预期，进而实现企业新媒体运营目标。无论是开发产品、设计活动，还是策划内容，都需要围绕用户。如果不重视用户，新媒体就会出现事倍功半的运营结果——面向大量不精准的用户开展新媒体工作，造成资金与精力浪费，最终降低了转化率、曝光量等数据。用户运营工作主要围绕4个方面展开，包括拉新、促活、留存及转化。

二）新媒体团队的岗位

很多新品牌的企业架构，部门都围绕新媒体组建，如新媒体品牌部、新媒体商业部、新媒体内容部等。新媒体团队一定是完整的商业闭环，麻雀虽小五脏俱全，所以，可以把新媒体团队看作企业内部的"小公司"。新媒体团队不等于新媒体运营。新媒体是关乎产品、内容、活动、用户、商务和技术等多方面的平台体系，各项工作必须由专人专岗来负责。

新媒体运营主要是利用微信、微博、App等新媒体平台进行品牌推广、产品营销的运营。通过策划品牌性、优质性、传播广泛性的线上活动，从而提升新媒体的知名度，提高用户的参与度。新媒体运营包括内容运营、渠道运营、活动运营、用户运营、数据运营等。根据新媒体运营的内容设置相应的岗位，但是也要考虑企业的具体需要，即企业按需配置新媒体岗位，如可以根据内容形式分为文案、视频、图片制作等岗位。

还有一种团队岗位的搭建方法，即根据所选择平台来划分小组。比如，公众号分为一个小组，抖音分为一个大组等。图9-2所示为新媒体运营团队一般岗位设置，有运营总监（新媒体运营总负责人）、运营助理、活动策划人员、美工视频编辑人员、数据分析人员等。

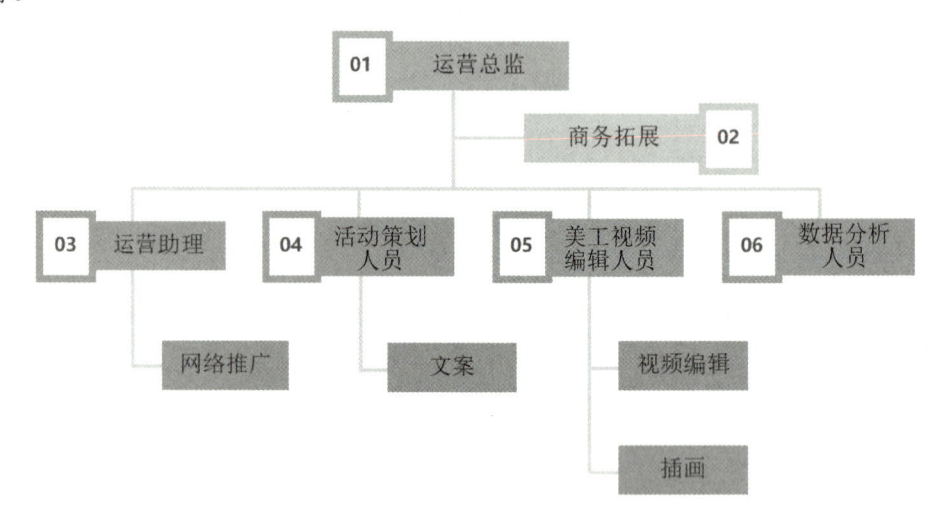

图 9-2　新媒体运营团队一般岗位设置

运营助理的主要职责为负责微信、微博、小红书、视频号等新媒体平台的运营管理；负责组织策划活动流程、活动预期、活动成本、活动收益、活动效果、活动问题及改进；负责依据各种活动专题进行内容传播与推广。活动策划人员的主要职责为负责策划各种活动，并依据活动策划方案撰写文案、广告语，负责新媒体运营平台文案的编写。美工视频编辑人员的主要职责为依据策划方案做出相应的设计元素，根据策划文案编写的方案，制定相应的视频、音频，并按要求剪辑视频文件、音频文件；负责根据活动策划方案绘制原创图画元素。数据分析人员的主要职责为负责相应行业市场平台数据调研分析，并制定数据报告。运营总监的主要职责为负责新媒体整体规划实施及运营，带领团队实现企业的运营目标。收集整理分析市场信息，结合企业的运营情况及产品风格，制订本部门的年度、季度和月度销售计划，并把各计划细分到季度、月度、每周的工作，以量化绩效指标执行。根据年度、季度和月度销售计划，制定相应的营销策划方案及推广策划方案。负责团队的日常管理制度，制定团队的内部管理措施规范及业务流程。负责部门员工的管理指导、培训及评估。结合企业的产品特征及市场变化，及时做好新媒体的整体布局和规划，以提高品牌的竞争力。协助企业制定新媒体发展策略，通过有效的成本控制和营销手段，提升在线销售平台的品牌知名度，扩大市场影响力。

现在很多企业对新媒体运营经验不足，往往一人兼任几项工作。一般入职新媒体岗位的人员都要求掌握基本的文案编写，能独立编写活动文案和文章；了解常见的新媒体平台的操作和推广机制；有一定的互联网做事思维，能够分析数据、竞品调研等；会使用图像或视频处理软件（如 Photoshop、Adobe Premiere Pro 等），会使用图文处理编辑器（如 135 编辑器、秀米等）。

在组建完团队、设置完岗位之后，新媒体团队的前期工作应该更多地放在媒介、营销平台的线上准备工作上，通过新媒体的手段，把口碑和粉丝预热做好。前期媒介平台的命名、新媒体的战略、运营模式的确定是最重要的 3 个部分。先做好这些准备工作，再进行线上线下的推广工作、策划工作，并通过各种营销方式和活动来推广企业和产品，这样才能更好地发挥新媒体运营的作用。

二、策划方案

做运营基本上都是不断地编写方案、修改方案、执行方案的过程。方案是指做一件事前的思路和计划。方案的目的是做事思路的梳理或运营工作中运营思路的梳理和具体的工作规划，那么就必须有一个正确的编写思路。运营方案一定是环环相扣的一个过程，逻辑主线一定是清晰的，思路目标一定是明确的，这样才能够用清晰的思路编写一份高质量的运营方案。运营方案范畴可广可窄，可以是一个项目的整体运营规划（短期、中期、长期），也可以仅指新媒体运营方案、社区运营方案。

方案是用来梳理想法和指导实践的。在策划方案前，需要确保以下问题是明确的：在什么背景下做这件事？做这件事的目的是什么？用什么样的目标来衡量做这件事的成果？做这件事的具体执行策略是什么？也就是人、事、财、资源、时间排期的明确。

这里最关键的一步就是目的要明确，因为策划要做的所有的事情都是围绕这个目的来进行的。所以，在编写方案之前，一定要明确目的是什么。

采用思维拆解法思考确定策划的步骤。按照电商的万能公式：销售额=流量×转化率×客单价。电商运营最直接的目标就是提升销售额，比如在一个月内让销售额提升 1000 万元，结果是否完成这个目标是衡量策划工作的一个依据和标准。按此思路进行方案的梳理，目的为提高平台销售额；目标为在一个月内让销售额提升 1000 万元，影响销售额的 3 个要素为流量、转化率、客单价。

一）背景分析，目标定位

通过抖音等新媒体平台的数据分析、粉丝画像结合实际确定目标的方向定位。

（1）分析不同新媒体平台上用户的浏览习惯，了解不同新媒体平台上用户的特征，有针对性地在新媒体平台上进行营销推广。

（2）分析不同新媒体平台上的用户数量，了解流量的规模，从而为自己选择新媒体平台提供依据。下面以抖音短视频平台为例，了解抖音平台日活跃用户数量的增长情况，如图 9-3 所示。

短视频具有品类繁杂、包罗万象、短小精悍、浅显表达等特点，且不断吸引新网民加入。短视频平台典型的代表是抖音。截止至 2021 年，短视频用户数量已突破 8 亿人。

以抖音短视频为例，2019年1月日活跃用户数量约为2.5亿人，2020年8月日活跃用户数量约为6亿人，每天都有将近6亿人在使用抖音刷视频，并且抖音短视频用户活跃度很高，依赖性很强。另外，快手、微视、西瓜视频等短视频平台也有着各自领域强大的粉丝群体。2020年，我国短视频市场收益约达到1408.3亿元，继续保持高增长态势，2021年接近2000亿元。

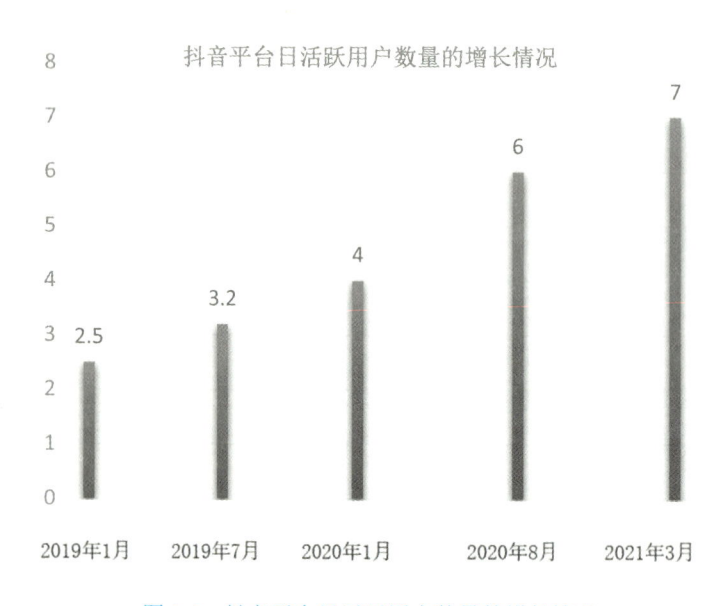

抖音平台日活跃用户数量的增长情况

时间	日活跃用户数量（亿）
2019年1月	2.5
2019年7月	3.2
2020年1月	4
2020年8月	6
2021年3月	7

图 9-3　抖音平台日活跃用户数量的增长情况

iiMedia Research（艾媒咨询）数据显示，我国短视频用户规模增长势头明显，2020年已超过7亿人，2021年已超过8.73亿人。短视频作为网络视听中一个新业态细分行业，近年来发展迅速。截至目前，我国短视频行业已经经历了4个阶段，分别是蓄势期、转型期、爆发期和探索新商业变现模式期。目前，我国短视频行业正在探索更多元化和更深层次的商业变现模式。新媒体运营离不开粉丝数量强大的短视频平台。短视频平台中的抖音及快手在短视频领域头部优势明显。快手发展起步早，用户基础深厚，且积极发展电商和游戏直播等业务，成为头部典型代表。虽然抖音发展时间较短，但追赶势头明显，入驻KOL数量较多，带货推广情况良好，也成为用户数量非常多的短视频平台。

iiMedia Research（艾媒咨询）受访用户最常使用短视频平台排名，抖音以45.2%的用户数量占比排名第一，快手和哔哩哔哩的用户数量占比分别为17.9%与13.0%，排名为第二与第三。其他短视频平台，如西瓜视频、抖音火山版的用户数量占比也达到了4.3%和1.6%。抖音凭借内容分发机制优势成功受到了用户的青睐，成为用户最常使用的短视频平台。

还有文字类的平台，文字类平台较比短视频平台枯燥，更多人喜欢在文字类平台（如今日头条、微博、微信订阅号）观看社会类时事新闻、娱乐新闻，财经内容等。用户通过文字类平台可以获取知识或信息的"干货"内容。

（3）粉丝画像分析。

流量时代，离不开对粉丝的分析。粉丝画像是根据粉丝属性、粉丝习惯、粉丝偏好、粉丝行为等信息而抽象描述出来的标签化粉丝模型。通过高度概括的标签，我们可以更好地认识粉丝、了解粉丝、理解粉丝。只有对粉丝了如指掌，才能够更加精准地为粉丝提供服务，优化内容，提供更好的粉丝体验。一般从人口属性、兴趣特征、地域属性、心理特征与行为特征等来进行粉丝画像分析。人口属性包括性别、年龄、学历、角色、婚姻等基本信息。不同年龄阶段的人有着不同的角色，兴趣也相差甚远，如有些人关注亲子教育、有些人关注文化历史、有些人关注娱乐游戏，所以不同的人倾向阅读的内容不同。兴趣特征包括阅读内容、收藏内容、转发内容、付费内容等。在地域属性中，粉丝的行为有时候是带有很强的地域属性的。地域属性包括粉丝所在的城市、粉丝所处的社区、粉丝的一些行进路径等。在心理特征中，不同的人，同一年龄阶段；或者同一个人，不同年龄阶段，都会有不同的心理特征，包括能力、气质、性格。不同的粉丝有着不同的行为路径和行为倾向，如活跃时间、活跃天数、阅读路径等，这也是行为特征的表现。

通过从不同的角度对粉丝数据进行分析，给粉丝建立标签。标签可以分为静态标签和动态标签，如粉丝的基本信息一般都是静态的，但是粉丝的心理、态度、行为等是动态的。因此，当给粉丝建立标签时，要从两个方面去建立。

（4）场景拓展分析。

根据粉丝画像分析，明确目标用户（年龄段、性别、职位），围绕目标用户关注的话题，迅速找到更多内容方向的方法。比如，我们可以根据25~35岁用户群体、上班族、已婚这几个关键词进行延展分析，确定用户此时需要什么，发现兴趣点，进行新媒体内容方向定位，如图9-4所示。

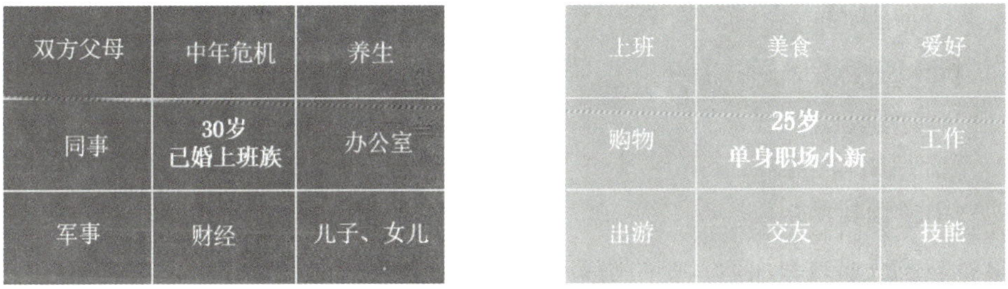

双方父母	中年危机	养生
同事	30岁 已婚上班族	办公室
军事	财经	儿子、女儿

上班	美食	爱好
购物	25岁 单身职场小新	工作
出游	交友	技能

图9-4　粉丝关注的场景拓展

假设运营人员要策划一次北京市的用户回馈活动，应先选出注册地在北京，还得是老用户，访问频次高，有购买行为。总结下来是，注册地在北京，近3个月内访问网站3次以上，至少购买过1次且近1周没有购买过资生堂的产品的用户可以被认为是忠诚老用户。

二）内容运营

1　人设定位

确定好目标定位，接下来最重要的就是生产内容。在内容营销时代，一切花哨的形式都不如优质的内容能最终赢得用户的信任。

内容定位，离不开一个关键词——人设。所谓人设是指新媒体视频里的人或物或文章整体风格给用户最直观的形象，好的人设定位可以打造视频差异化优势，如papi酱、野食小哥、李子柒等这些人物拍摄风格已定，如果采用同样的内容由普通人来模仿，那么可能不会有太多的流量。另外，好的人设可以为子账号提供更多的流量，最重要的是，好的人设可以品牌化。

确定人设需要清晰 3 个方面的问题：第一，你是谁？即人设定位，要确定内容生产者擅长什么？或者喜欢什么？另外，也可以从自身性格和形象进行分析定位。第二，能做什么？即账号是做什么的，由此来决定该账号能获得什么样的粉丝群体，如英语知识点普及，吸引的自然就是热爱英语的群体，要吸引对内容感兴趣的群体。第三，能给粉丝带来什么？能给用户带来什么？也就是说，用户为什么要关注你，要有属于你的发光点，这样用户才会关注你。

2. 选题定位

我们可以从各大自媒体平台实时热点、平台推荐热门内容中选择内容选题，坚持原创、坚持内容输出，并且要从自己最有优势、最专业的方面出发。因此，好的选题应该符合以下要点，如图 9-5 所示。

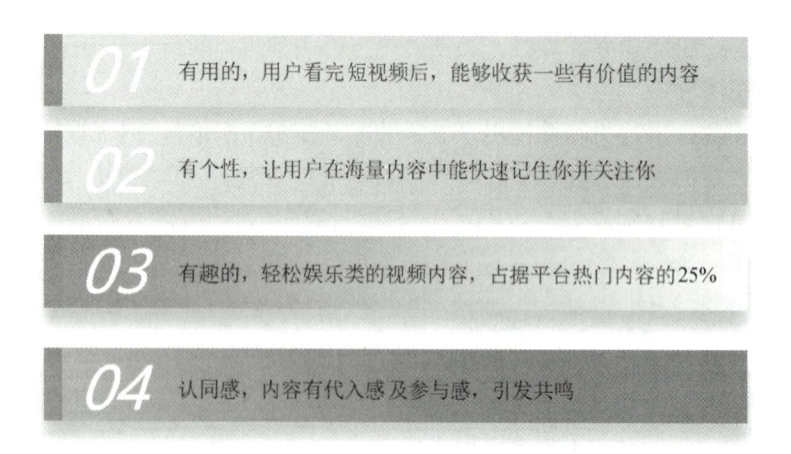

01 有用的，用户看完短视频后，能够收获一些有价值的内容

02 有个性，让用户在海量内容中能快速记住你并关注你

03 有趣的，轻松娱乐类的视频内容，占据平台热门内容的25%

04 认同感，内容有代入感及参与感，引发共鸣

图 9-5　好的选题定位要点

通过数据分析获取内容运营的结果，进而为改进提供依据。比如，微信公众号运营，基本分析数据有阅读数、转发数、分享数、点赞数、收藏数、从朋友圈打开人数、阅读来源分析、用户属性（地区、性别、用户使用的手机品牌等）。

3. 产出内容

内容产品的方式是多样的，结合不同新媒体运营平台的特征，有规律地输出高质量的内容。以短视频为例，爆款短视频=吸引人的开头+充实有特点的正文+引导行动的结尾。短视频开头非常重要，当用户观看短视频开头时，觉得不够吸引人，就会关闭该短视频。如果平台算法发现这种现象，就会评估这类用户不喜欢该内容，会给此内容做排除法，就不推送这类内容了。如果人群包里的代表用户进来之后也不喜欢，那么这个人群包有可能被排除推荐范围，于是受众面就会被极度压缩。

短视频正文最好能让用户有获得感、有价值的连续性、内容的独特性，如能满足用户的情感需求、学习需求、娱乐需求等。

在短视频结尾处可以设计引流的环节和话术，如账号简介引流、内容描述引流、扩展链接引流、主动评论引流、短视频内容引流、账号互推引流、短视频直播引流等。

三）精细化运营

锁定内容后，就要把内容做到极致，从标题到话题，精细化运营，做爆款文章与短视频。精细化，结合市场、渠道、用户行为数据分析，对用户展开有针对性的运营活动，以实现运营目的的行为被称为"精细化运营"。精细化运营是将每一个运营步骤流程化，并提高每一个步骤到达下一个步骤的转化率。精细化运营更多的是关注整个下单成交的一个过程。通过数据分析，了解用户的使用习惯，根据不同的用户和场景，有针对性地提供差异化服务的运营方式。对于企业来说，预算与流量都是有限的，因此，企业希望做精细化运营，其实是希望花出去的每一分钱都能达到效果，最好是来的每个用户都能留下，留下的每个用户都活跃，活跃的每个用户都进行付费转化，付费的每个用户都进行复购。

下面通过案例来分析精细化运营的要点。

小红书是一个泛品类的生活方式分享平台。2019 年，小红书与几个大型的手机厂商进行了预装合作，作为新的获客渠道。随着预装了小红书 App 的手机上市，小红书发现来自预装渠道的低龄用户的留存率非常低。低留存率意味着很多用户打开一次小红书 App 后，就再也不会打开该 App，这就浪费了为获客投入的推广费用。于是，小红书成立了一个调查项目，分析为什么低龄用户的留存率比较低？

背景：通过之前的分析发现，来自信息流等渠道的用户次日留存率低，这类人群的特征是低龄，行为特征是"点赞即走"，大部分人只观看一篇笔记就不来了。小红书觉得可能的原因是这类人群只有周末能玩手机，平时上课并不能很方便地使用手机。

分析的维度：

（1）不同低龄的用户表现是否有差异？

小红书对年龄段的划分是 18 岁以下是低龄，但这个划分有点太笼统。因为 18 岁以下包含了小学生、初中生和高中生 3 个学龄。不同的学生阶段其实差异比较大，所以年龄维度本身需要更加细分。

（2）用户来小红书想要看到什么内容？能看到他们喜欢看的内容吗？

每个用户对一个新产品、新平台都是有所期待的。当他们下载了 App、激活并注册后，总希望在这个 App 上能找到对自己有价值的东西。

（3）针对用户的 Feed 推流，是他们想要的内容吗？

小红书 App 的首页是推荐系统生成的双列笔记 Feed 流。当新用户注册时会选择一些自己的兴趣点，然后小红书会根据用户选择的兴趣点，给用户推荐相关主题的笔记。

小红书查看了用户注册过程中几个页面的漏斗数据，发现经过一系列前置操作后，有大量的用户在打开小红书 App 后，还没看到内容就已经离开了，并且有很大概率没有再返回。基于这些发现，小红书得出了这样的假设：对很多之前不知道小红书 App 的用户来说，打开 App 第一页面就需要填写隐私信息，对用户非常不友好，且载入流程较长，用户流失就比较严重，整体的留存率较低。

针对这个原因小红书可以在以下方面进行优化且加强品牌建设：增加广告投入，让更多的人知道小红书品牌；缩短注册流程，把收集用户信息的操作后置，当用户打开App后先展示功能介绍页面，让用户对小红书有一定的认知。

小红书进行了以下测试：针对预装渠道用户登录流程的改动，划分3组做了实验。第一组用户和之前流程一样，第二组用户和第三组用户都去掉了填写信息的页面，改成先看到内容，再填信息。其中不同的是，第二组用户打开小红书App后，会有一个弹窗，让他们填写信息；对于第三组用户来说，先引导他们看一篇内容，再让他们填写信息。看一看这3组用户最后的留存率有什么差异。下面看一下针对3个维度的具体分析。

（1）不同低龄用户的表现是否有差异？

小红书将18岁以下的用户按学龄重新划分为3类：12岁及以下的小学生、13～15岁的初中生、16～18岁的高中生。那么，这3类用户的次日留存率和周末留存率如何？真正次日留存率低的是小学生和初中生，高中生的留存率和我们大盘用户留存率其实并没有太大的区别；次日留存率低的用户，在周末的留存率同样很低，并不会出现周末反弹的情况。因此小红书得出了两个结论。

前面关于低龄用户留存率低是因为用户工作日上学不能使用手机的假设并不成立，即使到了周末能使用手机的时间段，他们也没有回来。低龄用户不能单纯地按照年龄来划分，要按照学龄来划分。

（2）用户来小红书想看什么？

解决这个问题有两种方法。

用户访谈，通过调查问卷寻找一百个或一千个用户，了解他们来到小红书的目的。但是这个样本量是有限的，可能得出的结果也不能代表所有用户的想法，而且执行起来很麻烦，要花费大量的人力成本。

比较好的方法就是查看用户的搜索。搜索是一个主动并且强有力的行为，而用户搜什么意味着他们想看什么。因此，小红书做了一个不同年龄用户的搜索画像，分别是15岁以下、16～18岁、19～23岁及29～33岁。

发现15岁以下的用户主要搜索简笔画、动漫、头像、明星；16～18岁的用户开始关注穿搭、护肤、减肥；19岁以上的用户开始关注彩妆。这个数据其实也是很符合用户使用场景的。小学生和初中生在学校里是不能化妆的，大多也都是穿校服，所以会搜索简笔画、动漫等。甚至发现，很多低龄的用户来小红书App就是为了下载精美的壁纸和图片作为头像的。如果不查看数据，小红书可能永远都不会知道低龄用户的这些需求。而初中生到16岁以上，进入高中后，就会慢慢开始注意穿衣打扮，也会化一些淡妆。当他们再年长一些，到了结婚的年龄就会关心结婚、食谱、装修等。那么，他们是否在这里看到了想看的内容呢？用什么指标来衡量这个信息呢？搜索点击率是最简单的方式。用户是否点击搜索结果，最大限度上代表了对搜索出来的内容的满意度。

29～33岁的用户搜索的高点击词主要集中在减肥、护肤、美甲上。19～23岁的用户打开小红书App想看关于明星的什么内容呢？是八卦传闻，还是寻找粉丝团？这些是小红书App没有的内容。小红书App给用户提供了明星工作之外的一些真实的信息，如明星喜欢用什么化妆品、喜欢吃什么零食等，但是这些内容未必是这些用户想看的。

（3）Feed 流是用户想看的吗？

前面的两个问题让我们了解了低龄用户对什么感兴趣、搜索什么内容及小红书在哪些内容上不能满足他们。第三个问题想了解的是，当用户在 Feed 流上被动接收信息时，这些内容是他们想看的吗？

当新注册的用户第一次打开小红书 App 时，系统会让用户选择一些感兴趣的标签作为用户的启动数据。刚开始小红书给用户推送的内容都是基于这些注册用户所选的兴趣标签。

小红书通过两个维度来衡量：内容丰满度和分发匹配度。

内容丰满度是指当用户选择了感兴趣的标签，能否看到更多的关于这个品类的笔记。小红书通过调查结果发现，较多人选择的"时尚穿搭"的笔记曝光也比较多，选择音乐、游戏等品类的人也很多，曝光度却很低，这说明在音乐这个品类上用户看不到他足够喜欢的内容。

针对分发匹配度，小红书挑选了平台上一些内容比较多的品类，采用热力图的方式展示出来，从曝光分布和喜好分布两个维度来进行分析。

（1）曝光分布：比如"时尚穿搭"这个品类，平台分发曝光的内容，13~15 岁、19~23 岁、34 岁以上用户的曝光是差不多的。

（2）喜好分布：用户对平台分发曝光的内容的喜好程度。衡量用户喜欢程度的标准是，用户是否进行了点赞、评论、收藏。

上述这些分析给做策划方案的新媒体运营者带来了如下启发。

（1）头部笔记的曝光几乎是一样的，喜好度却差别非常大。

（2）在分发曝光时，即使是同一个品类，在不同的年龄维度上，也需要有不同的分发策略。

这其实也论证了我们在流量分配时就需要做精细化运营。

四）流量变现

互联网商业的整体盈利逻辑就是"流量+变现"，主要有以下 3 种变现方式。

（1）广告变现。广告变现主要通过第三方平台（如广告联盟等）接入广告，而企业可以通过用户的流量多少来获取对应的收益，这种是典型的以流量为主的变现方式，也是目前最为普遍的方式之一。区别只是广告的形式，比如是展示收费还是效果收费。而基于数据的精准化和基于内容的原生化是广告在互联网上的两大趋势。粗暴的广告投放存在资源浪费的问题。企业通过互联网平台中的沉淀数据更加注重广告投放的精准化。从内容来看，过于粗暴的广告形式影响了用户的体验，于是通过互联网更加注重广告内容的原生化，实现内容和广告的统一，在不影响用户体验的同时实现广告投放的目的。

广告变现的优点为，收益以流量为基础，产品的流量越大，广告的收益也就越高。广告变现的缺点为，广告变现需要考虑广告质量、广告主品牌、受众契合度等，并且广告的反馈具有滞后性，如果是劣质的产品或广告主品牌出现了负面消息，就会极大破坏产品的口碑，对产品容易造成不可逆的负面影响。

（2）电商变现。产品买卖是互联网流量变现的另一种常见形式。所有电子商务平台都采用此种流量变现方式。平台实现流量的聚合，通过平台上的产品买卖来实现流量价值的变现。电商变现可以分为两种类型，一种是电商 CPS；另一种是自营电商。电商 CPS 是指电商的代运营，即商家把产品放到某些自媒体上进行售卖，而自媒体提供产品的展示框架。当用户在这里购买产品后，代运营商就获得相应的收益，从而实现变现。自营电商是指商家自己售卖产品，产品的成本、价格、出售等都由商家规定，没有第三方的介入。

电商变现的优点为，收益明显，并且可直接看到转化率之间的数据，对于优质的产品来说容易培养出忠实的粉丝，使他们对产品产生较大的信任，成交率高，可以跟产品的口碑形成统一，容易产生二次宣传的效果。电商变现的缺点为，电商对产品的质量具有非常高的要求，如果产品的质量差，那么容易使用户产生厌恶感，不利于产品的持续发展。

（3）内容付费变现。知识付费是在近几年才兴盛起来的，如得到、分答、喜马拉雅、微博问答、开氪等越来越多的知识付费平台相继出现。现在已经是"内容为王"的时代。内容付费的背后，正是抓住了分享经济时代的特点，解决了人们在移动社交体验中知识和经验不对称的问题。正是因为糟糕的免费内容太多、太杂乱，才促进了人们有意识地对精品内容付费意愿的增强。

第三节 品牌宣传，精准引流

不管是营销的 4p 理论还是互联网下的产品思维、用户思维，其核心都是产品。好的产品也需要宣传推广，推广是给品牌助力，用合适的方式，加速让更多人认识产品，从而购买产品。推广目的可以分为品牌宣传和购买转化。品牌宣传是持久战，通过反复出现在消费者心里留下印象，影响购买行为。

一、品牌宣传

一）品牌的塑造

1. 品牌是企业重要的资产

由于激烈的市场竞争，消费者选择的多样化缩短了产品的生命周期。只有强有力的品牌推广宣传才能使企业在市场上生存。企业产品参与市场竞争有 3 个层次，第一个层次是价格竞争，第二个层次是质量竞争，第三个层次是品牌竞争。目前的市场竞争已经发展到了品牌的竞争。品牌意味着高附加值、高利润、高市场占有率。也就是说，高质量、高品位是消费者的首选。好的品牌可以为企业带来较高的销售额，可以花费很少的成本使企业的产品或服务更有竞争力。好的品牌效应可以带来较高的产品溢价，增加企业产品的利润。

比如星巴克，一杯零售价为 32 元的卡布奇诺咖啡，该咖啡本身的成本只有 6.88 元，品牌溢价有 16.56 元。这就是品牌的价值，"星巴克"三个字背后已经不仅是一杯简单的咖啡。它除了带给消费者感官的享受，还有理智与心理的满足，如图 9-6 所示。

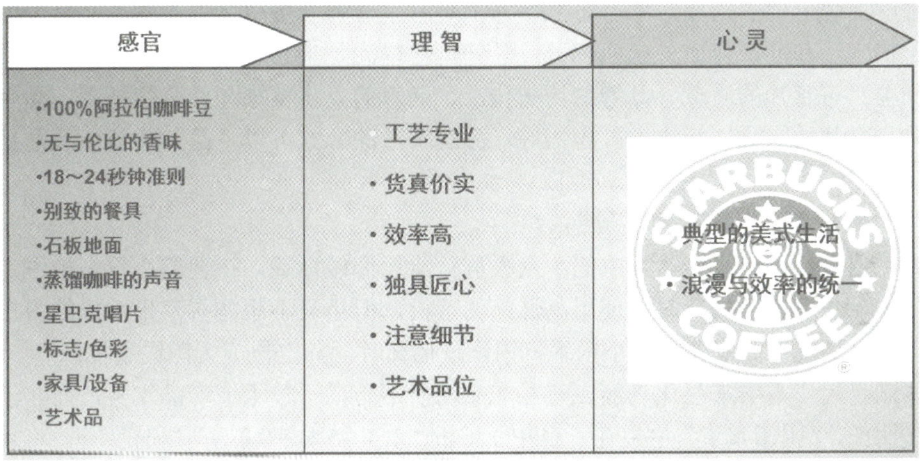

感官	理智	心灵
·100%阿拉伯咖啡豆 ·无与伦比的香味 ·18~24秒钟准则 ·别致的餐具 ·石板地面 ·蒸馏咖啡的声音 ·星巴克唱片 ·标志/色彩 ·家具/设备 ·艺术品	·工艺专业 ·货真价实 ·效率高 ·独具匠心 ·注意细节 ·艺术品位	·典型的美式生活 ·浪漫与效率的统一

图 9-6　星巴克品牌背后带给消费者的价值

对于消费者来说，有品牌的产品不仅在质量上能给予保证，更重要的是能满足消费者在消费时的愉悦感，从心理上得到满足。品牌代表企业的承诺。对于消费者来说，品牌不仅意味着他们消费的产品、享受的服务源自何处、出自谁手，而且与一定的质量水准、品牌信誉始终相连。一个品牌代表一定的产品、服务质量，凝聚着企业的形象、公众及社会对它的评价，吸引着相对稳定、忠诚的消费群体。对于广大企业来说，品牌意味着拥有稳定、忠诚的消费群体，让同一个品牌产生持久、恒定的利益。

品牌资产具有 5 个重要的衡量维度：品牌知名度、品牌认知度、品牌联想度、品牌分享度、品牌延伸度。这是由大卫·艾克定义的五度品牌资产模型。品牌资产存在于消费者和市场的认可，是无形的心智资产。比如，可口可乐这个品牌，假如可口可乐的工厂被大火烧毁，只要有可口可乐这个品牌，就会重新站起。这就是品牌的价值。品牌资产是无形的资产。

品牌是消费者对产品或服务的主要理解，是联系企业与消费者对产品或服务认知的桥梁。只有重视品牌，构筑自身发展的灵魂，我国企业也才能从目前的"世界工厂"转变为"世界级公司"。许多企业只是拥有一个知名的品牌名称和一些不错的产品，但销售业绩主要来自产品的竞争力而不是因为品牌给力。当质量相同的产品甚至比别人差一点的产品，却可以卖出比别人更高的价格时，这个企业才算拥有品牌。品牌提供的最大的利益就是"溢价"。在建立品牌的过程中，打造一个品牌主张来指引品牌策略发展的方向，以及指导所有品牌接触点所需要的"零件"是非常必要的，一个没有品牌主张的产品是永远无法真正成为一个迷人的品牌的。

2. 品牌的塑造方式

初创企业的品牌在于塑造品牌的差异化和品牌的竞争力，但是 90%的初创企业都是在做品类的定义而不是做品牌差异化。根据电商的沙漏理论，从流量入口到形成购买的转化过程。用户在形成购买以后非常重要的一部分就是分享和口碑，这是新媒体环境所赋予的变化。目前大家做品牌和传播都是围绕分享和口碑来构建内容的，如小米已经将口碑分享变成营销重要的一部分。

了解品牌价值的构成，才有可能培养出具有生命力和吸引力的品牌。品牌价值分为品牌价值内涵和品牌价值外延两部分。品牌价值内涵是指品牌的功能层面，如品牌带给人的利益、可感知的质量、品牌的历史传承、品牌的人格特征与社会特征等。品牌价值外延是指品牌的名称、标志、广告语等。品牌塑造的方式可以从品牌价值内涵与品牌价值外延入手。

（1）品牌塑造要抢占用户情感依赖。

人群定位。利用小众市场中的小众人群，给他们做标签，在他们心目中抢占定位优势。比如，小米一开始针对想使用高性能的手机，但是又不想购买苹果手机的用户，并且提出"发烧友"的概念。当小米手机销量过亿部时，其定位成为国民手机。

从满足用户需求来强化功能。有些产品功能不是在于技术或产品本身，而在于用户需求。比如，"困了累了"喝红牛、OPPO 手机"充电 5 分钟通话两小时"等。将功能放大是抢占用户非常有效的方法。

创造使用习惯。比如，益达的标语"饭后嚼两粒"、奥利奥的标语"扭一扭、舔一舔、泡一泡"等。很多品牌因为创造了使用习惯或使用场景而让用户记住了品牌，通过这些方式来塑造品牌。

（2）打造爆款产品。

创造一个能给企业导入流量的爆款产品，形成流量入口。比如，麦当劳的圆筒冰淇淋，因为客单价较低，但是用户消费频次高，为店面创造流量入口，引起用户的复购或导流的机会、留存的机会，也容易形成口碑。爆款产品一定是性价比高的产品，让用户觉得物有所值，形成口碑产品，达到快速传播及用户高满意度的目的。

（3）人格体塑造品牌。

品牌一定要有品牌魅力，通过人格化的方式来塑造品牌 IP。比如张君雅小妹妹，利用一个非常可爱自然卷的小女孩作为品牌形象，在包装上会体现小女孩的性格、态度、表情等，这就在与用户的沟通上，品牌具有了非常鲜明和立体的人格。张君雅小妹妹是一个零食品牌，主要有零食面、点心面等产品。企业设计了标志性的黑色爆炸头和红色蝴蝶结发卡，还添加了不少"人设"，如小学三年级学生、爱哭鬼等，这样的形象让人们印象深刻（见图 9-7）。江小白也是一样，不讲酒的技术口感和年份等传统白酒的卖点，通过表达"大道理人人都懂，小情绪难以自控"等态度来形成魅力人格体。利用场景化来触动用户的情感需求，其实能够给用户的需求产生连接，同时带给用户一个很好的代入点。又如，宜家家居，它不是单纯的售卖产品，而是构建了很多家居的生活场景，并且在用户脑海中形成了很多场景搭配，从而刺激用户选择购买。

图 9-7　张君雅小妹妹品牌形象

（4）有创意的品牌主张。

打造一个品牌主张，来指引品牌策略发展的方向。品牌主张是一句话，但不是一句广告标语。广告标语应该是，根据品牌主张阐释的价值观创作创意文采。比如，耐克的广告标语是"Just do it"。这个广告标语源自耐克品牌的主张。耐克相信"无论如何，最终的公平正义势必伸张"。既然正义终究会来临，所以凡事不用担心顾虑，就"Just do it"吧，这就表现出真正美好的运动精神。

赋予品牌一个故事也是独有的创意。品牌故事可以是一些创始人如何努力奋斗，终于形成如今的成就；或者当时的某种机缘巧合，创始人无意间发现了神秘配方，发明了这款前所未有的新产品。比如，汇源果汁的故事就是创始人当年在路边看见一个果农，不断吃着卖不完的柑橘，心有不忍，想到如果开办一个工厂，将这些卖不出去的柑橘收购并榨成果汁进行销售，这些果农就不会因产量过剩而亏本了。这个故事很动人，品牌故事应该描述品牌之所以存在的初衷，也就是基于什么样的社会环境需求，或是因为某种思维应运而生的想法，这个想法应该说明该品牌给人类带来了哪些美好，同时说明满足了人类的哪些需求，以及未满足人类的哪些需求。

二）品牌的宣传

宣传品牌应该结合品牌当前基础，针对品牌行业、企业产品、推广预算、宣传目的等来思考如何布局。首先要明确企业是做什么的？宣传品牌的核心价值是什么？品牌的宣传常常配合产品出现。比如，农夫山泉在做品牌宣传时，主打水源地的清澈与自然，强调大自然的搬运工而非水资源的生产者。当农夫山泉的品牌效应足够大时，品牌会关联旗下的其他产品，作为强势品牌力的背书。其推出的茶饮、咖啡等产品在广告输出上打上了"农夫山泉"作为品牌背书。

品牌定位是品牌发展和宣传的核心，更是品牌战略战术的核心。农夫山泉寻找中国优质的水源地，一切围绕环境保护，自然水源地的寻找作为品牌的核心诉求表达。品牌宣传广告都围绕自然出发，让用户记住了农夫山泉自然的特性。品牌定位定的是品牌的独特气质，需要内外的合一演绎。宣传不仅是对外的广告，还是对内的内功。当品牌在做合一演绎时，企业内部的呈现与品牌外部宣传的内容必须是一致的。只有当品牌的内部与外部结合时，才能持续放大效果。

（1）打好品牌基础，让用户找到企业。

新品牌，首先需要做好品牌基础、以建立市场根基为目标。企业可以针对性地根据用户的喜好在对应的平台及搜索引擎进行品牌认知推广。搜索品牌词让用户能找到企业，基于此再来做品牌宣传和推广。

（2）进行品牌背书，提升品牌信任度。

搜索品牌词除了能找到官网，还能找到其他正面信息。企业还要通过第三方平台（如百科、新闻、自媒体、问答等）进行多维度、多渠道的品牌宣传，一方面可以让用户更了解企业，另外一方面可以塑造品牌良好的形象，提升用户对品牌产品的安全感、信任度，以及提高合作咨询和销售转化率。

（3）进行品牌宣传，多渠道品牌推广。

持续多元化内容、多元化渠道进行品牌宣传，能有效提升企业的品牌知名度、品牌美誉度和品牌影响力。品牌宣传要与用户具有较高的匹配，找到高需求、高消费、高决策的用户群体，获得精准推广目标。无论是初创品牌还是成熟品牌，在品牌推广前一定要先明确品牌定位，找到产品或服务的核心卖点，根据品牌定位和产品卖点，找到目标用户，再结合品牌特性与目标用户特征，根据正确步骤进行系统化的推广工作。即要通过行业分析当前网络大环境，用户流量在哪里，企业的品牌、产品适合投放在什么渠道，通过什么文案（卖点）吸引用户。高匹配后还要提高曝光度，在各大搜索引擎、平台流量入口等进行首页展示能够有效曝光企业的品牌或产品，占据有利排名位置。根据用户需求，针对推广目标，编写出高质量文案，让更多用户能看到文案，最大限度地起到曝光作用。多元化地输出内容，即战略多元化、目标多元化、平台多元化、内容多元化、实现价值多元化。针对不同宣传平台的用户群体，结合企业的品牌、产品等，需要针对性地输出不同的内容。另外，内容策划的角度、口吻也可以具有多样性。

品牌推广的方法有很多，一般分为搜索引擎推广、媒体推广、网站推广、论坛推广、社交媒体推广、邮件营销等。

搜索引擎推广具有网页代码规范、访问速度快的特点，是常用的推广方法之一。媒体推广具有权威性、广泛性和主流性的特点，对品牌建设和宣传效果有很大作用。网站推广是将写好的推广软文发布到各网站上，达到企业推广应用效果。论坛推广是通过网络论坛的发帖方式进行信息宣传和推广。企业可以注册一些与自己行业相关的论坛及一些人气比较高的论坛，发帖后要注意顶帖，经常顶帖，使自己的帖子出现在论坛的第一页。如果回帖的内容多一些创意性或人性化将会使用户加深对品牌的印象。社交媒体推广可以通过微博、微信等平台扩大企业品牌和产品宣传，而企业可以申请一个官方微博、官方微信公众号，并由专人管理，管理人员负责公众号形象的建立、维护、企业各类活动的发布工作，并对微信、微博中用户的反馈评论等进行管理统计，对留言评论及时回复等。在互联网时代，大多数网民都有自己的邮箱，并且使用也较为频繁。企业可以通过邮箱向目标用户和潜在用户发送电子邮件，电子邮件内容一定要对用户有价值，否则邮件营销就没有效果。编写电子邮件要在标题、内容和排版等诸多方面吸引人。

二、精准引流的要点

在互联网时代，流量为王。只有掌握了流量，才能提高订单曝光度，但获取精准流量还是比较困难的。虽然现在有很多新媒体平台，每个平台自带的流量也很高，但并不意味着在新媒体平台上进行产品推广就会达到较好的效果。要厘清精准引流的方法，避免陷入引流误区。

推广引流就是在目标用户聚集平台上做内容输出，吸引用户主动关注企业或品牌。流量分为两种，一种是免费的流量，另一种是付费的流量。企业可以利用红包利诱、软文营销、朋友互推、微博话题推广、短视频营销、微信朋友圈广告等进行引流。

下面通过案例来分析精准引流的要点。

爱婴岛精准引流

爱婴岛1998年成立于珠海，主营孕婴童用品连锁零售业务，目前在全国多个城市拥有直营+加盟连锁店+伙伴店，获评为"2016广东省十大特许经营品牌"之一。虽然是国内知名的母婴连锁品牌，但是也面临诸多问题。

① 线下门店客流量大幅减少，门店销售业绩严重缩水，线上与线下难以联动。

② 团队想通过直播给门店带货，却缺乏全局规划思路；门店无直播基础，无法立即进行直播。

③ 没有搭建交易闭环，团队缺乏私域流量运营观念，没有培养好会员在微信购买的习惯，没有利用好会员社群为门店带来新的销售增长。

④ 前期开展直播业务无预算，爱婴岛前期在私域搭建的过程中，希望同步产生一定规模的销售业绩，以此支撑会员营销投入。这些现象对于拥有一定体量的连锁品牌实体门店是很常见的。另外，各个分店之间独立考核，也使爱婴岛很难从已经有基础的电商平台上获取资源和支持。在无支持、无预算、无直播基础的背景下，连锁门店启动私域直播电商，该怎么做？

2020年3月，爱婴岛搭建了"私域流量+社交电商+直播新零售"新模式，从0到1搭建社群运营体系，通过精准引入私域流量打造社群IP及强关系用户为直播造势。

在直播当天，线上与线下总交易额约为98万元，线上直播交易额约为1.56万元，自有商城交易额约为20.9万元，门店交易额约为75.7万元，带来联动消费约为36.3万元，比平日举办活动提升了3倍的销售额。

我们可以总结一些成功的经验：爱婴岛通过一件YY营销工具的设置，降低了门店直播的技术门槛，快速上手直播。并在直播时设置优惠政策，即用户进入直播间购买指定产品可以获得20元、25元、60元的无门槛优惠券，将用户引流到最近的门店消费。这样做的好处是，无论是活动当天还是活动结束后，保证线下门店都会有客流。也就是说，爱婴岛在线上通过YY营销工具在直播间开展秒杀、抽奖、发福利等活动，吸引大批粉丝关注，为线下门店做引流，将粉丝吸引到周边的门店来消费，这样就形成了一个营销闭环。

（1）保证产品质量。

好的产品质量是企业要长期、稳定发展必须满足的一个硬条件。想要获得知名度的企业众多，企业的竞争归根结底是产品质量的竞争。

（2）精准定位目的群体。

第一步：初步界定用户。

营销最开始都需要分析界定目标用户，当初步界定目标用户时，一般会通过以下方法来界定。

① 用户内在属性：职业、购买习惯、购买理由、年龄、性别、爱好、收入。

② 外在属性：地区分布、社区、学校、公司、家庭、活动场所等。

还可以进一步缩小范围。

第二步：按购买能力区分用户。用户是必须具备购买得起产品能力的人，否则带来的用户一定是不停地在浪费时间。用户的购买能力一般通过收入、平均消费水平及是否购买过大额相关产品来界定。

第三步：消费历史映射用户。

要明确用户群体，还要了解他们接下来想要购买什么。只有找出用户要购买什么，才能知道把产品卖给谁。用户的消费历史与经历代表了他们对某产品类别的认知、该产品的需求及购买该产品可能性。分析用户消费历史包含用户是否购买过与本产品同类的产品、相关联的产品、互补的产品，以及是否购买过竞争对手的产品。

从用户消费历史中，可以轻易地挑选出对产品有所了解，不需要尝试使用的用户，为营销节省了大量时间。

第四步：购买需求决定用户。

用户为什么会购买，只因为用户有需求。用户的需求可以从消费历史和关注的焦点中看。假设用户曾经购买过竞争对手的产品，或相应的替代品，那么他对这类产品是有需求的。假设用户关注某一个产品的性能、特点、评价，那么他对这类产品是有需求的。因此，企业可以从互联网相关的评价网上找到有需求的用户。

第五步：消费频率筛选用户。

消费频率越高，代表用户价值越大。锁定高消费频率的用户更容易成交。同时，消费频率代表了用户对此类产品有偏好，频率越高，说明下次再购买的可能性很大。

第六步：市场细分锁定用户。

市场细分的目的是聚焦最容易产生效益的用户群。市场细分有助于规避竞争，通过细分划出一片利润区域，在这个区域里占有绝对的竞争力。利用前5个步骤可以精准定位用户，但是这些用户是否认可企业的产品风格与价值，还需要进一步进行市场细分。通过市场细分来锁定用户，形成独特的竞争力，选择对产品性能或服务特点认可并支持的用户。市场细分就是要找到最尖的矛，把力量聚焦于一点，快速地打开市场突破口。

第七步：提取精准用户的特征。

提取精准用户的特征有助于企业清晰地知道谁是有价值的用户。企业通过以上6个步骤的分析，能够把握用户的细致特征，把用户的特征提取出来，方便后面更加精准地营销。一是分析老用户。通过已经成交的用户，挑选出范例用户，进行分析，从中提取用户的共性特征，如年龄、喜好、消费历史、活动场所等。二是分析竞争对手的用户的特征，还可以分析竞争对手的用户组成，如产品单价、用户特点，综合企业的细分市场与用户特征，列出金质用户的特征与标准，如30～40岁且收入在5000元以上的用户，喜欢去哪里、信任谁、爱好什么等，集中营销火力，向这些优质用户展开推广。

（3）选择合适的推广平台。

企业可以选择第三方平台进行推广引流。筛选渠道一般可以从两个方面进行：第一个方面是数量——尽可能找到获取用户最多的渠道。通常对比下载量、注册量、活跃用户数量、用户留存率、新增用户数量这几个指标。下载量是指通过渠道下载安装的用户数量。注册量是指通过下载安装的用户中，存在注册行为的用户数量。活跃用户数量是指在某个统计周期内启动过 App 的用户数量。活跃用户数量是用来衡量 App 用户规模、用户质量和产品现状的重要数据，根据不同的统计周期一般可以分为日活跃用户、周活跃用户、月活跃用户。用户留存率是指新增用户在经过某个时间段之后留存下来的比率，大致分为次日留存率、周留存率、月留存率。新增用户数量（激活用户）是指安装 App 后，首次启动应用的用户，也就是激活用户，用户只下载不使用 App 是没有意义的，因此在评估渠道中评估用户质量时不能只关注用户的下载量，还需要关注用户的实际激活量，用户下载了 App 并启动使用 App 才能算是真正的用户。这是衡量渠道推广效果的重要指标。第二个方面是质量——寻找质量高用户的渠道。从用户的行为指标和收益指标两个维度来判断用户质量。用户的行为指标从用户的操作行为来判断用户的黏度，黏度越大说明用户的质量越高。用户行为是指用户的启动次数与在线时长。启动次数是指在某一个统计时段内用户打开 App 的次数，一般有日启动次数、周启动次数、月启动次数、对应周期的人均启动次数。在线使用时长是指在统计周期内用户从打开 App 到关闭 App 的时长。从使用时长还可以延伸出平均使用时长、单次使用时长。平均使用时长=统计周期内使用的总时长/统计周期内的活跃用户数量；单次使用时长=统计周期内使用总时长/启动次数。这是用来衡量用户黏度大小及产品质量高低的重要指标。使用时长一般会结合启动次数一起分析。访问页面数量是指在某个统计周期内用户访问产品的页面数量，如访问 1~2 页的活跃用户数量等，根据不同的统计周期来判断访问页面数量的等级。通过访问页面数量的差异来判断页面质量和用户体验。衡量收益的指标主要有两种，一种是 App 内能够变现的流量，另一种是 App 的付费用户数量。付费用户和免费用户行为的差别很大，需要单独跟踪付费用户的行为、流失率及营收。服务好付费用户，提高付费用户支付的金额。

推广离不开数据。在推广的过程中需要根据不同的产品和需求来制定相关的筛选方法，从而鉴别推广平台与渠道的好坏，选取适合产品的优质渠道。下一节将介绍借助数据提升运营的效果。

第四节 运营数据，提升考核

不做数据分析的运营不是好运营。数据分析可以分析不同渠道、不同内容的投放推送效果，找到最高效的推广方式；还可以通过数据分析找到问题所在，及时调整、优化内容与方向，同时控制运营成本，并为企业提供决策参考。

由此产生了数据分析的 4 个层次。

层次一：通过观察数据发现当前发生了什么。基本的数据展示可以告诉我们发生了什么。例如，企业在上周投放了新的搜索引擎 A 的广告，想要经过一周的对比知道新渠道 A 比现有渠道 B 情况如何，渠道 A 和渠道 B 各自带来了多少流量，转化效果如何？又如，新上线的产品受到了多少用户喜欢，有多少用户进行了注册？这些都需要通过分析数据来获取结果，都是基于数据本身提供的"发生了什么"。

层次二：理解为什么发生。如果渠道 A 比渠道 B 能带来更多的流量，这时就要进一步分析产生这种现象的原因。通过数据信息进行深度拆分发现，也许是某个关键字带来的流量，也许是该渠道获取了更多的移动端的用户。这种数据深度分析判断是数据分析的第二个进阶。

层次三：预测未来会发生什么。当了解了通过渠道 A、渠道 B 使产品半年的销量达不到百万部时，就根据以往的预测未来会发生什么。在投放渠道 C、渠道 D 时，预测渠道 C 比渠道 D 好，当上线新的注册流、新的优化时，可以知道哪一个节点比较容易出问题；也可以通过数据挖掘，自动预测渠道 C 和渠道 D 之间的差异，这是数据分析的第三个进阶，预测未来会发生的结果。

层次四：商业决策。通过数据分析来帮助企业判断应该做什么。数据分析的产出可以直接转化为决策，或者直接利用数据做出决策，体现出数据分析的价值。

一、了解数据分析

一）数据分析的价值

数据分析的价值包括了解运营质量、预测市场趋势、控制运营成本及评估营销方案。

1. 了解运营质量

新媒体运营质量数据，不同的平台关注点不同。大部分企业都需要关注的运营数据包括流量数据、粉丝数据、阅读量数据、内容数据、流动转发与评论数据等。

2. 预测市场趋势

分析行业大数据有助于企业判断未来的热点及趋势。常见的行业数据查询工具包括百度指数、阿里指数、微信指数、头条指数、微博热搜等。分析网民大数据有助于企业判断新媒体内容、活动、推广是否要和热点结合。

3. 控制运营成本

通过数据分析报告呈现对企业的财、物和人力的管理，从而控制各项成本、费用的支出，实现降低成本的作用。

4. 评估营销方案

目前，在新媒体领域，企业利用数据分析来辅助制定营销方案已经非常普遍。通过数据分析，可以帮助企业辅助精准营销，精准匹配目标用户群，分析用户媒体偏好，发现触达渠道，媒体渠道受众画像；还可以帮助企业辅助营销规划，了解用户群价值观、兴趣爱好、心理诉求，被用户接受、感知、主动传播。

二）数据分析的工具

当进行数据分析时，可以借助一些数据分析的平台或工作来搜集相关数据资料。下面介绍几个常见的数据分析工具。

1. 新榜

新榜覆盖全平台各层级新媒体资源，提供内容营销、直播电商、培训运营、版权分发服务，助力中国企业数字化内容资产获取与管理，服务于内容产业，以内容服务产业。基于微信（公众号、视频号）、抖音、小红书、哔哩哔哩、快手等主流内容平台，新榜提供包括新抖、新视、新红、新站、新快在内的数据工具，为用户带来实时热门素材、品牌声量、直播电商等全面的数据监测分析功能。新榜还与人民号、头条号、抖音、快手、小红书、哔哩哔哩、腾讯看点、百家号、网易号、搜狐号、一点资讯、趣头条、新浪看点、好看视频、西瓜视频、搜狐视频、喜马拉雅、蜻蜓FM、荔枝FM、印象笔记、懂车帝、马蜂窝等平台分别达成合作协议，以独家优先形式联合发布数据榜单。图9-8所示为新榜微信公众号月度榜单数据，有总阅读数、总点赞数等。

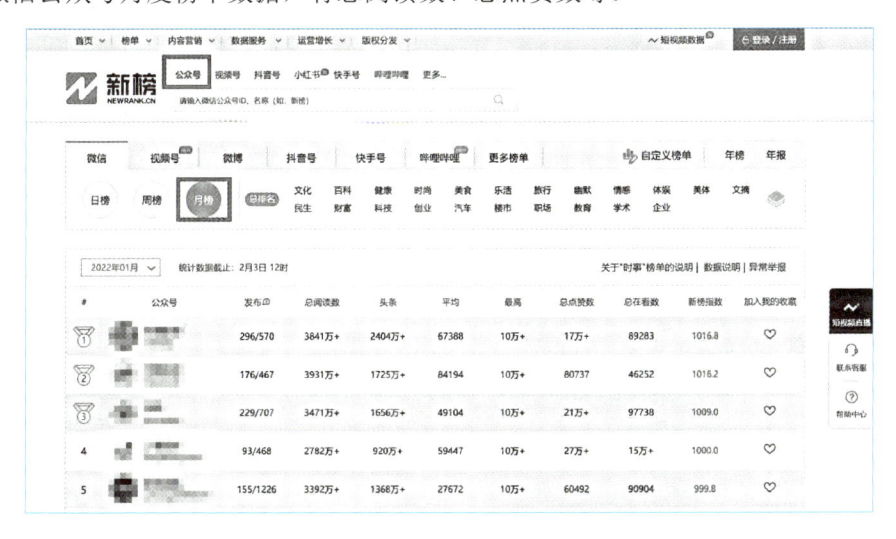

图9-8 新榜微信公众号月度榜单数据

2. 蝉妈妈

知名的直播电商服务平台能够为企业、品牌、达人提供一站式营销服务。蝉妈妈是我国知名的抖音、小红书等数据分析服务平台，包含实时追踪流量投放、商品分析、互动成交等关键指标，可以帮助复盘诊断直播全过程。如图9-9所示，主播可以按自身直播的品类查看抖音平台直播间的销售业绩。

使用蝉妈妈还可以对发布的短视频进行数据分析。选择"视频&素材"选项，可选择自己想要分析的短视频。企业通过查看基础数据（点赞数、转发数、评论数、销售额等）还可以进行商品分析、客户分析等，如图9-10所示。

3. 西瓜微数

西瓜微数主要为微博博主提供了数量查询、监控及诊断等数据服务，还提供了多维度的微博榜单排名、相似博主推荐等实用功能，是一款微博运营及广告投放效果监控的专业工具。

我们通过西瓜微数可以查询行业流量（行业微博总数、发文博主总数、评论总数等），也可对热搜话题进行分析，如图9-11所示。

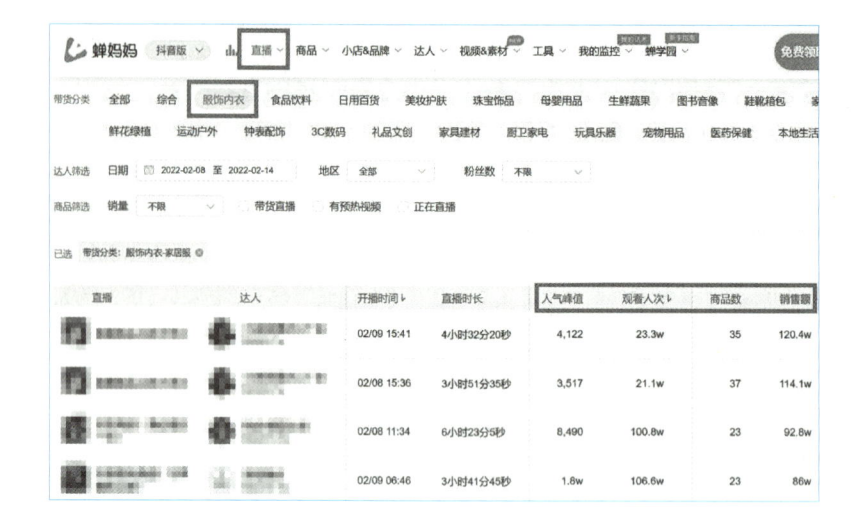

图 9-9　婵妈妈抖音平台直播间直播数据

图 9-10　短视频基础数据分析案例

图 9-11　微博热搜话题分析

4. 铀媒

铀媒是由上海蜜度信息技术有限公司（MIDU）提供的一款智能文本检测和新媒体舆情管理工具，用于集中管理微博、微信、今日头条、百家号、网易号、企鹅号、新浪看点等七大主流媒体平台的账号，全流程覆盖新媒体账号管理工作，构建内容编审、效果评估、消息收集、粉丝管理、协同办公等新媒体运营与服务闭环流程。我们通过铀媒可以自定义时段监测微博、微信、今日头条三大平台的账号运营效果，帮助企业全面客观地掌握账号运营表现，利用数据辅助运营决策。比如，我们可以通过全面多维的账号诊断结果明确账号影响力和健康度，通过高清可视的粉丝画像掌握用户线索，通过直观准确的竞品比对报告快速调节企业营销的内容输出等。通过该工具还可一键生成数据报告，并接收指定邮件，灵活获取报告。

二、数据分析的方法

一）对比分析法

对比分析法是指将两组或两组以上的数据进行对比，通过数字展示或说明研究目标的大小、水平高低、速度快慢及各种关系是否协调等。根据对比标准不同，可分为纵向对比和横向对比。纵向对比是指某个对象的相同数据在不同时间的对比；横向对比是指相同数据在不同对象中的对比。

孤立的数据没有意义，有对比才有差异。一些直接描述事物的变量，如长度、数量、高度、宽度等，通过对比得到比率数据。增速、效率、效益等是数据分析常用的指标。比如，用于在时间维度上的同比和环比、增长率、定基比，与竞争对手的对比、类别之间的对比、特征和属性对比等。通过对比法可以发现数据变化规律，且对比法使用频繁，经常和其他方法搭配使用。

二）结构分析法

结构分析法是指在有统计分组的基础上，将组内数据与总体数据进行对比分析的一种方法。结构分析法主要用于进行某一部分与其他部分的占比分析，是一种相对指标分析法，如某企业某月直播间的销量占月总销量的比重。

三）漏斗分析法

漏斗分析法是指通过对运营各个环节的流程进行对比分析，能够直观地发现并说明问题，如对运营各个环节的转化（从展现、点击、访问、咨询、订单生成的角度进行分析）和用户各阶段的转化比较等进行分析。漏斗分析法如同漏斗的形状上大下小，从上到下的顺序为：消费者浏览产品（转化率为40%）——放入购物车（转化率为75%）——生成订单（转化率为66.67%）——支付订单（转化率为85%）——完成订单。

经典的营销漏斗形象地展示了从获取用户到最终转化成购买这整个流程中的一个个子环节。相邻环节的转化率则是利用数据指标来量化每一个步骤的表现的。整个漏斗模型就是先将整个购买流程拆分成一个个步骤，再利用转化率来衡量每一个步骤的表现，最后通过异常的数据指标找出有问题的环节，从而解决问题，优化该步骤，最终达到提升整体购买转化率的目的。

绝大部分商业变现的流程都可以归纳为漏斗。漏斗分析是我们最常见的数据分析手段之一，无论是注册转化漏斗，还是电商下单的漏斗。通过漏斗分析可以从先到后还原用户转化的路径，分析每一个转化节点的效率。

其中，我们往往关注 3 个要点。

第一，从开始到结尾，整体的转化效率是多少？

第二，每一个步骤的转化率是多少？

第三，哪一个步骤流失的用户最多，流失的用户符合哪些特征？

经典漏斗形式可以用 AARRR 模型表示，由 Dave McClure 于 2007 年提出，这是一种用于表示用户增长的模式。其掠夺式的增长方式也被称为"海盗模型"，此模型的核心是 AARRR 模型。AARRR 代表用户拉新（Acquisition）、用户激活（Activation）、用户留存（Retention）、商业收入（Revenue）、用户推荐（Referral）共 5 个阶段，这 5 个阶段是一个线性顺序，形成一个用户漏斗模型，如图 9-12 所示。

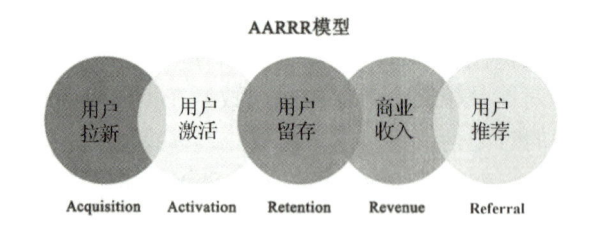

图 9-12　AARRR 模型

运营者需要从广告/渠道等去拉新，获取用户。互联网行业发展至今，很多企业在用户拉新阶段投入了大量的资源，购买流量寻找最优的获客渠道等。但是现如今人口红利逐年消失，获客成本剧增，ROI 越来越低。在日益增长的获客成本时期，企业更应该将资源投入激活存量用户上，其性价比远高于投入获客阶段。因此要特别关注获客成本（CAC），通过引导用户注册等方式来激活他们，提高活跃度，此时要关注日活跃用户（DAU）、月活跃用户（MAU）、每次启动平均使用时长、每个用户每日平均启动次数、日活跃率、周活跃率、月活跃率等指标。下一个阶段要提高留存率，获得更高的收入，关注平均每个用户收入（ARPU）、平均每个付费用户收入（ARPPU）、生命周期价值（LTV）等指标。LTV-CAC 的差值就可以视为该应用从每个用户身上获取的利润。用户推荐需要提高产品的质量，要有很好的口碑。

（四）拆分分析法

拆分分析法是指将一个大的问题进行拆分，将其细分为一个个小问题，从小问题中进行分析，进而快速找到产生问题的原因。这种方法适合对有直接联系的问题进行分析，如将营销额拆分为流量、转化率、客单价，将流量拆分为免费流量、付费流量。将转化率的影响因素拆分为图片效果、买家评论、价格，将客单价拆分为搭配套餐与优惠券，如图 9-13 所示。

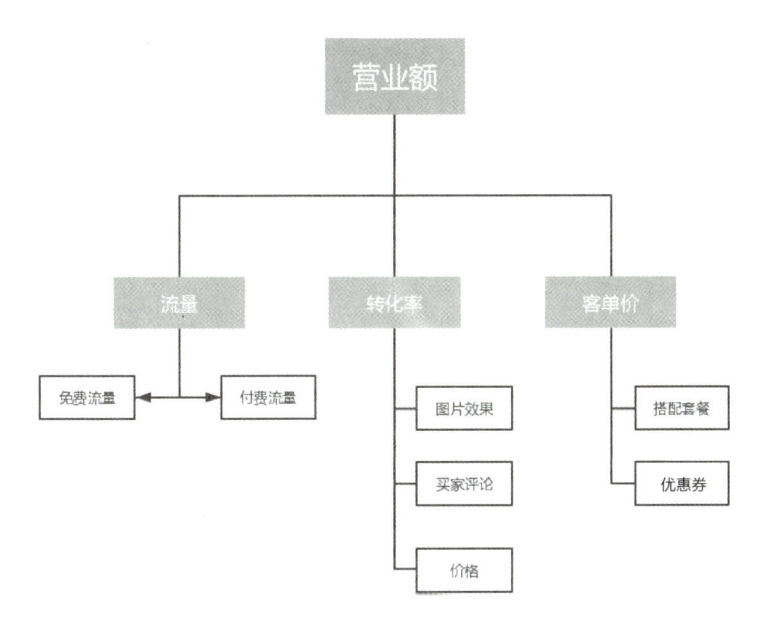

图 9-13 营业额影响因素拆分图

三、数据分析的思维

一）体系化思维

数据分析是精细化的运营工作，一定要建立起体系化的思维。做数据分析要建立在对产品数据体系详细了解的基础上，以目标为导向，做数据维度的逐级拆分，以结构化思维来对运营数据进行全面、系统性的分析。

我们可以按照以下思路对产品运营的数据进行分析：确定数据分析目标——明确数据目标的关键影响维度拆解——找出不同数据维度之间的关联关系，从而建立数据关系模型（拆分分析法）——发现问题数据及出现原因——针对问题数据影响维度进行相应的优化。比如，以天猫店铺利润情况进行分析，店铺运营最关注的是营业额，但最本质的还是盈利情况，按照上面提到的思路进行分析。

① 数据分析目标：店铺的利润情况分析。

② 确定数据目标的关键影响维度拆解。

③ 找出不同数据维度之间的关联关系，从而建立数据拆解分析模型：利润=销售额-成本=流量×转化率×客单价-（店铺固定成本+运营成本+货品成本+人员成本）。

④ 根据数据模型发现问题数据：实现店铺利润额最大化。

如果在成本合理的情况下，店铺出现了亏损，那么可以得出是销售额太低，销售额太低的影响因素是流量、转化率或客单价，再分析发现是流量和转化率低。后续要做的就是提高店铺的转化率。我们可以通过以下几个方面来提高转化率：提升产品包装；优化详情页图片和介绍文案；优化用户下单支付路径和体验；提升客服的服务水平和促单技巧；做好用户评价管理优化；实行相应的促销策略，如满减、满赠、折扣等。

所以数据分析一般会存在两种方向，一种是自上而下，另一种是自下而上。自上而下的思路为，确立数据分析目标——目标影响维度拆解——各数据维度相关关系建立——发现问题数据及出现原因——问题数据优化，保证数据分析的全面性。自下而上的数据分析思路多用在针对已有数据报表中的数据问题发现，具体思路为，异常数据发现——该异常数据影响因素——影响因素与问题数据之间的相关关系——找出出现异常数据的原因——找到异常数据的解决办法。

二）关联化思维

数据分析要关注多个数据维度之间的相关关系，而不是单个数据产生的因果关系。我们可以通过影响关键指标的数据维度的关联关系建立数据分析模型。以公众号运营为例，公众号运营的关键指标是粉丝数量和文章阅读数量，而粉丝数量和文章阅读数量的影响维度有多个。这些维度之间也存在相应的影响关系，需要全部梳理出影响文章阅读数量的所有数据，筛选出相对有用的一些数据维度，建立起它们的相关关系。另一些细节数据，如文章标题、内容长度、内容类型与阅读数量、转发量的关系，推送时间和频次都会对阅读数量和粉丝数量的增减产生影响；还有图文、纯文字、公众号单图文推送、多图文推送、头条推送和非头条推送都会对阅读数量产生影响等，这些都要在运营中考虑，并在数据分析时加以关联考虑。

实训　微信公众号数据分析

微信公众号数据分析可通过公众号后台左侧的"数据"进行操作。这里有内容分析、用户分析、菜单分析、消息分析、接口分析、网页分析 6 个版块。我们可以通过查看用户增长、用户属性、菜单点击次数等数据来分析公众号运营效果。

请对自己的公众号的用户增长数量进行分析。